高等职业教育教学改革融合创新型教材·旅游类

U0648681

旅游企业会计实务

Lüyou Qiye Kuaiji Shiwu （第五版）

卢德湖　王美玉　主　编

张　雯　韩路路　副主编

东北财经大学出版社　　大连
Dongbei University of Finance & Economics Press

图书在版编目（CIP）数据

旅游企业会计实务 / 卢德湖，王美玉主编 . — 5 版 . —大连：东北财经大学出版社，2024.2
（高等职业教育教学改革融合创新型教材·旅游类）
ISBN 978-7-5654-5150-8

Ⅰ . 旅… Ⅱ . ①卢… ②王… Ⅲ . 旅游企业-会计实务-高等职业教育-教材 Ⅳ . F590.66

中国国家版本馆 CIP 数据核字（2024）第 028750 号

东北财经大学出版社出版
（大连市黑石礁尖山街 217 号 邮政编码 116025）
网 址：http://www.dufep.cn
读者信箱：dufep@dufe.edu.cn
大连日升彩色印刷有限公司印刷 东北财经大学出版社发行
幅面尺寸：185mm×260mm 字数：403 千字 印张：17.75 插页：1
2024 年 2 月第 5 版 2024 年 2 月第 1 次印刷
责任编辑：张旭凤 赵宏洋 责任校对：孟 鑫 石建华
封面设计：原 皓 版式设计：原 皓
定价：49.00 元

教学支持 售后服务 联系电话：（0411）84710309
版权所有 侵权必究 举报电话：（0411）84710523
如有印装质量问题，请联系营销部：（0411）84710711

第五版前言

党的二十大报告强调"加强教材建设和管理",凸显了国家对教材建设的高度重视,这是全面贯彻党的教育方针、落实立德树人根本任务的重要举措。本次修订重新梳理了全书的知识点,结合专业知识点挖掘最为契合的思政教育点,力求通过"两点相交"实现知识点和思政点的有机融合,专业育人与思政育人同向同行,价值塑造、知识传授和能力培养有机统一,从而达到润物细无声的效果。本书打破了传统旅游企业会计的基本结构,以明暗两条线贯穿全书,以会计基本原理为明线,以旅游企业会计实务为暗线。全书内容浅显易学,能够切实满足教学及行业参考需要。

全书共分八章,即总论、账户与复式记账原理、旅游企业复式记账实务、会计凭证、会计账簿及账务处理程序、财产清查、旅游企业财务报告的编制、旅游企业财务分析。其中,"旅游企业复式记账实务"一章根据旅游企业资金运动的规律展开,包括旅游企业复式记账实务概述、旅游企业筹建过程的核算、酒店存货的核算、酒店经营业务的核算、旅行社及商场经营业务的核算、旅游企业税费的核算、旅游企业利润形成及分配业务的核算、旅游企业外币业务的核算。同时,本书以《企业会计准则》和《企业会计准则——应用指南》为指导,结合大量旅游企业业务实际,专门编写了用于学习者巩固理论知识和提高实务操作能力的旅游企业会计综合实训,包括酒店综合实训和旅行社综合实训。

本书的特点如下:一是注重基础理论构建,全书以会计基础理论为主线,突出职业教育特色,内容简明、系统,适合非会计专业学习者使用;二是突出旅游行业特点,如旅游企业复式记账实务一章结合旅游企业(酒店、旅行社、商场)资金运动的全过程展开;三是强化实训效果,综合实训部分紧扣当前旅游企业的最新实务,并提供仿真实训资料。

本书将会计基础与旅游实务巧妙结合,避免了在旅游企业会计教学中出现的两难问题,即只按会计学原理进行教学而不涉及旅游,或者只按传统的旅游企业会计内容进行教学而不注重会计学原理。因此,本书既可作为职业教育旅游大类专业教学用书,也可作为在旅游企事业单位从事旅游经济管理的人员培训或自学参考书。

本书第五版在前四版的基础上主要在以下方面进行了完善和修订:首先,对书中不足之处或过时的内容进行了修改和完善;其次,根据财税最新规定对旅游企业复式记账实务以及酒店综合实训、旅行社综合实训等内容进行了全面修订;最后,根据党的二十大报告提出的"加强教材建设和管理"以及落实立德树人根本任务的要求,每一章增加了"素养目标""素养园地"等沉浸式思政育人相关内容。

本书由闽西职业技术学院卢德湖、王美玉任主编,闽西职业技术学院张雯、宣城职业技术学院韩路路任副主编。全书由卢德湖总纂定稿。具体分工如下：第一章由卢德湖编写，第三章、第七章和综合实训由王美玉编写，第二章、第四章、第五章由张雯编写，第六章、第八章由韩路路编写。

为方便教学，本书配套了电子教学课件，并为章后习题编写了参考答案，使用本书作为教材的任课教师可登录东北财经大学出版社网站（www.dufep.cn）查询或下载，也可发邮件与本书的责任编辑（820274738@qq.com）联系。

限于作者水平，书中难免存在疏漏和不足之处，诚挚地希望读者批评指正，以便今后修改和完善。

编　者
2023 年 12 月

目 录

第一章　总　论

■ 学习目标

通过本章学习，你应该达到以下目标：

知识目标：了解旅游企业会计的计量属性和任务，了解我国的会计法规体系。

技能目标：理解会计的对象、基本职能，会计核算的基本前提和方法，会计信息质量要求和旅游企业会计的特点。

素养目标：树立正确的会计史观，增强社会主义核心价值观的认同感；增强历史使命感和责任感。

第一节　会计概述

一、会计的概念和基本职能

（一）会计的概念

多年来一直有一种通俗的说法，会计就是记账、算账和报账。会计从产生到现在已有几千年的历史，我国古代"会计"一词产生于西周，主要指对收支活动的记录、计算、考察和监督。清代学者焦循在《孟子正义》一书中，对"会"和"计"做过概括性的解释："零星算为之计，总合算为之会。"说明会计既要进行连续的个别核算，又要把个别核算加以综合，进行系统综合全面的核算。另外，根据中外会计学界对会计本质问题的研究，我们可以得出会计的概念。

现代会计是以货币作为主要计量单位，运用一系列专门方法，对企事业单位的经济活动进行连续、系统、全面和综合的核算和监督，并在此基础上对经济活动进行分析、预测和控制以提高经济效益的一种管理活动，是经济管理的重要组成部分。

（二）会计的基本职能

会计的基本职能是指会计在企业经济管理中所具有的功能。会计的职能随着经济的发展和会计的内容、作用不断扩大而发展着。但其基本职能只有两个：核算职能与监督职能。

1.核算职能

会计的核算职能，是指会计以货币为主要计量单位，对特定主体的经济活动进行确认、计量、记录和报告。会计核算贯穿于经济活动的全过程，是会计最基本的职能。会计确认是指依据一定的标准，核实、辨认经济交易或事项的实质并确定应予以记录的会计对象的要素项目，并进一步确定已记录和加工的会计资料是否应列入财务报告和如何列入财务报告的过程。

2.监督职能

会计监督可分为单位内部监督、国家监督和社会监督三部分，三者共同构成了"三位一体"的会计监督体系。单位内部的会计监督职能是指会计机构、会计人员对其特定主体经济活动和相关会计核算的真实性、完整性、合法性和合理性进行审查，使之达到预期经济活动和会计核算目标的功能。会计核算和会计监督这两项职能是辩证统一的关系。没有会计监督，会计核算就失去存在的意义；没有会计核算，会计监督就失去存在的基础。

二、会计的对象

会计的对象就是指会计工作所要核算和监督的内容。一般来说，会计的对象是指企事业单位在社会再生产过程中所表现出的资金运动。资金作为社会再生产过程中的价值形式是在不停地运动的，其表现为资金的筹措、投入、运用、耗费、增值、收回、分配等活动。资金运动贯穿于社会再生产过程的各个方面，哪里有财产物资（包括无形的）哪里就有资金和资金运动，就有会计所要反映和监督的内容。因此，研究会计对象，必须研究资金运动规律。

三、会计核算的基本前提和基础

(一) 会计核算的基本前提

会计核算的基本前提是指会计核算工作赖以存在的前提条件，亦称会计假设。会计假设包括会计主体、持续经营、会计分期和货币计量。

1.会计主体

会计主体是指会计核算和监督的特定单位或者组织，该假设界定了会计核算的空间范围。为了向财务报告使用者反映企业的财务状况、经营成果和现金流量，提供与其决策相关且可靠的信息，会计核算和财务报告的编制应集中反映特定对象的经济活动，并将其与其他经济实体区别开来，才能实现财务报告的目标。就企业财务会计而言，在会计主体假设下，企业应当对其本身发生的交易或事项进行确认、计量、记录和报告，反映企业本身所从事的各项生产经营活动。

会计主体不同于法律主体，它们并非对等的概念。一般来说，法律主体必然是会计主体，而会计主体不一定是法律主体。会计主体可以是一个股份有限公司或集团公司，可以是一个合伙企业或独资企业，也可以是企业的某一特定部分，如分公司、企业内部各部门等，也可以是非营利组织，如学校、科研和医疗机构等，前提是能够进行独立核算；法律主体是法律上承认的可以独立承担义务和享受权利的个体，也可以称为法人，如股份有限公司或集团公司具有法人资格，属于法律主体，而合伙企业或独资企业、分公司和企业内部各部门没有法人资格，就不属于法律主体。

2.持续经营

持续经营是指会计主体在可预见的未来，将根据正常的经营方针和既定的目标持续经营下去，持续经营假设界定了会计核算的时间范围。企业在持续经营的前提条件下，将按照原定的用途去使用现有的资产，因而资产按流动性分为流动资产、固定资产等，并按实际成本计价。但是如果企业破产，这个假设就不存在了，企业需要编制清算资产负债表，这时的资产就不需要按流动资产、固定资产等分类，因为资产马上就要全部变卖，而资产的估价应按清算价值而不是实际成本。

3.会计分期

会计分期又称会计期间，是指将一个会计主体持续经营的生产经营活动划分成若干个相等的会计期间，以便分期结算账目和编制财务会计报告，从而及时向财务会计报告使用者提供有关企业财务状况、经营成果和现金流量的信息。

将会计主体的持续生产经营活动划分成若干个相等的会计期间是持续经营假设的补充，界定了会计核算的具体时间范围。我国企业会计准则规定，企业的会计期间分为年度和中期，会计年度自公历每年的1月1日至12月31日；中期是指短于一个完整的会计年度的报告期间，半年度、季度和月度均称为会计中期，且均按公历起讫日期确定。

由于存在会计分期，才产生了当期与其他期间的差别，从而形成了权责发生制和收付实现制不同的记账基础，进而出现了应收、应付等会计处理方法。

4.货币计量

货币计量是指会计核算以货币为主要计量单位并假设币值不变。在会计核算过程中之所以选择货币作为计量单位，是由货币本身的属性决定的。货币是商品的一般等价物，是衡量一般商品价值的共同尺度，其他的计量单位，如实物计量和时间计量，只能从一个侧面反映企业的生产经营成果，无法在量上进行比较，也不便于汇总经济信息。因此，为全面反映企业的生产经营、业务收支等情况，会计核算选择了货币作为计量单位。我国企业会计准则规定，会计核算应以人民币作为记账本位币。业务收支以外币为主的企业也可选择某种外币作为记账本位币，但向外报送财务报告时，应折算为人民币。

（二）会计核算的基础

1.权责发生制

权责发生制原则是指在会计核算中，以权利、责任是否发生为标准来确定本期收入和费用的原则。凡是当期已经实现的收入和已经发生或应当负担的费用，不论款项是否收付，都应当作为当期的收入和费用；凡是不属于当期的收入和费用，即使款项已在当期收付，也不应当作为当期的收入和费用。我国企业会计准则规定，企业应当以权责发生制为基础进行会计确认、计量、记录和报告。

与权责发生制相对应的收付实现制原则，以收到或支付现金作为确认收入和费用的依据。目前，我国行政单位采用收付实现制，事业单位除经营业务采用权责发生制外，其他业务也采用收付实现制。

因此，同一会计事项按不同的会计处理原则进行处理，其结果可能是相同的，也可能是不同的。（1）两种原则处理结果一致的情况：本期实现的收入在本期收到现金或本期发生的费用在本期支付现金。例如，某企业2023年9月销售一批价值5 000元的产品，货款已于当月收存银行，那么该5 000元货款在两种原则下均应在2023年9月份确认收入。（2）两种原则处理结果不一致的情况：本期实现的收入并不是在本期收到现金，可能在前期或以后期间收到，或本期发生的费用不是在本期支付现金，可能在前期或以后期间支付。例如，某企业2023年9月采用赊销方式销售产品50 000元，该货款于2023年12月份收到。当按权责发生制原则核算时，该项收入应于2023年9月份确认；若按收付实现制原则核算，该项收入应于2023年12月份确认。

2.借贷记账法

借贷记账法是对经济业务进行连续、系统和全面记录和计算的一种复式记账法。根据我国企业会计准则的要求，企业应当采用借贷记账法进行记账。借贷记账法将在第二章作详细介绍。

四、会计核算方法

会计核算方法是指用来核算和监督会计对象，执行会计职能，实现会计目标的手段，是会计方法中最基本的方法，它由设置账户、复式记账、填制和审核会计凭证、登记账簿、成本计算、财产清查和编制财务报表七种专门方法组成。这七种专门方法是相互联系，相互依存，彼此制约的，是一个完整的方法体系。

在会计核算中，应正确地运用这些会计核算方法。一般在经济业务发生后，按规定的手续填制和审核凭证，并运用复式记账法在有关账簿中进行登记。期末还要对生产经营过程中发生的费用进行成本计算和财产清查，在账证、账账、账实相符的基础上，根据账簿记录编制财务报表。会计核算方法流程图如图1-1所示。

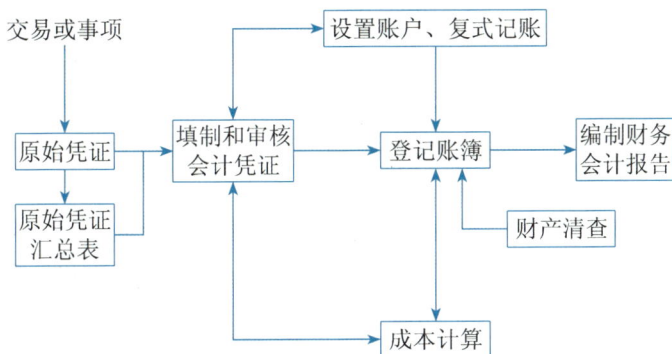

图1-1　会计核算方法流程图

五、会计计量的概念、属性及应用原则

(一) 会计计量的概念

会计计量是将符合确认条件的会计要素登记入账并列报于财务报表确定其金额的过程。从会计角度，计量属性是会计要素具体内容金额的确定基础，主要包括历史成本、重置成本、可变现净值、现值和公允价值等。企业应当按照规定的会计计量属性对会计要素具体内容进行计量，确定相关金额。

(二) 会计计量的属性

1.历史成本

历史成本，又称为实际成本，就是取得或制造某项财产物资时所实际支付的现金及现金等价物。在历史成本计量下，资产按照其购置时支付的现金或者现金等价物的金额，或者按照购置资产时所付出的对价的公允价值计量。负债按照其因承担现时义务而实际收到的款项或者资产的金额，或者承担现时义务的合同金额，或者日常活动中为偿还负债预期需要支付的现金或者现金等价物的金额计量。例如，2023年9月，甲公司购入一台生产用设备，总价值为2 000万元，则该设备的历史成本为2 000万元。

2.重置成本

重置成本又称现行成本，是指按照当前市场条件，重新取得同样一项资产所需支付的现金或现金等价物金额。在重置成本计量下，资产按照现在购买相同或者相似资产所需支付的现金或者现金等价物的金额计量。负债按照现在偿付该项债务所需支付的现金或者现金等价物的金额计量。在实务中，重置成本多应用于盘盈固定资产的计量等。例如，企业在年末财产清查中发现未入账的设备一台，其同类固定资产的市场价格为40 000元，则企业对这台设备按重置成本计价为40 000元。

3.可变现净值

可变现净值是指在正常生产经营过程中以预计售价减去进一步加工成本和销售所必需的预计税金、费用后的净值。在可变现净值计量下，资产按照其正常对外销售所能收到的现金或者现金等价物的金额扣减该资产至完工时估计将要发生的成本、估计的销售费用以及相关税金后的金额计量。可变现净值的特点是从销售的角度、采用现时价格进行计量，适用于存货。例如，2023年10月，甲公司购入一批原材料，总成本为100万元，则原材料的历史成本为100万元；2023年12月31日，该批原材料生产的产品预计售价为110万元，预计相关加工成本、销售费用和税金为15万元，则该批原材料可变现净值为95万元。

4.现值

现值是指对未来现金流量以恰当的折现率进行折现后的价值，是考虑货币时间价值因素等的一种计量属性。在现值计量下，资产按照预计从其持续使用和最终处置中所产生的未来净现金流入量的折现金额计量。负债按照预计期限内需要偿还的未来净现金流出量的折现金额计量。现值的特点是从未来现金流量的角度，考虑货币时间价值，主要适用于长期资产。例如，甲公司有一辆货运汽车，2023年年末账面价值为10万元，预计尚可使用3年。3年中，预计每年能带来现金流量5万元，3年后处置时能带来现金流量1万元。假设折现率为6%，则未来现金流量现值为14.20万元（$5 \div (1+6\%) + 5 \div (1+6\%)^2 + 6 \div (1+6\%)^3$），即该货运汽车为其带来的现金流量现值为14.20万元。

5.公允价值

公允价值是指在公平交易中，熟悉情况的交易双方自愿进行资产交换或者债务清偿的金额。在公允价值计量下，资产和负债按照在公平交易中，熟悉情况的交易双方自愿进行资产交换或者债务清偿的金额计量。简单地说，公允价值就是公平市价。例如，甲公司于2023年12月5日购入股票100万元，2023年12月31日该股票的收盘价为120万元，则该股票2023年年末的公允价值为120万元。

(三) 会计计量属性的应用原则

企业在对会计要素进行计量时，一般应当采用历史成本。在某些情况下，为了提高会计信息质量，实现财务报告目标，企业会计准则允许采用重置成本、可变现净值、现值、公允价值计量的，应当保证所确定的会计要素金额能够取得并可靠计量，如果这些金额无法取得或者可靠地计量，则不允许采用这些计量属性。

六、会计信息质量要求

(一) 真实性原则

真实性原则是对会计工作的基本要求。企业应当以实际发生的交易或者事项为依据进行会计确认、计量、记录和报告，如实反映符合确认和计量要求的各项会计要素及其他相关信息，保证会计信息真实可靠、内容完整。会计必须根据审核无误的原始凭证，采用特定的专门方法进行记账、算账、报账，保证会计核算的客观性。如果企业的会计核算工作不是以实际发生的交易或事项为依据，没有如实地反映企业的财务状况、经营成果、现金流量，会计工作就失去了存在的意义，甚至会误导会计信息使用者，导致决策的失误。

（二）相关性原则

企业提供的会计信息应当与财务会计报告使用者的经济决策需要相关，有助于财务会计报告使用者对企业过去、现在或者未来的经营情况做出评价或者预测。会计的主要目标就是向有关各方提供对其决策有用的会计信息。如果提供的会计信息对会计信息使用者的决策没有作用，不能满足会计信息使用者的需要，就不具有相关性。

（三）明晰性原则

企业提供的会计信息应当清晰明了，便于财务会计报告使用者理解和使用。根据明晰性原则的要求，会计记录应当清晰，账户对应关系应当明确，文字摘要应当清楚，数字金额应当准确，以便会计信息使用者能够准确完整地把握信息的内容，更好地加以利用。如果企业的会计核算和编制的财务会计报告不能做到清晰明了，不便于理解和使用，就不符合明晰性原则的要求，就不能满足会计信息使用者的决策需求。

（四）可比性原则

企业提供的会计信息应当具有可比性。同一企业不同时期发生的相同或者相似的交易或者事项，应当采用一致的会计政策，不得随意变更。确需变更的，应当在附注中说明。不同企业发生的相同或者相似的交易或者事项，应当采用规定的会计政策，确保会计信息口径一致、相互可比。

（五）实质重于形式原则

企业应当按照交易或者事项的经济实质进行会计确认、计量、记录和报告，不应仅以交易或者事项的法律形式为依据。在某些情况下，经济业务的实质与其法律形式可能脱节，为此，会计人员应当根据经济业务的实质来选择会计政策，而不能拘泥于其法律形式。

例如，以融资租赁方式租入的资产，虽然从法律形式来讲承租企业并不拥有其所有权，但是由于租赁合同中规定的租赁期相当长，接近该资产的使用寿命；租赁期结束时承租企业有优先购买该资产的选择权；在租赁期内承租企业有权支配资产并从中受益，所以，从其经济实质来看，企业能够控制租入资产所创造的未来经济利益，在会计确认、计量、记录和报告中就应当将租入的资产视为企业的资产，在资产负债表中填列为使用权资产。

（六）重要性原则

企业提供的会计信息应当反映与企业财务状况、经营成果和现金流量有关的所有重要交易或事项。

在实务中，如果某项会计信息的省略或者错报会影响投资者等财务报告使用者据此做出决策，该信息就具有重要性。重要性的应用需要依赖职业判断，企业应当根据其所处环境和实际情况，从项目的功能、性质和金额大小等多方面加以判断。例如，企业发生的某些支出金额较小，从支出的受益期来看，可能需要在若干会计期间进行分摊，但根据重要性要求，可以一次性计入当期损益，如低值易耗品可以采用一次摊销法或分次摊销法摊销，尚未摊销的部分作为周转材料合并列入资产负债表存货项目，而不作为单独项目列报。

（七）谨慎性原则

企业对交易或者事项进行会计确认、计量、记录和报告应当保持应有的谨慎，不应高估资产或者收益、低估负债或者费用。也就是说在资产计价及损益确定时，如果有两种或两种以上的方法或金额可供选择，应选择使本期净资产和利润较低的方法或金额。

企业的经营活动充满风险和不确定性，在会计核算工作中坚持谨慎性原则，要求企业在面临不确定因素的情况下做出职业判断时，应当保持必要的谨慎，充分估计到各种风险和损失，既不高估资产或收益，也不低估负债或费用。例如，要求企业定期或者至少每个年度终了，对可能发生的各项资产损失计提减值准备，就充分体现了谨慎性原则对会计信息的修正。

（八）及时性原则

企业对于已经发生的交易或者事项，应当及时进行会计确认、计量、记录和报告，不得提前或者延后。

会计信息的价值在于帮助企业或其他会计信息使用者做出经营决策，具有时效性。即使是客观、可比、相关的会计信息，如果不及时提供，对于会计信息使用者也没有任何意义，甚至可能误导会计信息使用者。在会计核算过程中坚持及时性原则，一是要及时收集会计信息，即在经济业务发生后，及时收集整理各种原始单据；二是要及时处理会计信息，即在国家统一的会计制度规定的时限内，及时编制出财务会计报告；三是要及时传递会计信息，即在国家统一的会计制度规定的时限内，及时将编制出的财务会计报告传递给财务会计报告使用者。

第二节　旅游企业会计的特点和任务

旅游是指人们离开常居地，外出旅行，到其他地方去游览参观的一项活动。旅游企业则是以自然和人文旅游资源、旅游设施为基本条件，为旅游者提供食、住、行、游、购、娱等方面的综合性服务并独立核算的经济组织，主要包括旅行社、饭店、旅游景区和旅游商店等单位。它是一个新兴的"朝阳产业"，被称为"无烟工业""无形贸易"，是国民经济中的一个重要部分。它是以满足旅游者物质和精神需要为主要目标的综合性产业。旅游企业要创造更大的经济效益和社会效益，必须不断地加强旅游企业的经营管理，而加强旅游企业的会计核算是提高旅游企业经营管理水平的一项重要工作。

旅游企业会计是将会计基础同旅游企业的特点及会计实务相结合所形成的一门行业会计学科。它是以货币为主要计量单位，综合反映和监督旅游企业经济活动的一种管理活动。

一、旅游企业会计的特点

旅游企业业务范围的广泛性、综合性，决定了旅游企业会计不仅具有其他企业会计的共性，还有其自身的特性。

（一）与其他企业会计共有的特点

1.以货币为主要计量单位

这里的货币，主要是指人民币。涉外的业务经营活动，也指美元、日元、欧元、英镑等外币。根据企业会计准则制定的《旅游、饮食服务企业会计制度》规定，旅游企业会计应当以人民币为计量单位，涉及外币的经济业务，都应当以人民币为记账本位币加以反映。有外币业务的旅游企业，虽然采取"复币"记账，但仍是以人民币为记账本位币。在旅游企业会计中，还有其他计量单位，如以实物为计量单位：客房床位多少张，旅游汽车多少辆，空调设备多少台，电视机多少台等。单以实物为计量单位，只能记录旅游企业各种资产的实物形态及其数量，而旅游企业的经营管理却是要通过会计核算工作来计算企业的收支和盈亏。因而以实物形态表现的各种资产的数量，还要转化为价值形态的金额。在固定资产分类账、原材料分类账、商品分类账中，不仅有数量的栏目，还有金额的栏目。

2.以记账、算账为手段

记账就是按照旅游企业会计制度规定的方式、方法和程序，对记载旅游业务的发生和明确经济责任的原始数据进行整理、分类、归集，并准确、及时、完整地记录到账簿中去。算账就是把旅游企业一定时期内经营过程中的全部收入同耗费活动和物化劳动进行准确核算，计算出旅游企业经营管理获得的经济效益。旅游企业会计的记账方法，采用国际上通用的借贷记账法。

3.以会计核算和会计监督为基本职能

如前所述，会计的基本职能是核算和监督，且这两项职能是相辅相成、辩证统一的关系。没有会计监督，就无法保证会计核算所提供资料的真实性和可靠性；没有会计核算，会计监督就失去存在的基础。

（二）旅游企业会计自身的特点

1.核算方法多样性

旅游企业除了以提供服务为中心外，还从事生产加工商品和销售商品业务，这样，旅游企业就具有生产、销售和服务三种职能。因此，旅游企业进行会计核算时就需要根据经营业务特点，采用不同的核算方法。例如，餐饮服务要根据消费者的需要，加工烹制菜肴和食品，具有工业企业的性质；然后将菜肴和食品直接供应给消费者，又具有商品流通企业的性质；同时又为消费者提供消费设施、场所和服务，具有服务企业的性质。销售业务采用商品流通企业的核算方法，而服务性质的业务，如客房、娱乐、美容等业务只发生服务费用，则采用服务企业的核算方法。

2.核算内容综合性

旅游企业包括旅行社、饭店和旅游景点等企业。这些企业的经营业务涉及旅游者食、住、行、游、购、娱等方面的多个领域。例如，饭店有客房、餐饮、娱乐、商品销售等业务；多数旅游景点既有门票销售、缆车等游乐项目，又有客房、餐饮、商品销售、商务中心等营业项目。这些都使得旅游企业会计核算内容具有很强的综合性。

3.核算具有涉外性

我国旅游业务主要有三种类型：即国内游客在国内景点旅行、游览；国内游客出国进行游览、观光；国际游客来华观光、游览，后两种都属于涉外业务。根据国际旅游市场的需要和我国现有的国力，当前旅游业的重点是发展国际旅游业，积极吸引外汇，平衡国际收支。由于大量的涉外业务需要进行国际结算，因此，旅游企业必须进行外汇收支的核算，按照国家外汇管理条例正确核算有关外汇收支项目，办理外汇存入、转出和结算，加强外汇管理。这都是旅游企业涉外性特点的具体表现。

二、旅游企业会计的任务

旅游企业会计的任务，是在我国社会主义市场经济条件下，由旅游业的性质和旅游企业管理的要求决定的，同时也受旅游企业会计对象的制约。旅游企业会计的任务主要有以下几个方面：

1.反映经济情况

旅游企业通过会计核算的各种专门方法，可以对企业经营活动的全过程及发生的财务收支状况进行确认、计量、记录和报告，提供及时可靠的原始会计信息，能及时反映企业财务计划和预算的执行情况，确认企业的经营成果。

2.监督经济活动

旅游企业会计核算的过程，是执行国家的财政制度和财务制度的过程，通过各种专门的会计检查方法，可以及时查明企业会计信息是否真实可靠、经营业务是否合理合法、投资者的权益是否得到保障等，促使企业照章办事，制止违法行为，维护国家的经济秩序。

3.预测经营前景

旅游企业通过常规性的会计预测，运用科学的方法对企业未来的经营活动和财务状况做出分析和推断，可以提高企业的经营管理水平。

4.提供决策支持

通过提供完备的企业会计信息，旅游企业会计部门可以直接或间接地参与企业的决策过程，使旅游企业的经营决策建立在切实可行的基础上，以减少经营管理中的失误。

5.控制经济活动

会计工作覆盖企业经济活动的全过程，通过制定专门的会计控制办法，旅游企业的会计部门可以对预期可能发生或已经发生的各项经营业务进行事前、事中、事后的全方位控制，从中发现问题，并提出修正措施，以便及时加以解决。

6.评价经营业绩

旅游企业通过定期分析财务报表或其他专门的活动，可以及时对企业的经营效果做出评估，肯定成绩，找出问题，并提出改进工作的对策，以达到改善经营管理的目的。

第三节 我国会计法规体系的构成及发展

会计法规体系是组织会计工作的依据。我国的会计法规体系分为三个层次，分别为会计法律、会计行政法规、国家统一会计制度。

一、会计法律

1985年1月，我国首次颁布了《会计法》，1999年、2017年财政部对该法进行了修订。《会计法》由全国人民代表大会及其常委会制定，是会计法律制度中层次最高的法律规范，是制定其他会计法规的依据，也是指导会计工作的最高准则。

二、会计行政法规

1993年，中华人民共和国财政部（以下简称财政部）在全国范围内实施了企业会计准则。企业会计准则属于我国会计行政法规范畴，该法规由国务院批准、财政部发布，制定依据是《会计法》，它是我国会计核算工作的基本规范。1997—2001年，财政部又发布了16项企业会计准则；2006年2月15日，财政部颁布了较完善的企业会计准则体系，该体系由1项基本准则和38项具体准则组成。2014年，财政部相继修订了基本准则和5项具体准则，并发布了3项具体准则。2017年，财政部又陆续修订了6项具体准则，并发布了1项具体准则。2007年至2023年间财政部陆续印发了17个《企业会计准则解释》，企业会计准则的每一次修订和完善都体现了我国会计实务不断与国际接轨的趋势。

另外，国务院发布的《总会计师条例》和《企业财务会计报告条例》也属于我国的会计行政法规。

三、国家统一会计制度

国家统一会计制度是指国务院财政部门根据《会计法》制定的关于会计核算、会计监督、会计机构和会计人员以及会计工作管理的制度，包括会计部门规章和会计规范性文件。

会计部门规章是指国家主管会计工作的行政部门，如财政部及其他相关部委，制定的会计法律规范。它包括国家统一的会计核算制度、国家统一的会计监督制度、国家统一的会计机构和会计人员制度及国家统一的会计工作管理制度等。《财政部门实施会计监督办法》《企业会计准则——基本准则》等就属于会计部门规章。

会计规范性文件是指主管全国会计工作的国务院财政部门以文件形式印发的制度办法，其制定依据是会计法律和会计行政法规。

我国的会计规范性文件有《企业会计准则第1号——存货》等38项具体准则、《企业会计准则——应用指南》、《金融企业会计制度》、《小企业会计准则》、《会计基础工作规范》和《会计档案管理办法》等。

另外，地方性会计法规是省、自治区、直辖市人民代表大会及其常委会在与会计法律、会计行政法规不相抵触的前提下制定的，也是我国会计法律制度的重要组成部分。

素养园地　　　　　　　　　　**法治建设是会计诚信的基石和保障**

诚信建设是会计的灵魂和基础。诚信是中华民族的传统美德、市场经济的基础，也是各行各业的基本规范和行为准则。严守会计诚信，对更好发挥财政在国家治理中的作用、进一步增强宏观调控、保障国家经济安全等方面都具有重要现实意义。从法治角度看，法治建设是诚信的基石和保障。我国基本形成以《会计法》《中华人民共和国注册会计师法》（简称《注册会计师法》）为统领，以《总会计师条例》和《企业财务会计报告条例》等行政法规、若干会计规章和地方性会计法规为支撑的会计法律体系，涵盖了会计审计管理的各方面、各环节，对规范会计行为、提高会计信息质量起到了保驾护航的重要作用。接下来要着重从四个方面加强会计领域法治建设。

一是坚持党对立法工作的领导。按照党中央、国务院的决策部署，要加快推动《会计法》《注册会计师法》的修订，将党中央、国务院关于加强财会监督、严肃财经纪律的决策部署落实落细，为防范财务造假提供法律保障。

二是坚持问题导向与系统思维相结合，从源头遏制财务造假。要从企业和中介机构两个主体入手，采取针对性措施予以打击。针对企业本身的造假行为，进一步完善单位负责人对会计资料真实完整予以负责的法律制度，规范开展财务管理和内部控制，从源头上规范企业会计行为。针对中介机构的违规行为，着重加大对会计师事务所等中介机构违规出具虚假报告等行为的处罚力度，强化法律责任。

三是坚持优化服务和严格监管并举，全方位健全会计诚信监督体系。要优化营商环境，深入推进"放管服"改革。在会计、注册会计师行业，要紧紧围绕贯彻新发展理念，构建新发展格局，打造公平、透明、可预期的法治营商环境，确保会计、注册会计师行业的行政审批放得下、接得住、管得好、有监督，防止劣币驱逐良币，弘扬诚信正义。要加强监督检查，切实整顿规范会计执行。在相关法律中，应当赋予监管部门相应的监管手段，同时，应规范执法，创新监管机制，推动各监管部门之间协调配合，整合资源提高效率。要发挥行政复议诉讼作用，依法保障会计领域行政相对人合法权益。要修订《会计法》《注册会计师法》，进一步完善告知听证制度，保证行政相对人的陈述、申诉、申辩权利和依法发起行政复议、行政诉讼的权利。

四是坚持开展会计法治宣传和诚信教育，推动全社会共立会计诚信意识。按照"谁执法谁普法、谁服务谁普法、谁主管谁普法"的原则，建立和落实会计普法责任制，切实完成普法规划规定的各项任务。通过行之有效、喜闻乐见的形式，广泛宣传会计诚信和法治意识，大力营造造假者受谴责、诚信者受尊重的社会氛围。同时，通过会计法治宣传教育，不断增强社会各界对会计工作的理解和支持，为依法进行会计核算、实施会计监督、进一步发挥会计审计鉴证职能创造良好的社会氛围。

资料来源：马勇，高鹤.修筑会计诚信"长城"夯实社会诚信"基石"[N].中国会计报，2021-11-26（11）.

思政关键词：法治建设　诚信建设　优化服务　严格监管

■ **本章小结**

•现代会计是以货币作为主要计量单位，运用一系列专门方法，对企事业单位的经济活动进行连续、系统、全面和综合的核算和监督，并在此基础上对经济活动进行分析、预测和控制以提高经济效益的一种管理活动，是经济管理的重要组成部分。

•会计的基本职能是核算和监督。

•会计对象是指企事业单位在社会再生产过程中所表现出的资金运动。

•会计核算的基本前提包括会计主体、持续经营、会计分期和货币计量。

•会计核算方法由设置账户、复式记账、填制和审核凭证、登记账簿、成本计算、财产清查和编制财务会计报告七种专门方法组成。这七种专门方法是相互联系、相互依存、彼此制约的，是一个完整的方法体系。

•会计计量属性反映的是会计要素金额的确定基础，主要包括历史成本、重置成本、可变现净值、现值和公允价值等。

•会计信息质量要求主要包括真实性、相关性、明晰性、可比性、实质重于形式、重要性、谨慎性、及时性等。

•旅游企业会计与其他企业会计共有的特点包括以货币为主要计量单位，以记账、算账为手段，以会计核算和会计监督为基本职能；旅游企业会计自身的特点有核算方法多样性、核算内容综合性、核算涉外性。

•国的会计法规体系分为三个层次，分别为会计法律、会计行政法规、国家统一会计制度。

■ **主要概念**

会计　会计职能　会计假设　会计计量属性　会计核算方法　权责发生制

■ **基本训练**

一、单项选择题

1.下列各项中，对企业会计核算的真实性、完整性、合法性和合理性进行审查的会计职能是（　　）。

A.核算职能　　　　　　　　　　B.评价经营业绩职能

C.监督职能　　　　　　　　　　D.参与经济决策职能

2.会计的基本职能是（　　）。

A.核算和监督　　　B.分析和考核　　　C.预算和决策　　　D.反映和决策

3.会计的核算对象是（　　）。

A.资金的投入与退出　　　　　　B.社会再生产过程中的资金运动

C.预算资金运动　　　　　　　　D.企业的各项经济活动

4.会计主体是会计核算的基本前提之一，它为会计工作规定了活动的（　　）。

A.时间范围　　　B.空间范围　　　C.核算方法　　　D.业务范围

5.会计基本前提的主要内容不包括（　　）。

A.持续经营　　　　B.币值不变　　　　C.会计主体　　　　D.会计分期

6.从核算效益看，对所有会计事项不分轻重和繁简详略，采取完全相同的处理方法，不符合会计信息质量的（　　）要求。

A.明晰性　　　　B.相关性　　　　C.谨慎性　　　　D.重要性

7.会计所运用的主要计量单位是（　　）。

A.实物计量单位　　　　　　　　　B.劳动计量单位

C.货币计量单位　　　　　　　　　D.工时计量单位

8.下列各项中，不属于会计信息质量要求的是（　　）。

A.真实性　　　　B.相关性　　　　C.权责发生制　　　　D.明晰性

9.计提资产减值准备这一做法体现的是会计信息质量的（　　）要求。

A.真实性　　　　B.相关性　　　　C.谨慎性　　　　D.明晰性

10.会计核算上企业将融资租赁方式租入的资产视为自己的资产进行管理，这一做法所反映的会计信息质量要求是（　　）。

A.真实性　　　　B.相关性　　　　C.实质重于形式　　　　D.明晰性

11.资产按照购置资产时所付出的对价的公允价值计量，其会计计量属性是（　　）。

A.历史成本计量　　　　　　　　　B.重置成本计量

C.可变现净值计量　　　　　　　　D.现值计量

12.资产按照正常对外销售所能收到现金或现金等价物的金额扣减该资产至完工时估计将要发生的成本、估计的销售费用以及相关税费后的金额计量，其会计计量属性是（　　）。

A.历史成本计量　　　　　　　　　B.重置成本计量

C.可变现净值计量　　　　　　　　D.现值计量

13.资产按照预计从其持续使用和最终处理中所产生的未来净现金流入量的折现金额计量，其会计计量属性是（　　）。

A.历史成本计量　　　　　　　　　B.重置成本计量

C.可变现净值计量　　　　　　　　D.现值计量

14.企业对于已经发生的交易或事项，应当及时进行会计确认、计量、记录和报告，不得提前或延后，所反映的会计信息质量要求是（　　）。

A.及时性　　　　B.相关性　　　　C.实质重于形式　　　　D.明晰性

二、多项选择题

1.会计的基本前提包括（　　）。

A.会计主体　　　　B.会计分期　　　　C.货币计量　　　　D.持续经营

2.（　　）可以是会计主体。

A.公司　　　　B.分公司　　　　C.子公司　　　　D.学校

3.下列属于会计信息质量要求的有（　　）。

A.真实性　　　　B.相关性　　　　C.实质重于形式　　　　D.明晰性

4.按权责发生制要求，下列收入或费用应归属本期的是（　　）。

A.对方暂欠的本期销售产品的收入

B.摊销前期已付款的报纸、杂志费

C.本期收回的上月销售产品收入

D.本期的办公费和职工的工资支出

5.下列属于旅游企业会计自身特点的是（　　）。

A.核算方法多样性　　　　　　　　B.核算内容综合性

C.核算具有涉外性　　　　　　　　D.反映和监督

6.下列属于会计计量属性的是（　　）。

A.历史成本计量　　　　　B.重置成本计量　　　　　C.可变现净值计量

D.现值计量　　　　　　　E.公允价值计量

7.下列属于会计核算方法的是（　　）。

A.设置会计科目和账户　　　B.复式记账　　　　　　C.编制和审核凭证

D.设置和登记账簿　　　　　E.财产清查和编制财务会计报表

8.下列属于旅游企业会计任务的是（　　）。

A.反映、监督和控制经济活动　　　　B.评价经营业绩

C.预测经营前景　　　　　　　　　　D.提供决策支持

9.会计法规体系包括（　　）。

A.会计法律　　　　　　　　　　　　B.会计行政法规

C.国家统一会计制度　　　　　　　　D.宪法

10.以下各项中，符合可比性要求的有（　　）。

A.企业提供的会计信息应当具有可比性

B.同一企业不同时期发生的相同或者相似的交易或者事项，应当采用一致的会计政策，不得随意变更

C.不同企业发生的相同或者相似的交易或者事项，应当采用规定的会计政策，确保会计信息口径一致、相互可比

D.企业对于已经发生的交易或事项，应当及时进行会计确认、计量、记录和报告，不得提前或延后

第二章 账户与复式记账原理

■ 学习目标

通过本章学习，你应该达到以下目标：

知识目标：理解会计要素、会计等式、会计科目和会计账户；了解借贷记账法原理，总分类账户和明细分类账户之间的关系。

技能目标：会分析经济业务与会计等式的关系；会根据借贷记账法原理编制会计分录；会编制试算平衡表；会进行总账和明细账的平行登记；能准确应用权责发生制。

素养目标：养成爱岗敬业、诚信为本的职业习惯；增强对会计工匠精神的认同；提升自主学习、团队协作的能力。

第一节 会计要素

本书第一章已说明会计对象是指企事业单位在社会再生产过程中所表现出来的资金运动。而会计要素是对会计对象具体内容所做的最基本分类，是会计对象的主要组成部分。我国的企业会计准则将会计要素划分为资产、负债、所有者权益、收入、费用和利润。资产、负债、所有者权益这三个要素是资金运动的静态表现，反映企业在一定时点的财务状况，是组成资产负债表的主要内容；而收入、费用、利润这三个要素是资金运动的动态表现，反映企业一定时期的经营成果，是组成利润表的主要内容。

一、反映企业财务状况的会计要素

（一）资产

1.资产的定义

资产是指过去的交易、事项形成的，由企业拥有或控制的资源，该资源预期会给企业带来经济利益，包括各种财产、债权和其他权利。

2.资产的基本特征

（1）资产是由过去的交易或事项形成的。也就是说，资产必须是现实的资产，而不能是预期的资产，是由过去已经发生的交易所产生的结果。

（2）资产是为企业所拥有的，或者即使不为企业所拥有，也是企业所控制的。比如从外单位以经营租赁方式租入的资产就不是本单位的资产，因为这不是本单位所拥有的。而融资租入的资产虽不是企业拥有的但却是企业可以控制的。

（3）资产能够直接或间接地给企业带来经济利益。所谓经济利益，是指直接或间接地流入企业的现金或现金等价物。凡不能带来经济利益的东西不能确认为资产。比如一些已经报废的机器设备，已不能为单位带来经济利益，就不能在会计上确认为资产。

3.资产的分类

企业的资产按其流动性可以分为流动资产和非流动资产。

（1）流动资产。流动资产是指企业可以在一年内（含一年）或者超过一年的一个营业周期内变现或耗用的资产。营业周期是指企业"投入资金—购买材料—生产产品—销售产品—收回资金"的过程。大部分行业一年有几个营业周期，而某些特殊行业，如造船、重型机械等，其营业周期往往超过一年。

流动资产主要包括货币资金、交易性金融资产、应收及预付款项、其他应收款、存货等。

①货币资金是指企业在生产经营和业务活动中停留于货币形态的那一部分资金，包括库存现金、银行存款和其他货币资金。

库存现金包括库存的人民币和外币。它是一种流动性较强的流动资产，主要用于企业的日常零星开支。

银行存款是指企业储存在银行和其他金融机构的各项款项，是货币资金的主要组成部分。

其他货币资金是指企业除库存现金、银行存款以外的其他各种货币资金，包括外埠存款、银行汇票存款、银行本票存款等。

②交易性金融资产是指企业以交易为目的而持有的股票投资、债券投资、基金投资和直接指定为以公允价值计量且其变动计入当期损益的金融资产等。

③应收及预付款项是指企业在商业信用条件下发生的延期收回或预先支付的各种款项，包括应收票据、应收账款、预付账款等。

应收票据是企业持有的、尚未到期兑现的商业汇票，按票据承兑人的不同分为银行承兑汇票和商业承兑汇票。

应收账款是"应付账款"的对称，是指因销售商品或提供劳务而发生的对顾客的货币要求权，包括为购货单位或接受劳务单位代垫的包装费、运杂费。

预付账款是指企业因采购物资等按照购货合同规定预付给供应单位的购货款。

④其他应收款是指除应收票据、应收账款、预付账款等以外的其他各种应收暂付款，如职工个人向企业预借的差旅款，应收的各种赔款、罚款，拨付给各部门周转使用的备用金，存出的保证金等。

⑤存货是指企业在日常生产经营过程中持有的以备出售，或者仍然处在生产过程，或者在生产或提供劳务过程中将消耗的材料或物料等，包括原材料、库存商品、在产品、半成品、产成品、包装物、低值易耗品等。一种货物是否属于企业的存货，主要看企业是否拥有所有权，而不是看其是否存储在企业。

（2）非流动资产。非流动资产是指企业在一年以上或者超过一年的一个营业周期以上变现或耗用的资产，主要包括持有至到期投资、长期股权投资、投资性房地产、在建工程、固定资产、无形资产等。

① 持有至到期投资是指到期日和回收金额固定，企业有明确意图和能力持有至到期的金融资产。

② 长期股权投资是指投资方对被投资单位实施控制、重大影响的权益性投资，以及对其合营企业的权益性投资。

③ 投资性房地产是指为赚取租金或资本增值，或两者兼有而持有的房地产。

④ 在建工程是指企业进行的基建工程、安装工程、技术改造工程、大修理工程、安装设备等尚未达到预定可使用状态的工程。

⑤ 固定资产通常是指使用期限超过一年的房屋、建筑物、机器、机械、运输工具以及其他与生产经营有关的设备、器具和工具等。

⑥ 无形资产是指企业为生产商品、提供劳务、出租，或为管理目的而持有的，没有实物形态的非货币性长期资产，如专利权、商标权、著作权、土地使用权等。

（二）负债

1.负债的定义

负债是指企业过去的交易或者事项形成的、预期会导致经济利益流出企业的现时义务。

2.负债的主要特征

（1）负债是由企业过去的交易或者事项形成的。也就是说，导致负债的交易或事项必须是已经发生的。如企业购置的货物会产生应付账款（已经预付或在交货时支付的款项除外），接受银行贷款则会产生偿还债务的义务。只有源于已经发生的交易或事项，会计上才有可能确认为负债。正在策划的未来的交易或事项，如企业的业务计划，不会产生负债。

（2）债务是企业承担的现时义务。现时义务是指企业在现行条件下已承担的义务，未来发生的交易或者事项形成的义务，不属于现时义务。由于具有约束力的合同或法定要求，义务在法律上可能是强制执行的，如收到货物或劳务而发生的应付款项。另外，义务还可能产生于正常的业务活动、习惯以及为了保持良好的业务关系或公平处事的愿望而产生的负债，如企业承诺产品保质期满后购买者仍能享受免费修理服务，该已售产品的预期修理费用就是企业的负债。

（3）负债的清偿预期会导致经济利益流出企业，以满足对方的要求。现时义务的履行，可采取若干种方式，如支付现金、转让其他资产、提供劳务等。

（4）负债通常在未来的某一时点通过交付资产或提供劳务来清偿。有时企业也可以通过承诺新的负债或转化为所有者权益来偿还一项现有的负债，前一种情况只是负债的展期，后一种情况则相当于用增加所有者权益来偿还债务。

3.负债的分类

企业的负债按其偿还期的长短可分为流动负债和非流动负债。

（1）流动负债。流动负债是指将在一年（含一年）或者超过一年的一个营业周期内偿还的债务，主要包括短期借款、应付票据、应付账款、预收账款、应付职工薪酬、应交税费、其他应付款等。

① 短期借款是指企业借入的期限在一年以下（含一年）的各种借款。短期借款一般是企业为取得维持正常的生产经营所需的资金而借入的或为抵偿某项债务而借入的。短期借款的债权人为银行或其他金融机构。

② 应付票据是指由出票人签发、承兑人承诺，在指定日期由承兑人支付一定数额款项的书面证明，该书面证明主要是指企业因购买材料、商品和接受劳务供应而开出承兑的商业汇票，包括银行承兑汇票和商业承兑汇票。

③ 应付账款是指企业因购买材料、商品和接受劳务等应付给供应单位的款项。

④ 预收账款是指企业按照合同的规定向购货单位预收的款项。

⑤ 应付职工薪酬是指企业为获得职工提供的服务而给予各种形式的报酬以及其他相关支出，包括职工工资、奖金、津贴和补贴，职工福利费，医疗保险费、养老保险费、失业保险费、工伤保险费和生育保险费等社会保险费，住房公积金，工会经费和职工教育经

费，非货币性福利，因解除与职工的劳动关系而给予的补偿，其他与获得职工提供的服务相关的支出等。

⑥ 应交税费是指企业在经营过程中按税法规定应向国家缴纳的各种税费，如增值税、城市维护建设税、所得税等。

⑦ 其他应付款是指企业应付和暂收其他单位和个人的款项，如存入保证金、包装物押金等。

（2）非流动负债。非流动负债是指偿还期在一年或者超过一年的一个营业周期以上的负债，包括长期借款、应付债券、长期应付款等。

① 长期借款是指企业向银行或其他金融机构借入的期限在一年以上（不含一年）的各项借款。

② 应付债券是指企业为筹集长期资金而实际发行的，约定于某一特定日期还本付息的书面证明。

③ 长期应付款是指企业除长期借款和应付债券以外的其他各种长期应付款，如采用补偿贸易方式引进国外设备的价款，应付融资租入固定资产的租赁费等。

（三）所有者权益

1.所有者权益的概念

权益按其性质分为"债权人权益"和"所有者权益"。债权人权益又称"负债"，是债权人对企业资产可以提出要求的权利。所有者权益又称"业主权益"，是指所有者在企业资产中享有的经济利益，其金额为资产减去负债后的余额。

2.所有者权益的特征

（1）所有者投资所形成的资产可供企业长期使用，企业不必向投资者返还资本金。

（2）企业所有人凭其对企业投入的资本，有权行使企业的经营管理权，或者授权管理人员行使经营管理权，有享受分配税后利润的权利。

（3）企业的所有者对企业的债务和亏损负有无限的责任或有限的责任。

3.所有者权益的来源及构成

所有者权益的来源包括所有者投入的资本、直接计入所有者权益的利得和损失、留存收益等。直接计入所有者权益的利得和损失是指不应计入当期损益、会导致所有者权益发生增减变动的、与所有者投入资本或者向所有者分配利润无关的利得或者损失，一般通过"资本公积——其他资本公积"科目核算。因此，所有者权益构成项目包括实收资本（或股本）、资本公积、其他综合收益和留存收益。

（1）实收资本（或股本）是指企业实际收到的投资者投入作为资本金的资金以及按照有关规定由资本公积金、盈余公积金转为资本金的资金。

（2）资本公积是一种可以按照法定程序转为资本金的公积金，也可以说是一种准资本金。资本公积主要来源于资本（或股本）溢价、接受捐赠非现金资产、接受现金捐赠、股权投资、拨款转入、外币资本折算差额、其他资本公积等。其中，资本（或股本）溢价，是指企业投资者投入的资金超过其在注册资本中所占份额的部分。

（3）其他综合收益是指企业根据企业会计准则的规定未在损益中确认的各项利得和损失扣除所得税影响后的净额。

（4）留存收益是企业在税后利润中对投资者分配利润以后留存企业的积累资金，包括盈余公积和未分配利润。其中盈余公积是从净利润中提取的按规定用途使用的积累资金，分为法定盈余公积和任意盈余公积；未分配利润是指企业未作分配的一部分税后利润，它有三层含义：一是这部分税后利润没有分配给企业的所有者，二是这部分税后利润没有指定用途，三是它包括企业历年累积的未分配利润。

二、反映企业经营成果的会计要素

（一）收入

1.收入的定义

收入是指企业在销售商品、提供劳务和让渡资产使用权等日常活动中形成的，会导致所有者权益增加的，与所有者投入资本无关的经济利益的总流入。收入不包括为第三方或者客户代收的款项。

2.收入的主要特征

（1）收入从企业的日常活动中产生，而不是从偶发的交易或事项中产生。

（2）收入可能表现为企业资产的增加或负债的减少，或者二者兼而有之，最终能导致企业所有者权益的增加。

（3）收入只包括本企业经济利益的流入，不包括为第三方或客户代收的款项。

3.收入的构成

企业取得的收入是企业赚取利润的基本来源，按企业经营业务的主次不同，分为主营业务收入和其他业务收入。主营业务收入是指企业经常性、主要业务所产生的收入。不同行业的主营业务收入所包括的内容是不同的。其他业务收入是指企业非经常性、兼营的业务所产生的收入。

（二）费用

1.费用的定义

费用是指企业在日常活动中发生的、会导致所有者权益减少的、与向所有者分配利润无关的经济利益的总流出。

2.费用的主要特征

（1）费用应当是企业在日常活动中发生的。

（2）费用应当会导致经济利益的流出，该流出不包括向所有者分配的利润。

（3）费用应当最终会导致所有者权益的减少。

3.费用的构成

按照费用与收入的关系，费用可分为主营业务成本、其他业务成本、税金及附加、期间费用等，其中期间费用包括销售费用、管理费用和财务费用。

（三）利润

1.利润的定义

利润是指企业在一定会计期间的经营成果。

2.利润的构成

利润包括营业利润、利润总额和净利润，其中营业利润=收入−费用+公允价值变动损益+投资净收益，利润总额=营业利润+直接计入当期利润的利得（−损失），净利润=利润总额−所得税费用。利得是指由企业非日常活动形成的、会导致所有者权益增加的、与所有者投入资本无关的经济利益的流入；损失是指由企业非日常活动所产生的、会导致所有者权益减少的、与向所有者分配利润无关的经济利益的流出。

第二节 会计等式

一、会计等式的含义

会计等式亦称会计平衡公式，是指在会计核算中反映各个会计要素数量关系的等式。

二、会计等式的种类

（一）反映企业财务状况的会计等式（即会计恒等式）

资产=负债+所有者权益（或资产=权益）

该等式包括企业、股东和债权人三者的关系，可以从以下角度理解：

（1）从资产的来源看，企业拥有或取得的所有资源（资产），一部分来源于股东（所有者权益），另一部分来源于债权人（负债），再没有第三者。

（2）从资产的求偿权看，只有债权人和股东对资产拥有求偿权，并且债权人拥有优先求偿权，股东的权利次之。

（3）资产与权益为相等的关系，权益由所有者权益和债权人权益构成，其中债权人权益又称为负债。它一方面表示资产来源于权益；另一方面也反映了资产的归属关系，表明企业和所有者是各自独立存在的。无论经济业务发生怎样的变化，都不会破坏这种平衡关系。

因此，此等式体现了同一资金的两个不同侧面，即资金的存在形态与资金的来源渠道，也表明企业在某一时点上资金运动的相对静止状态。此等式是设置账户、复式记账、试算平衡、编制资产负债表的理论依据。

（二）反映企业经营成果的会计等式

在不考虑调整要素（资产减值损失、直接计入当期损益的利得和损失，包括公允价值变动损益、投资净收益、营业外收入、营业外支出等）的情况下，收入、费用与利润的基本平衡关系用公式表示为：

收入−费用=利润

该等式表明企业某一时期资金运动的动态情况，是编制利润表的基础。

（三）综合反映企业财务成果的会计等式（即扩展的会计等式）

"资产=负债+所有者权益"中含有三个基本的会计要素，我们知道，其中资产与负债可以确定地进行计量，而所有者权益则会随着生产经营的进行，即随着利润的实现而变化，而利润是随着费用的产生和收入的实现而实现的。在实际工作中，企业赚取的利润是收支相抵后的余额，它们的关系是：利润=收入－费用，收入的增加表现为资产的增加，同时由于负债是确定的，所以根据会计恒等式，就必然表现为所有者权益的增加；同样，费用的增加必然表现为所有者权益的减少。可见，利润的增加必然表现为所有者权益的增加，意味着企业经营规模的扩大，因此会计恒等式可表示为：资产=负债+（所有者权益+利润），即资产=负债+所有者权益+收入－费用（根据"利润=收入－费用"），该等式也可表示为：资产+费用=负债+所有者权益+收入。

这就是扩展的会计等式或称动态的会计等式，它综合反映企业的财务状况和经营成果。会计期末，当利润进行分配或亏损进行弥补后，该扩展等式又回归到"资产=负债+所有者权益"。

三、经济业务与会计等式的关系

经济业务又称会计事项，是指在经济活动中使会计要素发生增减变动的交易或者事项，可分为对外经济业务和对内经济业务两类。对外经济业务是指企业与其他企业或单位发生交易行为而产生的经济事项。比如，向投资者筹集资金、向供货方购货、向银行归还借款、向购货方销货等。对内经济业务是指企业内部成本、费用的耗用，以及因各会计要素之间的调整而产生的经济事项。比如，生产经营过程中耗用的材料、机器设备的折旧、工资的分配及收入与费用的结转等。

为了更好地理解企业在生产经营过程中各要素的变化与会计等式的关系，在此，通过扩展的会计等式"资产+费用=负债+所有者权益+收入"来说明经济业务与会计等式的关系。因为随着生产经营活动的进行，在会计期间内，企业一方面取得了各种收入，另一方面也必然会发生与取得收入相关的各种费用，在取得收入和发生费用的同时会引起会计要素发生变动。企业发生的经济业务虽然复杂繁多，但就其对会计等式两边的影响来看，可归纳为以下四种类型：

第一种类型：经济业务的发生引起等式左边会计要素此增彼减，增减金额相等，等式保持平衡。

第二种类型：经济业务的发生引起等式右边会计要素此增彼减，增减数额相等，等式保持平衡。

第三种类型：经济业务的发生引起等式左右两边会计要素同时增加，双方增加的金额相等，等式保持平衡。

第四种类型：经济业务的发生引起等式左右两边会计要素同时减少，双方减少的金额相等，等式保持平衡。

例如，甲旅游企业2023年11月30日拥有资产150万元，其中对债权人的负债50万元，所有者权益100万元。该旅游企业2023年12月份发生的经济业务与会计等式的关系见表 2-1。

表 2-1　　　　　　　　　　　经济业务与会计等式的关系表　　　　　　　　　　单位：元

经济业务		会计等式					会计等式变化情况
时间	具体业务	资产　+　费用	=	负债　+	所有者权益　+	收入	
1日		1 500 000	=	500 000　+	1 000 000		平衡
6日	从银行提取现金5 000元	银行存款 −5 000 库存现金 +5 000					第一种类型
7日	用现金购买办公用品500元	库存现金　管理费用 −500　　　+500					
9日	收到投资者投资100 000元，已存入银行	银行存款 +100 000			实收资本 +100 000		第三种类型
10日	实现主营业务收入50 000元，货款存入银行（增值税略）	银行存款 +50 000				主营业务收入 +50 000	
11日	以银行存款偿还短期借款20 000元	银行存款 −20 000		短期借款 −20 000			第四种类型
12日	向银行借入短期借款10 000元，直接偿还应付账款			短期借款 +10 000 应付账款 −10 000			第二种类型
14日	某债权人同意将其原借给本企业的长期借款60 000元转作投资			长期借款 −60 000	实收资本 +60 000		
30日	按规定将资本公积100 000元转增资本				资本公积 −100 000 实收资本 +100 000		
31日	结转主营业务收入50 000元至本年利润				本年利润 +50 000	主营业务收入 −50 000	
31日	结转管理费用500元至本年利润	管理费用 −500			本年利润 −500		第四种类型
31日	合　计	1 629 500　+　0	=	420 000　+	1 209 500　+	0	平衡

从上面四种不同类型的经济业务与会计等式的关系可以看出，不论哪一种经济业务的发生，都不会破坏会计等式的平衡关系。

第三节　会计科目与会计账户

一、会计科目

（一）会计科目的定义

会计科目是指对会计要素的具体内容进行分类核算的项目。

（二）会计科目的设置原则

1.应结合会计对象的特点，全面反映会计对象的内容

所谓结合会计对象的特点，就是根据不同单位经济业务的特点，本着全面核算其经济业务的全过程及结果的目的来确定应该设置哪些会计科目。工业企业的主要经营活动是制造工业产品，因而必须设置反映生产耗费、成本计算和生产成果的会计科目，如"生产成本""制造费用"，而旅游企业的主要经营活动是提供服务，因此无须设置这两个科目。商业企业的基本经营活动是购进和销售商品，因而必须设置反映商品采购、商品销售以及在购、销、存环节发生的各项费用的会计科目，如"库存商品"。

2.既要满足对外报告的要求又要符合内部经营管理的需要

设置会计科目时，要兼顾对外报告信息和企业内部经营管理的需要，并根据需要提供的数据的详细程度，分设总分类科目和明细分类科目。总分类科目是对会计对象具体内容进行总括分类核算的科目。比如固定资产、实收资本等科目，它们提供的是总括性指标，这些指标基本上能满足企业外部有关方面的需要。明细分类科目包括二级科目、明细科目，是对总分类科目的进一步分类。比如固定资产总分类科目下，可以按照固定资产的类别，分设二级科目和明细科目，它们提供的明细资料主要为企业内部经营管理服务。

3.既要适应经济业务发展的需要，又要保持相对稳定

随着商业信用的发展，为了反映和监督商品交易中的延期付款和延期交货而形成的债权债务关系，核算中应该单独设置"预收账款"和"预付账款"科目，也就是把预收、预付账款的核算从"应收账款"和"应付账款"科目中分离出来。另外，随着技术市场的形成和专利法、商标法的实施，对企业拥有的专有技术、专利权、商标权等无形资产的价值及其变动情况，也有必要专设"无形资产"科目予以反映，但为了便于在不同时期分析比较会计核算指标和在一定范围内汇总核算指标，会计科目的设置又要保持相对稳定。

4.应做到统一性与灵活性相结合

所谓统一性，就是对一些主要的会计科目的设置及其核算内容，进行统一的规定，以保证会计核算的指标在一个部门乃至全国范围内综合汇总、分析利用。所谓灵活性，是指在保证提供统一核算指标的前提下，各单位可以根据经济业务的具体情况和经济管理的要求，对统一规定的会计科目做必要的增补或删减，以保证会计信息的有用性。

此外，会计科目的名称要简单明确、通俗易懂、便于记忆，对每一个会计科目应有固

定编码，以便分类排列和应用电子计算机处理会计数据。

根据企业会计准则的规定，企业常用的会计科目见表2-2。

表2-2 企业常用的会计科目一览表

顺序号	编号	会计科目名称	顺序号	编号	会计科目名称
		一、资产类	48	2202	*应付账款
1	1001	*库存现金	49	2203	*预收账款
2	1002	*银行存款	50	2205	*合同负债
3	1012	其他货币资金	51	2211	*应付职工薪酬
4	1101	交易性金融资产	52	2221	*应交税费
5	1121	*应收票据	53	2231	*应付股利
6	1122	*应收账款	54	2232	*应付利息
7	1123	*预付账款	55	2241	*其他应付款
8	1131	应收股利	56	2401	递延收益
9	1132	应收利息	57	2501	*长期借款
10	1221	*其他应收款	58	2502	长期债券
11	1231	坏账准备	59	2701	长期应付款
12	1401	材料采购	60	2702	未确认融资费用
13	1402	*在途物资	61	2711	专项应付款
14	1403	*原材料	62	2801	预计负债
15	1404	材料成本差异	63	2901	递延所得税负债
16	1405	*库存商品			**三、共同类**
17	1406	发出商品	64	3101	衍生工具
18	1407	*商品进销差价	65	3201	套期工具
19	1408	委托加工物资	66	3202	被套期项目
20	1411	*低值易耗品			**四、所有者权益类**
21	1412	*包装物	67	4001	*实收资本
22	1413	*物料用品	68	4002	*资本公积
23	1471	存货跌价准备	69	4005	*其他综合收益
24	1473	合同资产	70	4101	*盈余公积

顺序号	编号	会计科目名称	顺序号	编号	会计科目名称
25	1501	债权投资	71	4103	*本年利润
26	1502	债权投资减值准备	72	4104	*利润分配
27	1511	长期股权投资	73	4201	库存股
28	1512	长期股权投资减值准备			**五、成本类**
29	1521	投资性房地产	74	5001	生产成本
30	1531	长期应收款	75	5101	制造费用
31	1532	未实现融资收益	76	5201	劳务成本
32	1601	*固定资产	77	5301	研发支出
33	1602	*累计折旧			**六、损益类**
34	1603	固定资产减值准备	78	6001	*主营业务收入
35	1604	*在建工程	79	6051	*其他业务收入
36	1605	*工程物资	80	6101	公允价值变动损益
37	1606	固定资产清理	81	6111	投资收益
38	1701	*无形资产	82	6301	*营业外收入
39	1702	累计摊销	83	6401	*主营业务成本
40	1703	无形资产减值准备	84	6402	其他业务成本
41	1711	商誉	85	6403	*税金及附加
42	1801	长期待摊费用	86	6601	*销售费用
43	1811	递延所得税资产	87	6602	*管理费用
44	1901	*待处理财产损溢	88	6603	*财务费用
		二、负债类	89	6701	*资产减值损失
45	2001	*短期借款	90	6711	*营业外支出
46	2101	交易性金融负债	91	6801	*所得税费用
47	2201	*应付票据	92	6901	以前年度损益调整

注：加"*"的为旅游企业常用会计科目。

（三）会计科目的分类

1.按反映的经济内容分类

会计科目按反映的经济内容可分为资产类、负债类、所有者权益类、共同类、成本类和损益类六大类，见表2-2。

2.按提供核算指标的详细程度分类

会计科目按提供核算指标的详细程度来划分，可分为总分类科目和明细分类科目两种。总分类科目又称一级科目、总账科目，是对会计要素具体内容进行总括分类、提供总括信息的会计科目，一般由财政部统一制定（有的总分类科目不设明细分类科目），表2-2中的会计科目均属于总分类科目；明细分类科目又称二级科目或明细科目，是对总分类科目做的进一步分类，提供更详细、更具体会计信息的科目，是反映会计要素具体内容的科目，明细分类科目可根据企业会计准则的规定和企业核算需要设置。

这种分类方法也体现了会计科目的级次，即分为一级科目、二级科目和明细科目三个级次，四级及四级以上的科目均属于明细科目，表2-3就体现了三个级次的关系。

表2-3   会计科目的级次举例

总分类科目	明细分类科目	
一级科目	二级科目	明细科目
库存商品	酒水类	白酒
		啤酒
		葡萄酒
	洗涤类	洗衣粉
		洗衣皂

3.按会计要素分类

会计科目按会计要素可分为资产类、负债类、所有者权益类、收入类、费用类和利润类六大类。

（四）会计科目的编号

（1）《企业会计制度》中一级科目编号采用4位制，二级科目采用6位制，三级科目采用8位制，以此类推，如"应交税费——应交增值税——销项税额"的编号为"22210101"，即采用"4-2-2"制。

（2）新企业会计准则中会计科目编号的第一位分为六个数码："1"表示资产类、"2"表示负债类、"3"表示共同类、"4"表示所有者权益类、"5"表示成本类、"6"表示损益类，见表2-2。

（3）科目之间编号并不连续，以备增设新科目。企业的经济业务将随企业的不断发展而增加，为了能向会计信息使用者提供更加有利于决策的信息，企业有必要在原有会计科目的基础上增设会计科目，以增强会计信息的透明度。

二、会计账户

（一）会计账户的定义

会计账户是对会计科目所反映的经济业务内容进行连续、系统记录的一种工具。它能提供有关会计要素变动情况和结果的数据，如会计要素本期增加、减少、结余等信息。

（二）会计账户的基本结构

1.三栏式账户

由于经济业务的发生所引起的各项会计要素的变动，从数量上看不外乎是增加和减少两种情况，因此账户的结构也相应地分为两个基本部分，分为左、右两方，一方登记增加额，另一方登记减少额。账户要依附于簿籍开设，亦即账簿。这样，每一个账户只表现为账簿中的某张或某些账页，它们一般应包括下列内容：

（1）账户的名称，即会计科目。

（2）日期和摘要，记录经济业务的日期和概括说明经济业务的内容。

（3）凭证号数，说明账户记录的依据。

（4）增加和减少的金额及余额，即期初余额、本期增加额、本期减少额、期末余额。在借贷记账法下，一般账户的格式见表2-4。

表2-4　　　　　　　　　　　　　账户名称（会计科目）

日期	凭证号码	摘要	借方	贷方	借或贷	余额

2.T形账户

这种账户格式是手工记账经常采用的格式。其左、右两方的金额栏分别记录增加额和减少额，增减相抵后的差额，称为账户的余额。余额按其表示时间的不同，又分为期初余额和期末余额。因此，在账户中所记录的金额有期初余额、本期借方发生额、本期贷方发生额和期末余额。资产类账户中"银行存款"科目的T形账户结构为：

借方		银行存款		贷方
期初余额	×××			
增加额	×××	减少额		×××
	×××			×××
本期借方发生额	×××	本期贷方发生额		×××
期末余额	×××			

以上四项金额的关系，可以用下列等式来表示：

借方期末余额=借方期初余额+本期借方发生额−本期贷方发生额

至于账户的左右两方中哪一方记增加，哪一方减少，则取决于所采用的记账方法和所记录的经济业务内容。账户的余额一般与记录的增加额在同一方向。

（三）会计账户与会计科目的关系

会计科目与会计账户既有联系又有区别。

1.会计账户与会计科目的联系

会计账户是根据会计科目开设的，以会计科目作为它的名称；设置会计科目和开设会计账户都是为了分类提供会计信息，两者所反映的经济内容是一致的。它们的分类方法相同，即会计科目和会计账户均可按反映的经济内容和会计要素分为六大类，还可按提供核算指标的详细程度将会计科目分为总分类科目和明细分类科目，会计账户分为总分类账户和明细分类账户。

2.会计账户与会计科目的区别

（1）外表形式不同。会计账户具有一定的格式，会计科目则没有。

（2）发挥作用不同。会计账户可以对会计对象进行全面、连续、系统地记录，以反映某项经济内容的增减变化及结果；而会计科目仅是分类核算的项目，只能表明某项经济内容。

由于会计账户按照会计科目命名，所以在实际工作中，会计科目与会计账户常被作为同义词来理解，互相通用，不加区别。

第四节 复式记账原理

一、复式记账法

（一）复式记账法的含义

复式记账法是单式记账法的对称，它是指一项经济业务发生后，同时在两个或两个以上相互联系的账户中，以相等的金额进行登记的一种记账方法。

（二）复式记账法的特点

1.可以反映经济业务的来龙去脉和经济活动的过程和结果

复式记账法对每一项经济业务，都在两个或两个以上相互关联的账户中进行记录。将全部经济业务记入各有关账户，账户记录不仅可以全面清晰地反映经济业务的来龙去脉，而且还能够全面、系统地反映经济活动的过程和结果。

2.可以对账户记录的结果进行试算平衡，以检查账户记录的正确性

由于每项经济业务发生后，都是以相等的金额在有关账户中进行记录的，因而，根据该记录就可以进行试算平衡，以检查账户记录是否正确。

（三）复式记账法的种类

复式记账法的种类有借贷记账法、增减记账法、收付记账法等。目前，世界各国通用的复式记账法是借贷记账法。我国企业会计准则规定：中国境内的所有企业都应采用借贷记账法。

二、借贷记账法

(一) 借贷记账法的产生与演进

借贷记账法起源于12世纪的意大利。借、贷二字最初只表示借贷资本家与借贷人之间的债权、债务关系及其增减变化。随着会计记录业务内容的丰富，其逐渐演变为单纯表示各种财产物资增减变化的记账符号。

(二) 借贷记账法的概念

借贷记账法是以会计恒等式为依据，以"借""贷"作为记账符号，记录和反映各项会计要素增减变动情况的一种记账方法，是各种复式记账法中应用最广泛的一种。

(三) 借贷记账法基本原理

借贷记账法基本原理包括记账符号、记账规则、账户结构和试算平衡。

1.记账符号为"借"和"贷"

借贷记账法以"借""贷"为记账符号，其并不是"纯粹的""抽象的"记账符号，而是具有深刻经济内涵的、科学的记账符号。从字面含义上看，"借""贷"二字的确是历史的产物，其最初的含义同债权和债务有关。随着商品经济的发展，借贷记账法得到了广泛应用，记账对象不再局限于债权、债务关系，而是扩大到要记录财产物资增减变化和计算经营损益。原来仅限于记录债权、债务关系的"借""贷"二字已不能概括经济活动的全部内容。"借""贷"表示的内容应该包括全部经济活动资金运动变化的来龙去脉，它们逐渐失去了原来字面上的含义，并在原来含义的基础上进一步升华，获得了新的经济含义，即：

第一，"借"和"贷"代表账户中两个固定的部位。一切账户，均需设置两个部位记录某一具体经济事项数量上的增减变化（来龙去脉），账户的左方一律称为借方，账户的右方一律称为贷方。

第二，"借"和"贷"具有确切的、深刻的经济含义。"贷"字表示资金运动的"起点"（出发点），即表示会计主体所拥有的资金（某一具体财产物资的货币表现）的"来龙"（资金从哪里来）；"借"字表示资金运动的"驻点"（即短暂停留点，因资金运动在理论上没有终点），即表示会计主体所拥有的资金的"去脉"（资金的用途、去向或存在形态）。这是由资金运动的内在本质决定的。会计既然要全面反映与揭示会计主体的资金运动，在记账方法上就必须体现资金运动的本质要求。

2.记账规则为"有借必有贷，借贷必相等"

借贷记账法的记账规则可从以下三个方面来理解：第一，任何一笔经济业务都必须同时分别记录到两个或两个以上的账户中去；第二，所记录的账户可以是同类账户，也可以是不同类账户，但必须是两个记账方向，既不能都记入借方，也不能都记入贷方；第三，记入借方的金额必须等于记入贷方的金额。

3.账户结构

账户结构就是指账户的登记方法，具体讲就是借方登记什么、贷方登记什么、期末有没有余额，如果有，余额在哪一方，表示什么。账户的基本内容包括增加额、减少额和余额及其登记方向。至于账户的左右两方中哪一方记增加，哪一方记减少，则取决于所采用的记账方法和所记录的经济业务内容。账户的余额一般与记录的增加额在同一方向。

　　为了便于初学者掌握，可将账户的结构分为两大类，即扩展会计等式"资产+费用=负债+所有者权益+收入"中左边的资产类、费用类账户为一大类；等式右边的负债类、所有者权益类和收入类账户为一大类。费用在期末结转之前，可看作资产的转化形态，因此，其账户结构与资产类账户结构类似；利润和收入归入所有者权益，因此，其账户结构与所有者权益类账户结构类似。

　　（1）资产（成本）类、费用类账户的结构为：

借方	资产（成本）类、费用类账户		贷方
期初余额	×××		
增加额	×××	减少额	×××
本期借方发生额	×××	本期贷方发生额	×××
期末余额	×××		

　　从上述账户的结构可以看出资产（成本）类、费用类账户借方登记增加额，贷方登记减少额，如果该类账户有期初、期末余额，则余额反映在借方。在此，资产（成本）类账户的余额反映在借方，而费用类账户由于当期的发生额在期末全部转到"本年利润"账户中，因此费用类账户没有期初、期末余额。资产（成本）类账户的期末余额可通过下列等式计算得出：

$$\genfrac{}{}{0pt}{}{资产(成本)期末}{余额(借方)}=\genfrac{}{}{0pt}{}{期初余额}{(借方)}+\genfrac{}{}{0pt}{}{本期借方发生额}{(借方)}-\genfrac{}{}{0pt}{}{本期贷方发生额}{(贷方)}$$

　　（2）负债、所有者权益（利润）和收入类账户的结构为：

借方	负债、所有者权益（利润）和收入类账户		贷方
		期初余额	×××
减少额	×××	增加额	×××
本期发生额	×××	本期发生额	×××
		期末余额	×××

　　从上述账户的结构可以看出，负债、所有者权益（利润）和收入类账户借方登记减少额，贷方登记增加额，如果该类账户有期初、期末余额，则余额反映在贷方。在此，负债、所有者权益（利润）账户的余额反映在贷方，而收入类账户由于当期的发生额在期末全部转到"本年利润"账户中，因此收入类账户没有期初、期末余额。负债、所有者权益（利润）的期末余额可通过下列等式计算得出：

$$\genfrac{}{}{0pt}{}{负债、所有者权益}{(利润)期末余额（贷方）}=\genfrac{}{}{0pt}{}{期初余额}{(贷方)}+\genfrac{}{}{0pt}{}{本期贷方发生额}{(贷方)}-\genfrac{}{}{0pt}{}{本期借方发生额}{(借方)}$$

　　下面以本章第二节所举的甲旅游企业2023年12月份发生的10笔经济业务为例，采用T形账户的形式来具体说明借贷记账法的特点。

①6日，从银行提取现金5 000元。

该笔经济业务的发生只引起资产内部项目的变动，即银行存款减少5 000元，库存现金增加5 000元。资产中"库存现金"的增加，记入该账户的借方，"银行存款"的减少，记入该账户的贷方。该笔经济业务以T形账户的形式登记如下：

借方	银行存款	贷方
		①5 000

借方	库存现金	贷方
①5 000		

②7日，用现金购买办公用品500元。

该笔经济业务的发生引起扩展会计等式左边的资产和费用变动，即资产中库存现金减少500元，费用中管理费用增加500元。资产中"库存现金"的减少，记入该账户的贷方，费用中"管理费用"的增加，记入该账户的借方。该笔经济业务以T形账户的形式登记如下：

借方	库存现金	贷方
		②500

借方	管理费用	贷方
②500		

③9日，收到投资者投资款100 000元，已存入银行。

该笔经济业务的发生引起资产中银行存款增加100 000元，所有者权益中实收资本增加100 000元。资产中"银行存款"的增加，记入该账户的借方，所有者权益中"实收资本"的增加，记入该账户的贷方。该笔经济业务以T形账户的形式登记如下：

借方	实收资本	贷方
		③100 000

借方	银行存款	贷方
③100 000		

④10日，实现主营业务收入50 000元，货款存入银行。

该笔经济业务的发生使资产中银行存款增加50 000元，收入中主营业务收入增加50 000元。资产中"银行存款"的增加，记入该账户的借方，收入中"主营业务收入"的增加，记入该账户的贷方。该笔经济业务以T形账户的形式登记如下：

借方	主营业务收入	贷方
		④50 000

借方	银行存款	贷方
④50 000		

⑤11日，以银行存款偿还短期借款20 000元。

该笔经济业务的发生引起资产中银行存款减少20 000元，负债中短期借款减少20 000元。资产中"银行存款"的减少，记入该账户的贷方，负债中"短期借款"的减少，记入该账户的借方。该笔经济业务以T形账户的形式登记如下：

借方	银行存款	贷方
		⑤20 000

借方	短期借款	贷方
⑤20 000		

⑥12日，向银行借入短期借款10 000元，直接偿还应付账款。

该笔经济业务的发生只引起负债内部项目的变动，即负债中短期借款增加10 000元，应付账款减少10 000元。负债中"短期借款"的增加，记入该账户的贷方，"应付账款"的减少，记入该账户的借方。该笔经济业务以T形账户的形式登记如下：

借方	短期借款	贷方
		⑥10 000

借方	应付账款	贷方
⑥10 000		

⑦14日，某债权人同意将其原借给本企业的长期借款60 000元转作投资。

该笔经济业务的发生引起扩展会计等式右边会计要素的变动，即负债中长期借款减少60 000元，所有者权益中实收资本增加60 000元。负债中"长期借款"的减少，记入该账户的借方，所有者权益中"实收资本"的增加，记入该账户的贷方。该笔经济业务以T形账户的形式登记如下：

借方	实收资本	贷方
		⑦60 000

借方	长期借款	贷方
⑦60 000		

⑧30日，按规定将资本公积100 000元转增资本。

该笔经济业务的发生只引起所有者权益内部项目的变动，即所有者权益中资本公积减少100 000元，实收资本增加100 000元。所有者权益中"资本公积"的减少，记入该账户的借方，"实收资本"的增加，记入该账户的贷方。该笔经济业务以T形账户的形式登记如下：

借方	实收资本	贷方
		⑧100 000

借方	资本公积	贷方
⑧100 000		

⑨31日，将主营业务收入50 000元转入"本年利润"账户。

该笔经济业务的发生引起扩展等式右边有增有减，即所有者权益中本年利润增加50 000元，收入中主营业务收入减少50 000元。收入中"主营业务收入"的减少，记入该账户的借方，所有者权益中"本年利润"的增加，记入该账户的贷方。该笔经济业务以T形账户的形式登记如下：

借方	本年利润	贷方
		⑨50 000

借方	主营业务收入	贷方
⑨50 000		

⑩31日，将费用500元转入"本年利润"账户。

该笔经济业务的发生引起综合等式两边同时减少，即所有者权益中本年利润减少500元，费用中管理费用减少500元。费用中"管理费用"账户的减少，记入该账户的贷方，所有者权益中"本年利润"账户的减少，记入该账户的借方。该笔经济业务以T形账户的形式登记如下：

借方	管理费用	贷方
		⑩500

借方	本年利润	贷方
⑩500		

从以上例子可以看出，每一项经济业务的发生，都要在两个或两个以上有关的账户中进行记录，这样就使得账户之间形成了一种相互对应的关系。这种账户之间的关系称为账户对应关系，有这种对应关系的账户叫作对应账户。通过账户对应关系，我们可以清楚地

了解每项经济业务的内容，以及由此而引起的资金运动的来龙去脉。

为了充分反映账户之间的对应关系，每笔经济业务登记入账的时候，都要编制会计分录。会计分录是指对某项经济业务标明其应借、应贷账户及其金额的记录，是记账凭证（见第四章）的最简化形式。会计分录应具备三要素：账户的名称，即会计科目；记账方向的符号，即借方和贷方；记录的金额。其格式和要求是：先借后贷；借和贷要分行写，并且文字和金额的数字都应错开；在一借多贷或一贷多借的情况下，要求借方或贷方的文字和金额数字必须对齐。编制会计分录的基本步骤：首先确定经济业务影响哪个要素、哪个账户，是增加还是减少；其次确定账户的借、贷方向；最后确定账户的金额。

现以上述甲旅游企业2023年12月份发生的10笔经济业务为例，编制如下会计分录：

①借：库存现金 　　　　　　　　　　　　　　　　　　　　5 000
　　贷：银行存款 　　　　　　　　　　　　　　　　　　　　　　5 000
②借：管理费用 　　　　　　　　　　　　　　　　　　　　　500
　　贷：库存现金 　　　　　　　　　　　　　　　　　　　　　　500
③借：银行存款 　　　　　　　　　　　　　　　　　　　100 000
　　贷：实收资本 　　　　　　　　　　　　　　　　　　　　100 000
④借：银行存款 　　　　　　　　　　　　　　　　　　　　50 000
　　贷：主营业务收入 　　　　　　　　　　　　　　　　　　　50 000
⑤借：短期借款 　　　　　　　　　　　　　　　　　　　　20 000
　　贷：银行存款 　　　　　　　　　　　　　　　　　　　　　20 000
⑥借：应付账款 　　　　　　　　　　　　　　　　　　　　10 000
　　贷：短期借款 　　　　　　　　　　　　　　　　　　　　　10 000
⑦借：长期借款 　　　　　　　　　　　　　　　　　　　　60 000
　　贷：实收资本 　　　　　　　　　　　　　　　　　　　　　60 000
⑧借：资本公积 　　　　　　　　　　　　　　　　　　　100 000
　　贷：实收资本 　　　　　　　　　　　　　　　　　　　　100 000
⑨借：主营业务收入 　　　　　　　　　　　　　　　　　　50 000
　　贷：本年利润 　　　　　　　　　　　　　　　　　　　　　50 000
⑩借：本年利润 　　　　　　　　　　　　　　　　　　　　　500
　　贷：管理费用 　　　　　　　　　　　　　　　　　　　　　　500

会计分录根据其所涉及账户的多少，可以分为简单会计分录和复合会计分录。简单会计分录是指一个账户的借方只同另一个账户的贷方发生对应关系，即"一借一贷"的会计分录，以上例各会计分录均为简单会计分录。复合会计分录是指一个账户的借方同几个账户的贷方发生对应关系，或相反，一个账户的贷方同几个账户的借方发生对应关系，即"一借多贷"或"多借一贷"的会计分录，一般不允许编制"多借多贷"的会计分录。一个复合会计分录往往是由几个简单会计分录组成。如甲旅游企业某月实现收入100 000元，其中80 000元通过银行存款收取，其余20 000元以现金收取，该笔经济业务所做的会计分录为复合会计分录，即：

借：银行存款　　　　　　　　　　　　　　　　　　　　　　80 000

　　库存现金　　　　　　　　　　　　　　　　　　　　　　20 000

　贷：主营业务收入　　　　　　　　　　　　　　　　　　　　　100 000

会计分录通常只是为了讲解方便而出现在书本之中，在实际工作中是通过填制记账凭证来实现经济语言转化为会计语言的，学习会计分录可为以后填制记账凭证打下基础。

4.试算平衡

（1）试算平衡的概念。试算平衡是根据"资产=负债+所有者权益"的恒等关系，以及借贷记账规则的要求，通过汇总计算和比较来检查各类账户记录是否正确的一种方法。

（2）试算平衡的方法。根据借贷记账法的规则，每笔经济业务的会计分录的借贷双方都是相等的，因此，将一定时期（如一个月）内的经济内容登记入账后，所有账户的本期借方发生额合计数和本期贷方发生额合计数必然相等。同理，期末结账时，借方期末余额合计数和贷方期末余额合计数必然相等。因此，试算平衡的方法有发生额平衡法和余额平衡法。

①本期发生额试算平衡的公式为：

所有账户的本期借方发生额合计数=所有账户的本期贷方发生额合计数

发生额试算平衡的直接依据是借贷记账法的记账规则，即"有借必有贷，借贷必相等"。

②余额平衡的公式为：

所有账户借方期末（初）余额合计 =所有账户贷方期末（初）余额合计

余额试算平衡的直接依据是财务状况等式，即：

资产=负债 +所有者权益

现以上述甲旅游企业2023年12月份发生的经济业务为例来说明试算平衡的原理。该月各账户的T形账如下：

借方		库存现金		贷方
期初余额	20 000			
	①5 000		②500	
本期发生额	5 000	本期发生额		500
期末余额	24 500			

借方		银行存款		贷方
期初余额	630 000			
	③100 000		①5 000	
	④50 000		⑤20 000	
本期发生额	150 000	本期发生额		25 000
期末余额	755 000			

借方	应收账款		贷方
期初余额	100 000		
本期发生额	0	本期发生额	0
期末余额	100 000		

借方	固定资产		贷方
期初余额	800 000		
本期发生额	0	本期发生额	0
期末余额	800 000		

借方	短期借款		贷方
		期初余额	50 000
	⑤20 000	⑥10 000	
本期发生额	20 000	本期发生额	10 000
		期末余额	40 000

借方	应付账款		贷方
		期初余额	80 000
	⑥10 000		
本期发生额	10 000	本期发生额	0
		期末余额	70 000

借方	长期借款		贷方
		期初余额	160 000
	⑦60 000		
本期发生额	60 000	本期发生额	0
		期末余额	100 000

借方	实收资本		贷方
		期初余额	910 000
		③100 000	
		⑦60 000	
		⑧100 000	
本期发生额	0	本期发生额	260 000
		期末余额	1 170 000

借方	主营业务收入	贷方
⑨50 000		④50 000
本期发生额 50 000	本期发生额	50 000

借方	管理费用	贷方
②500		⑩500
本期发生额 500	本期发生额	500

借方	资本公积	贷方
	期初余额	300 000
⑧100 000		
本期发生额 100 000	本期发生额	0
	期末余额	200 000

借方	本年利润	贷方
	期初余额	50 000
⑩500	⑨50 000	
本期发生额 500	本期发生额	50 000
	期末余额	99 500

根据以上各账户的资料，编制试算平衡表，见表2-5。

表2-5 甲旅游企业总分类账户发生额及余额试算平衡表

2023年12月　　　　　　　　　　　　单位：元

账户名称	期初余额		本期发生额		期末余额	
	借方	贷方	借方	贷方	借方	贷方
库存现金	20 000		5 000	500	24 500	
银行存款	630 000		150 000	25 000	755 000	
应收账款	100 000		0	0	100 000	
固定资产	800 000		0	0	800 000	
短期借款		50 000	20 000	10 000		40 000
应付账款		80 000	10 000	0		70 000
长期借款		160 000	60 000	0		100 000
实收资本		910 000	0	260 000		1 170 000
资本公积		300 000	100 000	0		200 000
本年利润		50 000	500	50 000		99 500
主营业务收入			50 000	50 000		
管理费用			500	500		
合　计	1 550 000	1 550 000	396 000	396 000	1 679 500	1 679 500

从表2-5可以看出，所有账户的本期借方发生额合计数、借方期末余额合计数分别与所有账户的本期贷方发生额合计数、贷方期末余额合计数一致。

试算平衡只是通过借贷金额是否平衡来检查账户记录是否正确的一种方法。如果借贷双方发生额或余额相等，表明账户记录基本正确，但有些错误并不影响借贷双方的平衡，因此，试算不平衡，表示记账一定有错误，但试算平衡，不能表明记账一定正确。如在有关账户中重记或漏记某些经济业务，或借、贷记账方向弄反，或借贷会计科目有误，或借、贷均多记和少记金额并相互抵消，则不能通过试算平衡发现错误。

第五节　总分类账户与明细分类账户

一、总分类账户与明细分类账户的概念

总分类账户，简称总账，是根据总分类科目开设的，是对企业经济活动的具体内容进行总括核算的账户，表2-2所列示的账户均为总分类账户。

明细分类账户，简称明细账，通常是根据明细分类科目开设，对某一类经济业务进行明细核算的账户，在实际工作中，除少数总分类账户，如"库存现金""累计折旧"等账户不必设置明细分类账户外，大多数总分类账户都要设置明细分类账户，如"应收账款""应付账款"等账户。

在总分类账户中进行的核算，称为总分类核算，在明细分类账户中进行的核算，称为明细分类核算。各单位在进行总分类核算的同时，应根据管理的需要，进行必要的明细分类核算。

二、总分类账户与明细分类账户的关系

总分类账户与明细分类账户是相互联系、相互制约的。两者所反映的经济业务内容相同，都是用来提供会计核算指标的，但从其提供指标之间的关系考虑，总分类账户是其所属明细分类账户的总括，对其所属的明细分类账户起着统驭和控制的作用，明细分类账户是总分类账户的详细记录，对其总分类账户起着补充和说明的作用，两者是控制和从属的关系。正因如此，在会计核算中，必须按照平行登记的原则来组织总分类核算和明细分类核算。

三、总分类账户与明细分类账户的平行登记

总分类账户与明细分类账户的密切关系，决定了总分类账户与其所属的明细分类账户应该进行平行登记。所谓平行登记，是指对所发生的每项交易或事项都要以会计凭证为依据，一方面记入有关总分类账户，另一方面记入有关总分类账户所属明细分类账户的方法。总分类账户与明细分类账户平行登记的规则可以概括为以下四点：

（一）同依据

对发生的交易或事项记入总分类账户及其所属的明细分类账户时，所依据的会计凭证

（特别是原始凭证）相同。虽然登记总分类账户及其所属的明细分类账户的直接依据不一定相同，但原始依据是相同的。

（二）同方向

对发生的交易或事项记入总分类账户及其所属的明细分类账户时，记账的借贷方向应当一致。如果记入总分类账户的借方（或贷方），记入其所属的明细分类账户时，也应记入借方（或贷方）。

（三）同期间

对发生的交易或事项，既要记入有关的总分类账户，又要在同一会计期间内记入其所属的明细分类账户，尽管登记总账与明细账的具体日期不一定相同，但要在同一会计期间内进行登记。

（四）同金额

对发生的每一交易或事项，计入总分类账户的金额与计入其所属的明细分类账户的金额之和相等。

下面举例说明总分类账户与明细分类账户平行登记的方法。

2023年12月1日，甲旅游企业的"原材料"总分类账户及其所属的明细分类账户的余额如下：

"原材料"总账账户为借方余额10 000元，其所属明细账户结存情况为：

（1）"大米"明细账户，结存1 500千克，单位成本为4元/千克，金额6 000元；

（2）"面粉"明细账户，结存800千克，单位成本为5元/千克，金额4 000元。

2023年12月份，企业发生的有关交易或事项及其会计处理如下：

（1）12月5日，向甲公司购入大米600千克，单价4元/千克，计2 400元；向乙公司购入面粉300千克，单价5元/千克，计1 500元，大米、面粉已验收入库，货款均尚未支付，暂不考虑增值税。

对发生的该交易或事项，企业应编制会计分录如下：

借：原材料——大米　　　　　　　　　　　　　　　　　　　　　2 400

　　　　——面粉　　　　　　　　　　　　　　　　　　　　　1 500

　　贷：应付账款——甲公司　　　　　　　　　　　　　　　　　2 400

　　　　　　——乙公司　　　　　　　　　　　　　　　　　　1 500

（2）12月15日，向甲公司购入大米300千克，单价4元/千克，计1 200元；面粉600千克，单价5元/千克，计3 000元，材料均已验收入库，货款尚未支付，暂不考虑增值税。

对发生的该交易或事项，企业应编制会计分录如下：

借：原材料——大米　　　　　　　　　　　　　　　　　　　　　1 200

　　　　——面粉　　　　　　　　　　　　　　　　　　　　　3 000

　　贷：应付账款——甲公司　　　　　　　　　　　　　　　　　4 200

（3）12月25日，厨房从仓库领用大米800千克，金额为3 200元；领用面粉900千克，金额为4 500元。

对发生的该交易或事项，企业应编制会计分录如下：

借：主营业务成本 7 700

贷：原材料——大米 3 200

——面粉 4 500

根据平行登记的要求，将上述交易或事项在"原材料"总账账户及其所属的明细账户中进行平行登记。平行登记结果见表2-6、表2-7、表2-8。

表2-6　　　　　　　　　　　　　　　　　总　账

账户名称：原材料　　　　　　　　　　　　　　　　　　　　　　　　　　　　第　页

2023年		凭证号码	摘要	借方	贷方	借或贷	余额
月	日						
12	1		期初余额			借	10 000
12	5	1	购入材料	3 900		借	13 900
12	15	2	购入材料	4 200		借	18 100
12	25	3	领用材料		7 700	借	10 400
12	31		本期发生额及余额	8 100	7 700	借	10 400

表2-7　　　　　　　　　　　　　原材料明细分类账

明细账户：大米　　　　　　　　　　　　　　　　　　计量单位：千克，金额单位：元

2023年		凭证号码	摘要	收入			发出			结存		
月	日			数量	单价	金额	数量	单价	金额	数量	单价	金额
12	1		期初余额							1 500	4	6 000
12	5	1	购入材料	600	4	2 400				2 100	4	8 400
12	15	2	购入材料	300	4	1 200				2 400	4	9 600
12	25	3	领用材料				800	4	3 200	1 600	4	6 400
12	31		本月合计	900		3 600	800		3 200	1 600	4	6 400

表2-8　　　　　　　　　　　　　原材料明细分类账

明细账户：面粉　　　　　　　　　　　　　　　　　　计量单位：千克，金额单位：元

2023年		凭证号码	摘要	收入			发出			结存		
月	日			数量	单价	金额	数量	单价	金额	数量	单价	金额
12	1		期初余额							800	5	4 000
12	5	1	购入材料	300	5	1 500				1 100	5	5 500
12	15	2	购入材料	600	5	3 000				1 700	5	8 500
12	25	3	领用材料				900	5	4 500	800	5	4 000
12	31		本月合计	900		4 500	900		4 500	800	5	4 000

根据上述"原材料"的总分类账和明细分类账之间平行登记的结果，编制该账户本期发生额和余额核对表，见表2-9。

表2-9 　　　　　　　　　　　本期发生额和余额核对表

2023 年 12 月 31 日　　　　　　　　　　　　　　　　　单位：元

总分类账户	明细分类账户	期初余额		本期发生额		期末余额	
		借方	贷方	借方	贷方	借方	贷方
原材料	大米	6 000		3 600	3 200	6 400	
	面粉	4 000		4 500	4 500	4 000	
	合计	10 000		8 100	7 700	10 400	

从表2-9中"原材料"的总分类账和明细分类账的本期发生额和余额核对表可知，总分类账户期初借方余额等于所属明细分类账户期初借方余额之和；总分类账户本期借方发生额等于所属明细分类账户本期借方发生额之和；总分类账户期末借方余额等于所属明细分类账户期末借方余额之和。

素养园地　　　　　　　　　　　天下未乱计先乱，天下欲治计乃治

"天下未乱计先乱，天下欲治计乃治。"近年来，在社会主义市场经济建设过程中，出现了一些违背商业伦理的行为，引发社会广泛关注。如何在新时代商科教育尤其是会计教育中彰显中国智慧，使中国会计教育能够培养出符合社会主义市场经济需要的合格人才，成为刻不容缓的问题。党的二十大报告指出，教育是国之大计、党之大计。育人的根本在于立德。高校落实立德树人的根本任务就是要立足课程思政建设"主战场"，科学合理地安排会计课堂教学。而作为会计学科之"源"，会计史在课程思政建设方面有着得天独厚的优势，其在价值引领方面起着重要作用。

会计史是会计事件所折射的政治、经济、社会和文化的历史。会计史显然可以为文化认同、政治认同提供合适的知识。中国古代典籍中不乏会计文化方面的记录，比如：《史记·夏本纪》中记载的"会稽者，会计也"；《吴越春秋》所载大禹的"大会计治国之道"；唐刘禹锡《九华山歌》中的"轩皇封禅登云亭，大禹会计临东溟"等，都可从会计的角度印证悠久灿烂的中华文化。民国时期，潘序伦与徐永祚"关于中式簿记前途的论战"也值得特别关注。前者在美国获得博士学位，后者是本土会计师，两人虽是论敌，却成为挚友，是因为他们怀揣共同的强国梦。通过挖掘"四史"的红色会计元素，可以从会计的角度探究"中国人民站起来了"的秘诀，学习自力更生、艰苦奋斗的光荣传统。比如，早在 1934 年，毛泽东同志就倡导艰苦朴素、勤俭节约的精神——"节省每一个铜板为着战争和革命事业，为着我们的经济建设，是我们的会计制度的原则。"再如，1958 年至 1978 年间，中国会计界立足国情，创造出"财产（钱物）收付记账法""现金收付记账法""资金收付记账法"等多种记账方法，进行了独立自主创建中国会计制度的可贵探索。

会计史也关心现实问题，如近年来引发热议的"扇贝去哪儿了"、康美药业虚假财务陈述案等事件。新修订的《中华人民共和国证券法》将虚假信息披露的处罚上限从 60 万元提高至 1 000 万元，提高了法律的威慑力。

就国家安全而言，会计史也能够提供足够的借鉴。欧盟会计战略的变迁和国际会计准

则理事会的席位之争即是绝佳案例。为了应对美国会计霸权（American accounting hege-mony），欧盟采取了灵活务实的策略和手段，通过借助国际会计准则委员会这一民间国际组织，成功改变了长期受制于美国的尴尬局面，有效维护了自身利益。另外，当前全球会计标准仍在实质上为美国所主导，其以资本市场为主要服务对象的会计研究模式、会计教育模式和会计实践，不仅应为 2007 年开始并席卷全球的次贷危机负重要责任，也是美国经济"脱实向虚""产业空心化"的重要诱因。

资料来源：吴大新.试论会计史在课程思政建设中的作用［J］.财务与会计，2021（6）.

思政关键词：会计史　中华优秀传统文化　红色革命文化　商业诚信文化　国家安全观

■ 本章小结

•会计要素是指对会计对象具体内容所做的最基本分类，是会计对象的主要组成部分。会计要素划分为六项，即资产、负债、所有者权益、收入、费用和利润。资产、负债、所有者权益这三个要素是资金运动的静态表现，反映企业在一定时点的财务状况，是组成资产负债表的主要内容；而收入、费用、利润三要素是资金运动的动态表现，反映企业一定时期的经营成果，是组成利润表的主要内容。

•会计等式亦称会计平衡公式，是指在会计核算中反映各个会计要素数量关系的等式。反映企业财务状况的会计等式（即会计恒等式）为"资产=负债+所有者权益（或资产=权益）"；反映企业经营成果的会计等式为"收入–费用=利润"（在不考虑调整要素的情况下）；综合反映企业财务成果的会计等式（即扩展的会计等式）为"资产+费用=负债+所有者权益+收入"。

•会计科目是指对会计要素的具体内容进一步分类核算的项目。会计科目按反映的经济内容可分为资产类、负债类、所有者权益类、共同类、成本类和损益类六大类；按提供核算指标的详细程度可分为总分类科目和明细分类科目；按会计要素可分为资产类、负债类、所有者权益类、收入类、费用类和利润类六大类。

•账户是对会计科目所反映的经济业务内容进行连续、系统记录的一种工具。账户的基本结构有三栏式和 T 形两种。

•复式记账法是单式记账法的对称。它是指一项经济业务发生后，同时在两个或两个以上相互联系的账户中，以相等的金额进行登记的一种记账方法。复式记账法的种类有借贷记账法、增减记账法、收付记账法等。我国企业会计准则明文规定中国境内的所有企业都应采用复式借贷记账法。

•借贷记账法是以会计恒等式为依据，以"借""贷"为记账符号，记录和反映各项会计要素增减变动情况的一种记账方法，是各种复式记账法中应用最广的一种方法。借贷记账法基本原理包括以"借""贷"为记账符号，以"有借必有贷，借贷必相等"为记账规则，账户结构和试算平衡。

•会计分录是指对某项经济业务标明其应借、应贷账户及其金额的记录，是记账凭证的最简化形式。会计分录应具备三要素：账户的名称，即会计科目；记账方向的符号，即借方和贷方；记录的金额。会计分录根据其所涉及账户的多少，可以分为简单会计分录和复合会计分录。

•试算平衡是根据"资产=负债+所有者权益"的恒等关系，以及借贷记账规则的要求，通过汇总计算和比较来检查各类账户记录是否正确的一种方法。试算平衡的方法有发生额平衡法和余额平衡法。如果借贷双方发生额或余额相等，表明账户记录基本正确，但有些错误并不影响借贷双方的平衡，因此，试算不平衡，表示记账一定有错误，但试算平衡，不能表明记账一定正确。

•总分类账是其所属明细分类账的总括，对其所属的明细分类账起着统驭和控制的作用；明细分类账是总分类账的详细记录，对总分类账起着补充和说明的作用。

•所谓平行登记，是指对所发生的每项交易或事项都要以会计凭证为依据，一方面记入有关总分类账户，另一方面记入有关总分类账户所属的明细分类账户的方法。总分类账户和明细分类账户平行登记的规则可概括为四点，即同依据、同方向、同期间和同金额。

■ **主要概念**

会计要素　会计等式　会计科目　会计账户　复式记账法　借贷记账法　试算平衡　平行登记

■ **基本训练**

一、选择题

（一）单项选择题

1.实收资本是指企业实际收到的投资者投入的资本，它是企业（　　）中的主要组成部分。

　　A.资产　　　　　　　B.负债　　　　　　　C.所有者权益　　　　D.收入

2."累计折旧"账户按经济内容分类属于（　　）账户。

　　A.资产类　　　　　　B.负债类　　　　　　C.所有者权益类　　　D.损益类

3."借：资本公积　贷：实收资本"，这笔会计分录反映的经济业务是（　　）。

　　A.提取资本公积　　　　　　　　　　　B.将资本公积转增注册资本

　　C.将实收资本转增资本公积　　　　　　D.冲销资本公积和实收资本

4.会计科目和账户之间的区别在于（　　）。

　　A.记录资产和权益的增减变动情况不同

　　B.记录资产和负债的结果不同

　　C.反映的经济内容不同

　　D.账户有结构而会计科目无结构

5.账户借方登记增加额的有（　　）。

　　A.所有者权益　　　　B.负债　　　　　　　C.成本　　　　　　　D.收入

6.借贷记账法试算平衡的方法是（　　）。

　　A.总账及所属明细账的余额平衡　　　　B.差额平衡

　　C.所有资产类和负债类的余额平衡　　　　D.发生额平衡、余额平衡

7.借贷记账法的贷方记录（　　）。

A.资产增加，负债及所有者权益减少　　　B.资产增加，负债及所有者权益增加

C.资产减少，负债及所有者权益减少　　　D.资产减少，负债及所有者权益增加

8.用来记录收入的账户期末（　　）。

A.无余额　　　　　B.余额在借方　　　　C.余额在贷方　　　　D.余额不固定

9.下列可以作为总分类科目的有（　　）。

A.大米　　　　　B.库存现金　　　　C.甲材料　　　　D.票据

10.对会计对象具体内容进行总括分类的科目是（　　）。

A.总分类科目　　　B.总括科目　　　C.明细科目　　　D.二级科目

11.某企业资产总额800万元，发生以下经济业务：①收到外单位投入设备一台，价值40万元；②收回某单位前欠货款12万元存入银行；③以银行存款偿还前欠某单位货款10万元。上述业务发生后，企业资产总额应为（　　）。

A.836万元　　　　B.828万元　　　　C.848万元　　　　D.830万元

12.下列项目中，属于资产项目的是（　　）。

A.短期借款　　　B.预收账款　　　C.资本公积　　　D.预付账款

13.下列项目中，引起资产和负债同时增加的经济业务是（　　）。

A.以银行存款购买材料　　　　　　　B.向银行借款存入银行存款账户

C.以无形资产向外单位投资　　　　　D.以银行存款偿还应付账款

14.下列项目中，引起负债有增有减的经济业务是（　　）。

A.以银行存款偿还银行借款　　　　　B.开出应付票据抵付应付账款

C.以银行存款上缴税金　　　　　　　D.收到外商投入的设备

15.下列项目中，引起所有者权益有增有减的经济业务是（　　）。

A.收到国家投入的固定资产　　　　　B.以银行存款偿还长期借款

C.将资本公积金转增资本金　　　　　D.以厂房对外单位投资

16.以银行存款缴纳税金，所引起的变动为（　　）。

A.一项资产减少，一项所有者权益减少

B.一项资产减少，一项负债减少

C.一项所有者权益增加，一项负债减少

D.一项资产增加，另一项资产减少

17.下列各项经济业务中，引起资产和负债同时减少的经济业务是（　　）。

A.从银行提取现金10万元

B.购入原材料10吨，价款计1万元暂欠

C.收到投资者交来的出资款10万元，存入银行

D.以银行存款偿付前欠甲工厂材料款2万元

18.下列项目中，属于流动负债的是（　　）。

A.应收账款　　　B.长期借款　　　C.应交税费　　　D.预付账款

19.某日，甲公司的资产总额为400万元，流动负债总额为50万元，所有者权益总额

为 250 万元，则当日该公司的长期负债总额为（　　　）。

A.100 万元　　　　　B.150 万元　　　　　C.300 万元　　　　　D.350 万元

20."有借必有贷，借贷必相等"的记账规则适用于（　　　）。

A.单式记账法　　　B.收付记账法　　　C.借贷记账法　　　D.增减记账法

21.下列属于资产类账户的是（　　　）。

A.实收资本　　　　B.管理费用　　　　C.预付账款　　　　D.预收账款

（二）多项选择题

1.下列项目中，属于企业流动资产的有（　　　）。

A.库存现金　　　　B.原材料　　　　　C.预收账款　　　　D.库存商品

2.下列项目中，属于企业流动负债的有（　　　）。

A.应付账款　　　　B.应付利息　　　　C.应交税费　　　　D.预付账款

3.下列项目中，属于企业长期负债的有（　　　）。

A.固定资产　　　　B.预收账款　　　　C.长期借款　　　　D.应付债券

4.会计分录的要素包括（　　　）。

A.记账方法　　　　B.记账方向　　　　C.账户名称　　　　D.应记金额

5.下列项目中，正确的经济业务类型有（　　　）。

A.一项资产增加，一项所有者权益减少

B.资产与负债同时增加

C.一项负债减少，一项所有者权益增加

D.负债与所有者权益同时增加

6.下列项目中，属于无形资产的有（　　　）。

A.专利权　　　　　B.土地使用权　　　C.商标权　　　　　D.非专利技术

7.营业利润是指营业收入减去（　　　）。

A.营业成本和税金及附加　　　　　　　B.管理费用

C.财务费用　　　　　　　　　　　　　D.销售费用

8.下列属于会计等式的有（　　　）。

A.资产=负债+所有者权益+利润

B.资产=负债+所有者权益

C.资产=负债+所有者权益+（收入-费用）

D.资产=权益

9.下列项目中，属于流动负债的有（　　　）。

A.应付账款　　　　B.应交税费　　　　C.预付账款　　　　D.预收账款

10.下列经济业务中，能引起资产与负债同时增加的有（　　　）。

A.企业购买材料，货款未付

B.企业收到外单位预付的购货款，存入银行

C.企业收到外单位投资款，存入银行

D.企业用银行存款归还已到期的短期借款

11.下列项目中，属于所有者权益的有（　　　）。

A.投资人对企业的投入资本　　　　　　　B.资本溢价

C.未分配利润　　　　　　　　　　　　　D.盈余公积

12.一项经济业务发生后，引起银行存款减少5 000元，则相应地有可能引起（　　　）。

A.固定资产增加5 000元　　　　　　　　B.短期借款增加5 000元

C.短期借款减少5 000元　　　　　　　　D.应付账款减少5 000元

13.总分类账户与明细分类账户平行登记时，必须做到（　　　）。

A.记账依据相同　　　　　　　　　　　　B.记账方向相同

C.记账期间相同　　　　　　　　　　　　D.记账金额相等

14.关于借贷记账法，下列说法正确的有（　　　）。

A.经济业务所引起的资产增加和权益减少应记入账户的借方

B.记账规则是：有借必有贷，借贷必相等

C.所有账户借方期末余额合计等于所有账户贷方期末余额合计

D.所有账户本期借方发生额合计等于所有账户本期贷方发生额合计

15.关于"从银行提取现金1 000元"这项经济业务，下列各观点中正确的有（　　　）。

A."库存现金"和"银行存款"两个账户互为对应账户

B.应在"库存现金"账户借方登记1 000元，同时在"银行存款"账户贷方登记1 000元

C.这项经济业务不会引起企业的资产和权益总额发生增减变化

D.这项经济业务引起企业的资产和权益同时减少

16.下列各项目中，属于借贷记账法试算平衡公式的有（　　　）。

A.所有账户的本期借方发生额合计=所有账户的本期贷方发生额合计

B.资产=负债+所有者权益

C.所有账户的期初借方余额合计=所有账户的期初贷方余额合计

D.所有账户的期末借方余额合计=所有账户的期末贷方余额合计

17.借贷记账法的借方记录（　　　）。

A.所有者权益减少　　　　　　　　　　　B.资产增加

C.负债减少　　　　　　　　　　　　　　D.收入减少

18.在进行试算平衡时，下列错误不会影响借贷双方平衡关系的有（　　　）。

A.重记、漏记某项经济业务

B.某项经济业务借贷金额不一致

C.某项经济业务记错有关账户

D.某项经济业务颠倒了记账方向

19.向银行借入3个月的借款并存入银行，涉及的账户有（　　　）。

A.银行存款　　　　　　　　　　　　　　B.短期借款

C.其他货币资金　　　　　　　　　　　　D.库存现金

20.在借贷记账法下，期末结账后，一般没有余额的账户有（　　　）。

A.收入账户　　　　　　　　　　　　　　B.负债账户

C.所有者权益账户   D.费用账户

二、实训题

实训题一   练习会计要素的具体内容

资料1：甲旅游企业各要素情况见表2-10。

表2-10   甲旅游企业各要素情况表   单位：元

项　　目	金额	会计要素	会计科目
1.库存现金	20 600		
2.存放在银行的货币资金	255 000		
3.尚未收回的营业款	180 000		
4.客房、办公楼等	509 350		
5.酒店用各种车辆	350 000		
6.大米、面粉等	2 000		
7.啤酒等直接销售的酒类	8 650		
8.客房一次性用品	8 500		
9.餐厅桌布、碗筷等	8 000		
10.应付的购料款	142 000		
11.尚未缴纳的税金	6 570		
12.向银行借入的短期借款	72 000		
13.连锁品牌、商标等	115 000		
14.采购员出差预借差旅费	2 000		
15.投资者投入资本存到银行	500 000		
16.从银行借入期限超过一年的借款	317 000		
17.尚未支付的职工薪酬	95 000		
18.计提盈余公积	68 530		
19.资本（股本）溢价	126 000		
20.本年度利润	37 000		
21.广告费用	5 000		
22.营业收入	100 000		

要求：指出各项目分别属于六大会计要素中的哪个要素，并指出属于该要素的哪个会计科目。

实训题二　练习经济业务与会计等式的关系

资料2：甲旅游企业2023年11月份发生如下经济业务：

1.收到投资者投资500 000元，此款存入银行。

2.从甲单位购入低值易耗品10 000元，此款尚未支付，暂不考虑增值税。

3.用银行存款20 000元偿还前欠乙单位货款。

4.用银行存款1 000元购买食品原材料，并验收入库，暂不考虑增值税。

5.向银行借入短期借款100 000元，用于偿付欠丙单位的货款（借款和偿还货款分别编制会计分录）。

6.用银行存款500 000元购入金龙客车一辆，已交付使用，暂不考虑增值税。

7.当月实现收入150 000元，并存入银行，暂不考虑增值税。

8.用现金购买办公用品600元。

要求：根据资料2，分别说明各项经济业务的发生会引起哪些会计要素变化，属于何种类型的业务。

实训题三　练习借贷记账法

要求：根据资料2编制会计分录。

实训题四　练习借贷记账法的会计分录编制，T形账户的登记和试算平衡

资料3：甲旅游企业2023年12月份资产、负债和所有者权益各账户期初余额见表2-11。

表2-11　　　　　　　　　　　　　　　　相关资料　　　　　　　　　　　　　　　　单位：元

资产类账户	金额	负债及所有者权益类账户	金额	
库存现金	200	负债：		
银行存款	130 000	短期借款	580 000	
应收账款	12 000	应付账款	16 500	
原材料	6 000	负债合计	596 500	
低值易耗品	8 000	所有者权益：		
库存商品	10 000	实收资本	250 000	
其他应收款	300	所有者权益合计	250 000	
固定资产	680 000			
资产总计	846 500	负债及所有者权益总计	846 500	

该企业12月份发生下列经济业务：

1.以银行存款6 000元偿还短期借款。

2.收到外商投资100 000元存入银行。

3.以银行存款2 500元偿还前欠甲单位购货款。

4.收到乙购货单位前期所欠货款3 000元，其中以银行存款收取2 700元，另外300元以现金收取。

5.以银行存款20 000元购买一台设备并交付使用，暂不考虑增值税。

6.采购员张某预借差旅费800元，以现金付讫。

7.购进库存商品一批，计价5 000元，以银行存款支付，并验收入库，暂不考虑增值税。

8.从银行提取现金500元，以备零星开支。

9.购买大米等原材料3 000元并验收入库，以银行存款支付。

10.用银行存款购买低值易耗品5 000元，暂不考虑增值税。

要求：

1.根据资料3编制会计分录。

2.开设各账户总账并登记期初余额、本期发生额，结出期末余额（T形账）。

3.编制试算平衡表。

实训题五　练习总分类账户和明细分类账户的平行登记。

资料4：2023年12月1日，甲旅游企业的"原材料"和"应付账款"总分类账户及其所属的明细分类账户的余额如下：

1."原材料"总账账户借方余额为13 000元，其所属明细分类账户结存情况：

（1）"大米"明细账户，结存2 000千克，单位成本为4元/千克，金额8 000元；

（2）"面粉"明细账户，结存1 000千克，单位成本为5元/千克，金额5 000元。

2."应付账款"总账账户贷方余额为10 000元，其所属明细分类账户余额：

（1）"甲公司"明细账户，贷方余额6 000元；

（2）"乙公司"明细账户，贷方余额4 000元。

2023年12月份，企业发生的有关交易或事项及其会计处理如下：

1.12月9日，向甲公司购入大米500千克，单价4元/千克，计2 000元；向乙公司购入面粉400千克，单价5元/千克，计2 000元，大米、面粉已验收入库，货款均尚未支付，暂不考虑增值税。

2.12月12日，向甲公司购入大米400千克，单价4元/千克，计1 600元；面粉500千克，单价5元/千克，计2 500元，材料均已验收入库，货款尚未支付，暂不考虑增值税。

3.12月20日，以银行存款偿付前欠甲公司的货款8 000元，乙公司货款5 000元。

4.12月26日，厨房从仓库领用大米1 000千克，金额为4 000元；领用面粉500千克，金额为2 500元。

要求：

1.根据资料4，开设"原材料""应付账款"总分类账户和明细分类账户，并计入月初余额（T形账）。

2.根据资料4，编制记账凭证（会计分录），并记入"原材料""应付账款"总分类账户及其所属的明细分类账户，并计算本期发生额和余额。

3.核对"原材料""应付账款"总分类账户的发生额和余额是否与其所属明细分类账户的发生额合计数和余额合计数相符。

第三章 旅游企业复式记账实务

■ 学习目标

通过本章学习，你应该达到以下目标：

知识目标：理解酒店存货的种类及存货收、发、存价值的确定方法，旅游企业收入、费用的内容及确认方法，旅游企业税费的种类和计算方法，利润的构成及分配顺序，熟悉外币业务的相关概念。

技能目标：掌握旅游企业筹建、营运、利润形成与分配、外币业务等主要经济业务的核算。

素养目标：养成爱岗敬业、诚实守信等良好的职业道德和职业素质；增强纳税意识；提高独立思考的能力。

第一节　旅游企业复式记账实务概述

旅游企业包括旅行社、酒店和旅游景点三大企业，涉及旅行社、酒店、游乐场所、餐饮服务场所、民宿以及航空、铁路、文物、园林、工艺、美术等部门或行业。旅行社有组团、导游、代订车船机票、代办住宿、代交餐饮费、研学等业务；酒店通常有客房、餐饮、娱乐、商品销售等业务，还有旅游服务业务；多数旅游景点，既有门票收入、游乐项目收入，也有客房、餐饮、商品销售、商务中心等营业项目收入，这使得旅游企业会计核算内容具有很强的综合性。因此，了解旅游企业会计核算内容和会计核算特点对旅行社、酒店和旅游景点的会计人员非常必要。

由于旅游企业属于第三产业，总的来讲，其经营特点表现为以服务为中心，辅之以生产和商品流通，直接为消费者服务，与工业企业和商品流通企业相比，在会计核算上有其自身的特点，即核算方法多样性、核算内容综合性和涉外性。因此，旅游企业在会计核算上必须分不同业务，结合工业企业、流通企业的会计核算方法进行。

本章以具有综合性业务的旅游企业集团（以下简称旅游企业，其下设酒店、旅行社、景区和商场等）为例，按照其资金运动的规律展开核算，主要包括旅游企业筹建、营运、利润形成与分配等业务的核算。

旅游企业的筹建是企业营运的前提，该阶段核算的内容主要有资金筹集业务、固定资产购建业务等；旅游企业的营运阶段是企业的核心，该阶段核算的内容主要有存货的收发存业务、营业收支及税费业务等；旅游企业利润形成及分配阶段是企业将实现的经营成果进行分配的阶段，该阶段核算的内容有营业外收支业务、利润形成业务和利润分配业务等；另外，因旅游企业核算具有涉外性的特点，特在本章第六节单独阐述旅游企业外币业务的核算。

第二节　旅游企业筹建过程的核算

一、筹建过程核算的主要内容

（一）资金筹集

资金筹集是指企业通过各种方式和法定程序，从不同的资金渠道，筹措所需资金的全过程。无论资金的来源和筹资的方式如何，其取得途径不外乎两种：一种是接受投资者投入的资金，即企业的资本金；另一种是向债权人借入的资金，即企业的负债。

1.投入资金

投入资金是指投资者投入企业的资本金。企业资本按投资主体的不同，可分为国家投入资本、法人投入资本、个人投入资本和外商投入资本等。企业资本按投资资金的形式不同，可以分为货币资金投资、实物资产投资和无形资产投资等。投入资本金按实际投资数额入账，以货币资金投资的，应按实际收到款项作为投资者的投资入账价值；以其他资产投资的，应当进行合理的估价，并以双方认可的估价作为实际投资额入账。

投资者向企业进行投资时，可能会形成企业的实收资本（或股本）或资本公积。实收资本是指企业实际收到投资者向企业投入的资本金。企业因资本溢价、接受捐赠等而增加的资本积累称为资本公积。资本公积是一种准资本或资本的储备形式，因其产权性质、日常管理上的特殊性，它既不同于实收资本，也不属于留存收益，因此，会计上应设置"实收资本""资本公积"账户分别对其进行核算。

2.借入资金

在生产经营过程中，由于资金周转或其他方面的原因，使企业的资金出现短缺时，企业可以向银行或其他金融机构等借入资金，并按约定支付本息。按偿还期限的不同，借款分为短期借款和长期借款。

短期借款是指企业向银行或其他金融机构等借入的期限在1年以下（含1年）的各种借款。借款到期时，除偿还本金外，还需按期支付利息。利息作为财务费用计入损益核算，如果利息分期（季、半年）支付或到期一次支付且数额较大，可采用预提的方法分期计入损益；如果利息按月支付，或者虽然分期（季、半年）支付或到期一次支付，但数额较小，可不用预提的方法，而在实际支付利息时直接计入当期损益。长期借款是指企业向银行或其他金融机构借入期限在1年以上（不含1年）的各项借款。

（二）固定资产购建

企业筹措资金，是为企业正常经营提供资金保障。如果是新建企业，需要建造厂房、购置、建造生产设备，只有购置、建造了厂房和生产设备，才能为企业的生产经营做好物质方面的准备。企业生产经营所需的厂房设备，一般使用期限较长（超过1年），单位价值较高（2 000元以上），这些均应作为固定资产核算。另外，酒店的部分家具用具，其单位价值在2 000元以下（电视机、客房地毯等），以单件物品而言，不能记入固定资产，但酒店的这些物品通常都是成套购入，因此虽单价在2 000元以下，但仍应记入固定资产。因此，固定资产是指企业用于生产商品或提供劳务，或租借给他人，或为了行政管理目的，而持有的预计使用年限超过1年、单位价值较高的具有实物形态的资产。企业购建固定资产，按是否需要安装分别通过"固定资产"和"在建工程"账户进行核算。

从以上内容可以看出，旅游企业筹建过程中会计核算的主要内容包括投入资金的核算、借入资金的核算和固定资产购建的核算。

（三）增值税概述

从2016年5月1日起，我国全面实施"营改增"政策，并且范围扩大到建筑业、房地产业、金融业、生活服务业。"营改增"是指原来应缴纳营业税的应税项目现改征增值税。酒店、旅行社和景区属于生活服务业，因此从2016年5月1日起，酒店、旅行社和景区停征营业税改征增值税。

1.增值税的概念

增值税是以商品（含应税劳务、应税行为）在流转过中实现的增值额作为计税依据而征收的一种流转税。按照我国现行增值税制度的规定，在我国境内销售货物或者加工、修理修配劳务，销售服务、无形资产、不动产以及进口货物的单位和个人为增值税的纳税人。其中，"服务"是指提供交通运输服务、建筑服务、邮政服务、电信服务、金融服务、现代服务、生活服务。

2.增值税的纳税义务人

增值税的纳税义务人是指在中华人民共和国境内销售货物或加工、修理修配劳务，销售服务、无形资产、不动产以及进口货物的单位和个人。增值税针对不同的企业采用不同的征收方法。根据《中华人民共和国增值税暂行条例》和《营业税改征增值税试点实施办法》，增值税纳税人按企业经营规模大小及会计核算水平的健全程度分为一般纳税人和小规模纳税人。具体认定如下：

（1）应税行为的年应征增值税销售额（以下称年应税销售额）超过财政部和国家税务总局规定标准的纳税人为一般纳税人，未超过规定标准的纳税人为小规模纳税人。该标准为年应税销售额500万元（含本数），财政部和国家税务总局可以对年应税销售额标准进行调整。

（2）年应税销售额超过规定标准的其他个人不属于一般纳税人。年应税销售额超过规定标准但不经常发生应税行为的单位和个体工商户可选择按照小规模纳税人纳税。

（3）年应税销售额未超过规定标准的纳税人，会计核算健全，能够提供准确税务资料的，可以向主管税务机关办理一般纳税人资格登记，成为一般纳税人。会计核算健全，是指能够按照国家统一的会计制度规定设置账簿，根据合法、有效凭证核算。

（4）除国家税务总局另有规定外，企业一经登记为一般纳税人后，不得转为小规模纳税人。

3.增值税的征收范围

增值税征收范围包括：

（1）销售或进口的货物；

（2）提供应税的加工、修理、修配劳务；

（3）销售服务、无形资产或者不动产。

4.增值税的税率和征收率

增值税的税率，适用于一般纳税人，现行的增值税基本税率为13%，低税率有9%和6%两个档次。

财政部、税务总局、海关总署《关于深化增值税改革有关政策的公告》（2019年第39号）为贯彻落实党中央、国务院决策部署，推进增值税实质性减税，现将2019年增值税改革有关事项公告如下：增值税一般纳税人发生增值税应税销售行为或者进口货物，原适用16%税率的，税率调整为13%；原适用10%税率的，税率调整为9%。纳税人购进农产品，原适用10%扣除率的，扣除率调整为9%。纳税人购进用于生产或者委托加工13%税率货物的农产品，按照10%的扣除率计算进项税额。本公告自2019年4月1日起执行。

表 3-1 为 2023 年增值税税目税率表。

表 3-1 2023 年增值税税目税率表

序号	税　目	税率
1	销售或者进口货物（除9~12项外）	13%
2	加工、修理修配劳务	13%
3	有形动产租赁服务	13%
4	不动产租赁服务	9%
5	销售不动产	9%
6	建筑服务	9%
7	运输服务	9%
8	转让土地使用权	9%
9	饲料、化肥、农药、农机、农膜	9%
10	粮食等农产品、食用植物油、食用盐	9%
11	自来水、暖气、冷气、热水、煤气、石油液化气、天然气、二甲醚、沼气、居民用煤炭制品	9%
12	图书、报纸、杂志、音像制品、电子出版物	9%
13	邮政服务	9%
14	基础电信服务	9%
15	增值电信服务	6%
16	金融服务	6%
17	现代服务（除租赁服务外）	6%
18	生活服务	6%
19	销售无形资产（除土地使用权外）	6%
20	出口货物	0
21	跨境销售国务院规定范围内的服务、无形资产	0

增值税的征收率适用于小规模纳税人。小规模纳税人一般按3%或5%的征收率计征，详见表3-2。

表 3-2 小规模纳税人增值税征收率表

序号	税目	征收率
1	销售货物	3%
2	加工、修理修配劳务	3%
3	销售服务（除另有规定外）	3%
4	销售无形资产	3%
5	销售不动产	5%

5.应纳税额的计算

增值税的计税方法包括一般计税方法和简易计税方法。一般纳税人发生应税行为适用一般计税方法计税。一般纳税人发生财政部和国家税务总局规定的特定应税行为，可以选择适用简易计税方法计税，但一经选择，36个月内不得变更。小规模纳税人发生应税行为适用简易计税方法计税。

（1）一般计税方法应纳税额计算公式：

应纳税额=当期销项税额−当期进项税额=不含税销售额×税率−进项税额

其中：不含税销售额=含税销售额÷（1+税率）

当期销项税额小于当期进项税额不足抵扣时，其不足部分可以结转下期继续抵扣。

准予从销项税额中抵扣的进项税额有：

①从销售方取得的增值税专用发票上注明的增值税额。

②从海关取得的海关进口增值税专用缴款书上注明的增值税额。

③购进农产品，除取得增值税专用发票或者海关进口增值税专用缴款书外，按照农产品收购发票或者销售发票上注明的农产品买价和9%的扣除率计算的进项税额。计算公式为：

进项税额=买价×扣除率

买价，是指农产品收购发票或者销售发票上注明的价款和按照规定缴纳的烟叶税。

④从境外单位或者个人购进服务、无形资产或者不动产的，自税务机关或者扣缴义务人取得的解缴税款的完税凭证上注明的增值税额。

增值税扣税凭证，是指增值税专用发票、海关进口增值税专用缴款书、农产品收购发票、农产品销售发票和完税凭证。

根据财政部 税务总局公告2023年第1号第三条（二）的规定，自2023年1月1日至2023年12月31日，增值税加计抵减政策按照以下规定执行：允许生活性服务业纳税人按照当期可抵扣进项税额加计10%抵减应纳税额。生活性服务业纳税人，是指提供生活服务取得的销售额占全部销售额的比重超过50%的纳税人。

纳税人取得的增值税扣税凭证不符合法律、行政法规或者国家税务总局有关规定的，其进项税额不得从销项税额中抵扣。

下列项目的进项税额不得从销项税额中抵扣：

①用于简易计税方法计税项目、免征增值税项目、集体福利或者个人消费的购进货物、加工修理修配劳务、服务、无形资产和不动产。例如，纳税人的交际应酬消费属于个人消费。

②非正常损失的购进货物，以及相关的加工修理修配劳务和交通运输服务。

③非正常损失的在产品、产成品所耗用的购进货物（不包括固定资产）、加工修理修配劳务和交通运输服务。

④非正常损失的不动产，以及该不动产所耗用的购进货物、设计服务和建筑服务。

⑤非正常损失的不动产在建工程所耗用的购进货物、设计服务和建筑服务。纳税人新建、改建、扩建、修缮、装饰不动产，均属于不动产在建工程。

⑥购进的旅客运输服务、贷款服务、餐饮服务、居民日常服务和娱乐服务。

⑦财政部和国家税务总局规定的其他情形。

第④项、第⑤项所称货物，是指构成不动产实体的材料和设备，包括建筑装饰材料和给排水、采暖、卫生、通风、照明、通信、煤气、消防、中央空调、电梯、电气、智能化楼宇设备及配套设施。

非正常损失，是指因管理不善造成货物被盗、丢失、霉烂变质，以及因违反法律法规造成货物或者不动产被依法没收、销毁、拆除的情形。

（2）简易计税方法应纳税额计算公式。

简易计税方法的应纳税额，是指按照销售额和增值税征收率计算的增值税额，不得抵扣进项税额。应纳税额的计算公式为：

应纳税额=不含税销售额×征收率

二、筹建过程核算的账户设置

为了正确核算和记录投入资本、借入资本以及固定资产购建业务，应设置"实收资本（或股本）""资本公积""短期借款"、财务费用"长期借款""在建工程""固定资产""应交税费——应交增值税"等账户。

（一）"实收资本（或股本）"账户

"实收资本"账户属于所有者权益类账户，用以核算除股份有限公司外的其他各类企业实际收到投资者投入的资本增减变动的情况及其结果。该账户的借方登记实收资本的减少数额，贷方登记实收资本的增加数额，期末余额在贷方，反映企业期末实收资本的实有数额。该账户应按投资者设置明细账，进行明细分类核算。

在股份有限公司中，因为其筹集资本是以发行股票的方式进行的，所以应设置"股本"账户，核算股份有限公司核定的股本总额及在核定的股份总额范围内实际发行股票的面值。该账户属于所有者权益类账户，贷方登记公司在核定的范围内实际发行股票的面值，借方登记公司按法定程序经批准减少的股本数额，余额在贷方，反映公司的股本总额。

"实收资本"账户的结构用T形账户列示如下：

借方	实收资本	贷方
投入资本的减少数、归还数	收到投资数	
	期末余额：投入资本实有数	

（二）"资本公积"账户

"资本公积"账户属于所有者权益类账户，用于核算企业收到投资者出资额超出其在注册资本或股本中所占份额的部分，直接计入所有者权益的利得和损失，如资本（股本）溢价、外币资本折算差额、资产评估增值、转增资本等形成的资本公积增减变动及其结果。该账户的借方登记以资本公积转增资本使资本公积发生的减少额，贷方登记企业的资本（股本）溢价、资产评估增值等使资本公积发生的增加额，期末余额在贷方，反映企业期末资本公积的实际结存数。该账户按资本公积类别设置明细账户，进行明细分类核算。

"资本公积"账户的结构用T形账户列示如下：

借方	资本公积	贷方
资本公积减少数	资本公积增加数	
	期末余额：资本公积结存数	

（三）"短期借款"账户

"短期借款"账户属于负债类账户，用于核算企业短期借款的增减变化及结果。该账户借方登记归还的短期借款，贷方登记借入的短期借款，期末余额在贷方，反映尚未归还的短期借款。该账户可按借款种类、贷款人和币种进行明细分类核算。

"短期借款"账户的结构用T形账户列示如下：

借方	短期借款	贷方
短期借款归还数	短期借款借入数	
	期末余额：尚未偿还的短期借款数	

（四）"财务费用"账户

"财务费用"账户属于损益类账户，是企业为筹集生产经营所需资金等而发生的筹资费用，包括利息支出（减利息收入）、汇兑损益以及相关的手续费、企业发生的现金折扣或收到的现金折扣等。该账户的借方登记费用的增加数，反映企业所发生的包括利息费用在内的各种理财费用，贷方登记费用的减少数，反映企业应冲减财务费用的利息收入及期末结转到"本年利润"账户的金额，结转后期末无余额。该账户可按费用项目设置明细账户，进行明细分类核算。

"财务费用"账户的结构用T形账户列示如下：

借方	财务费用	贷方
企业发生的各项财务费用	企业应冲减财务费用的利息收入及期末结转到"本年利润"账户的金额	

（五）"长期借款"账户

"长期借款"账户属于负债类账户，用于核算企业长期借款的增减变化及结果。该账户借方登记归还的长期借款，贷方登记借入的长期借款，期末余额在贷方，反映尚未归还的长期借款。该账户可按债权人设置明细账，并按借款的种类进行明细分类核算。

"长期借款"账户的结构用T形账户列示如下：

借方　　　　　　　　　长期借款　　　　　　　　　贷方	
长期借款归还数	长期借款借入数
	期末余额：尚未偿还的长期借款数

（六）"在建工程"账户

"在建工程"账户属于资产类账户，用于核算企业固定资产的新建、改建、扩建、安装或技术改造、设备更新和大修理工程等尚未完工的工程支出。该账户借方登记投入在建工程的各项支出增加数，贷方登记达到预定可使用状态的固定资产成本数等，借方余额表示尚未竣工的在建工程的实际成本。

"在建工程"账户的结构用T形账户列示如下：

借方　　　　　　　　　在建工程　　　　　　　　　贷方	
投入在建工程的各项支出增加数	达到预定可使用状态的固定资产成本数等
期末余额：尚未竣工的在建工程的实际成本	

（七）"固定资产"账户

"固定资产"账户属于资产类账户，用来核算企业全部固定资产原始价值的增加、减少和结存情况。借方登记固定资产的购入、建造、投资转入、融资租入、盘盈等增加的固定资产原值，贷方登记因出售、报废、毁损、盘亏及投资转出等减少的固定资产原值。其借方余额表示企业现有固定资产的原始价值。

"固定资产"账户的结构用T形账户列示如下：

借方　　　　　　　　　固定资产　　　　　　　　　贷方	
增加的固定资产原值	减少的固定资产原值
期末余额：企业现有固定资产的原始价值	

（八）"应交税费——应交增值税"账户

"应交税费——应交增值税"账户属于负债类账户，用于核算企业缴纳的增值税。该账户借方登记企业购进材料、农产品、水电费、用具、设备、经营用车辆、不动产、暖气、天然气、煤气等负担的增值税的进项税额和实际缴纳的增值税税金，贷方登记企业销售货物，提供应税的加工、修理、修配劳务，销售服务、无形资产或者不动产等应缴纳的增值税的销项税额。余额一般在贷方，表示企业应交而尚未缴纳的增值税。

借方	应交税费——应交增值税	贷方
增值税的进项税额和实际缴纳的增值税税金	增值税的销项税额	
	期末余额：应交而尚未缴纳的增值税	

三、筹建过程主要经济业务的核算

本章以东方旅游企业集团（以下简称东方旅游企业，该集团下设酒店、旅行社、景区和商场）2023 年的经济业务为例，具体说明旅游企业筹建过程基本经济业务的会计处理。假设东方旅游企业为一般纳税人。书中涉及的例题若没有特别说明也均为一般纳税人发生的业务。

（一）投入资金的核算

1. 接受货币资金投资

企业收到投资者以货币资金投入的资本时，借记"库存现金"或"银行存款"账户，按投资者在企业注册资本中所占的份额，贷记"实收资本（或股本）"账户。对于实际投入的金额超过投资者在企业注册资本中所占份额的部分，应记入"资本公积"账户。

【例 3-1】东方旅游企业收到国家投入的资本金 500 000 元，存入银行。该项经济业务应编制如下会计分录：

借：银行存款　　　　　　　　　　　　　　　　　　　　500 000
　　贷：实收资本　　　　　　　　　　　　　　　　　　　500 000

【例 3-2】东方旅游企业发行股票 1 000 万股，票面金额为每股 10 元，注册资本为 1 亿元，溢价 5 元出售，筹资总额 1.5 亿元，存入银行。该项经济业务应编制如下会计分录（假设东方旅游企业为股份有限公司）：

借：银行存款　　　　　　　　　　　　　　　　　　150 000 000
　　贷：股本　　　　　　　　　　　　　　　　　　　100 000 000
　　　　资本公积——股本溢价　　　　　　　　　　　　50 000 000

2. 接受其他资产投资

企业接受投资者除货币资金以外的其他资产投资时，应当进行合理估价，并按双方认可的估价作为实际投资额入账。企业收到投资者其他资产投资时，借记"固定资产""无形资产"等账户，贷记"实收资本"账户。

【例 3-3】东方旅游企业收到乙公司投入的一辆汽车，原始价值为 90 000 元，经评估确定其价值为 70 000 元。假设经评估的价值与公允价值相符，不考虑其他因素。该项经济业务应编制如下会计分录：

借：固定资产　　　　　　　　　　　　　　　　　　　　70 000
　　贷：实收资本——乙公司　　　　　　　　　　　　　　70 000

【例 3-4】东方旅游企业收到乙公司作为资本投入的专利权一项，该专利权按照投资合同或协议约定的价值为 200 000 元。假设合同约定的价值与公允价值相符，不考虑其他因素。该项经济业务应编制如下会计分录：

借：无形资产 200 000

　　贷：实收资本——乙公司 200 000

3.资本公积转增资本的核算

【例 3-5】东方旅游企业将资本公积 50 000 元转增实收资本。该项经济业务应编制如下会计分录：

借：资本公积 50 000

　　贷：实收资本 50 000

(二) 借入资金的核算

借入资金的核算包括取得借款、利息计算和偿还借款本息等内容。

1.短期借款业务的核算

企业借入各种短期借款时，应借记"银行存款"账户，贷记"短期借款"账户；归还借款时，应借记"短期借款"账户，贷记"银行存款"账户。

短期借款的利息，通过"财务费用""应付利息"等账户核算。短期借款利息一律计入财务费用，计提利息时，借记"财务费用"账户，贷记"应付利息"账户；支付已计提的利息时，借记"应付利息"账户，贷记"银行存款"账户；利息直接支付、不计提的，于付款时借记"财务费用"账户，贷记"银行存款"账户。

【例 3-6】东方旅游企业于 2023 年 1 月 1 日取得银行借款 20 000 元，期限半年，年利率 5%，到期一次还本付息，不预提。该项经济业务应编制如下会计分录：

借：银行存款 20 000

　　贷：短期借款 20 000

【例 3-7】东方旅游企业于 2023 年 7 月 1 日将【例 3-6】中的借款还本付息。该项经济业务应编制如下会计分录：

借：短期借款 20 000

　　财务费用（20 000×5%×1/2） 500

　　贷：银行存款 20 500

【例 3-8】东方旅游企业于 2023 年 1 月 1 日取得银行借款 1 000 000 元，期限 3 个月，年利率 6%，该借款到期后按期如数偿还，利息分月预提，按季支付。

（1）1 月 1 日取得借款时，编制会计分录如下：

借：银行存款 1 000 000

　　贷：短期借款 1 000 000

（2）1 月末计提当月借款利息时，编制会计分录如下：

借：财务费用 5 000

　　贷：应付利息（1 000 000×6%÷12） 5 000

（3）2 月末计提利息的会计处理同上。

（4）3 月末支付本季度借款利息并偿本金时，编制会计分录如下：

借：短期借款 1 000 000

　　应付利息 10 000

借：财务费用 5 000

贷：银行存款 1 015 000

2. 长期借款业务的核算

"长期借款"账户核算长期借款的借入以及本息的归还。利息支出是否资本化要看长期借款所购置的固定资产是否达到预定可使用状态。固定资产尚未达到预定可使用状态所发生的利息支出应当资本化，计入在建工程成本；固定资产达到预定可使用状态后发生的利息支出，以及按规定不予资本化的利息支出，计入财务费用。长期借款计算确定的应付未付利息，记入"应付利息"账户，借记"财务费用""在建工程""管理费用"等账户，贷记"应付利息"账户。

企业归还长期借款的本金时，按应归还的金额，借记"长期借款——本金"账户，贷记"银行存款"账户。归还长期借款的利息时，按归还的利息，借记"应付利息"账户，贷记"银行存款"账户。

【例 3-9】东方旅游企业于 2022 年 1 月 1 日从银行借入资金 3 000 000 元，借款期限为 2 年，年利率为 8%（到期一次还本付息，不计复利）。所借款项已存入银行，该款项主要用于支付已达到预定使用状态的固定资产购置款。东方旅游企业于 2022 年 1 月 31 日至 2023 年 11 月 30 日期间，每月末计提长期借款利息。2023 年 12 月 31 日，东方旅游企业偿还了该笔银行借款本息。东方旅游企业的有关借款、计提利息、偿还本息的会计处理如下：

（1）2022 年 1 月 1 日取得长期借款时：

借：银行存款 3 000 000

贷：长期借款——本金 3 000 000

（2）2022 年 1 月 31 日计提长期借款利息时：

借：财务费用（3 000 000×8%÷12） 20 000

贷：应付利息 20 000

（3）2022 年 2 月至 2023 年 11 月每月末计提利息的会计分录同上。

（4）2023 年 12 月 31 日偿还长期借款本息时：

借：长期借款——本金 3 000 000

应付利息（20 000×23） 460 000

财务费用 20 000

贷：银行存款 3 480 000

（三）固定资产购建的核算

旅游企业购入不需要安装的设备、厂房、建筑物等，应按购置固定资产达到可使用状态之前发生的所有支出，包括买价、运输费、保险费等，借记"固定资产"和"应交税费——应交增值税（进项税额）"账户，贷记"银行存款"等账户。

【例 3-10】东方旅游企业购入经营用设备一台，增值税专用发票上注明价款 200 000 元，增值税 26 000 元，支付运输费 1 000 元（暂不考虑计税），保险费 2 000 元，款项均以银行存款支付。该项经济业务应编制如下会计分录：

借：固定资产	203 000
应交税费——应交增值税（进项税额）	26 000
贷：银行存款	229 000

企业购入需安装的固定资产，安装时所发生的各项支出，借记"在建工程"账户，贷记"工程物资""应付职工薪酬""银行存款"等账户；安装完毕交付使用后，借记"固定资产"账户，贷记"在建工程"等账户。

【例 3-11】（1）东方旅游企业购入一台需安装的经营用设备，增值税专用发票上注明价款 100 000 元，增值税 13 000 元，价税款以银行存款支付。该项经济业务应编制如下会计分录：

借：在建工程	100 000
应交税费——应交增值税（进项税额）	13 000
贷：银行存款	113 000

（2）上述设备安装时发生人工费 2 000 元，人工费尚未支付。该项经济业务应编制如下会计分录：

借：在建工程	2 000
贷：应付职工薪酬	2 000

（3）上述设备安装时领用工程物资 5 000 元。该项经济业务应编制如下会计分录：

借：在建工程	5 000
贷：工程物资	5 000

（4）上述设备安装完毕并交付使用。该项经济业务应编制如下会计分录：

借：固定资产	107 000
贷：在建工程	107 000

另外，"在建工程"账户是酒店业使用较多的一个科目，这是由酒店业的特点所决定的。酒店业为保证酒店设施始终如新，每隔一段时间就需要对其餐厅、客房和其他设施进行改造更新，在实施改造过程中一般将改造费用计入在建工程，待完工后再转入固定资产。

【例 3-12】东方旅游企业 2023 年 6 月对其下设的酒店客房进行装修，发生以下有关支出，购入装修材料 100 000 元，增值税 13 000 元，以银行存款支付；装修过程中发生人员工资 20 000 元，尚未支付。12 月，装修工程完毕，达到预定可使用状态并交付使用。该项经济业务应编制如下会计分录：

（1）购入装修材料。

借：工程物资	100 000
应交税费——应交增值税（进项税额）	13 000
贷：银行存款	113 000

（2）领用装修材料。

借：在建工程	100 000
贷：工程物资	100 000

（3）计提工程人员工资。

借：在建工程　　　　　　　　　　　　　　　　　　　　20 000

　　贷：应付职工薪酬　　　　　　　　　　　　　　　　　　　20 000

（4）12月，装修工程完毕，达到预定可使用状态并交付使用。

借：固定资产——固定资产装修　　　　　　　　　　　　120 000

　　贷：在建工程　　　　　　　　　　　　　　　　　　　　120 000

第三节　酒店存货的核算

一、存货核算的主要内容

存货是指企业在日常生产经营过程中持有以备出售，或者仍然处在生产过程，或者在生产或提供劳务过程中将消耗的材料或物料等。

（一）存货的分类

酒店的存货按其经济内容可分为原材料、库存商品、包装物、低值易耗品、物料用品等，这些存货是酒店业流动资产的重要组成部分。

（1）原材料，是指需要经过加工才能成为商品出售的原料（如各类粮食、副食、菜蔬、各种配料、调料等）和燃料（包括固体、液体、气体燃料）等。

（2）库存商品，是指企业购入的不需要任何加工即可直接对外销售的商品，如酒水、纪念品等。

（3）包装物，是指为了包装本企业的产品而储存的各种包装容器，如桶、箱、瓶、坛、袋等。

（4）低值易耗品，是指企业不作为固定资产核算的各种用具物品，如前台餐厅的碗、筷用品，后台厨房的餐具用品，客房的床上用品、卫生间用品，其他工具、用具等。

（5）物料用品，是指企业用于业务经营的在库和在途的除原材料、燃料、低值易耗品以外的其他物料用品的总称，如餐巾纸、牙签、印刷品、单据、洗涤用品、清洁用品、一次性消耗的客用品等。

实际工作中很难严格区分物料用品和低值易耗品，这两项耗费都是计入到销售费用或管理费用中，只是低值易耗品可采用五五摊销法和一次摊销法，物料用品一般采用一次摊销法或购入时直接计入费用。

（二）存货价值的确定

1.购入存货入账价值的确定

酒店（商场部除外）购入存货的入账价值包括买价和采购费用等。其中采购费用是采购存货过程中支付的各项费用，包括运输费、保险费、入库前的挑选整理费用等。本地采购费用因金额较小，一般直接计入管理费用。

2.发出存货价值的确定

日常工作中，企业发出的存货可以按实际成本计价，也可以按计划成本计价，如采用计划成本核算，会计期末应调整为实际成本。存货按实际成本计价是指存货的日常收入、发出和结存，其总分类核算和明细分类核算都按照实际成本进行计价。存货按实际成本进行计价时，发出存货的计价方法有先进先出法、加权平均法和个别计价法。企业可根据实际情况选择适合的方法，以便更准确地确定发出存货的实际成本。企业发出存货的计价方法一经确定，不得随意变更。

（1）先进先出法。先进先出法是指先购入的存货先发出（销售或耗用），以存货实物流动假设为前提，据此确定发出存货和期末存货成本的一种方法。收到存货时，应逐笔登记存货的数量、单价和金额；发出存货时，按照先购入先发出的原则，逐笔登记存货发出和结存的数量、单价和金额。

表3-3是东方酒店2023年12月份大米原材料的明细账。

表3-3　　　　　　　　　　　　　　原材料明细表

明细科目：大米　　　　　　　　　　　　　　　　　　数量单位：千克；金额单位：元

2023年		摘要	收入			发出			结存		
月	日		数量	单价	金额	数量	单价	金额	数量	单价	金额
12	1	结存							600	10	6 000
12	8	购入	400	11	4 400				600	10	6 000
									400	11	4 400
12	15	发出				600	10	6 000	200	11	2 200
						200	11	2 200			
12	20	购入	600	12	7 200				200	11	2 200
									600	12	7 200
12	28	发出				200	11	2 200	400	12	4 800
						200	12	2 400			
12	31	购入	400	15	6 000				400	12	4 800
									400	15	6 000
12	31	本月合计	1 400		17 600	1 200		12 800	400	12	4 800
									400	15	6 000

从表3-3可知，东方酒店2023年12月份大米的发出成本为12 800元，月末结存成本为10 800元。

先进先出法的优点是可以随时结转发出存货的成本。存货成本是按最近购货确定的，期末存货成本比较接近现行的市场价格，企业不能随意挑选存货计价以调整当期利润。其缺点是工作量比较大，当物价上涨时，先进先出法会高估企业当期利润和库存存货价值；反之，当物价下跌时，会低估企业存货价值和当期利润。

（2）加权平均法。加权平均法又称月末一次加权平均法，是指以本月全部进货数量加上月初存货数量作为权数，去除本月全部进货成本加上月初存货成本，计算出存货的加权平均单位成本，以此为基础计算本月发出存货的成本和期末存货的成本的一种方法。计算公式如下：

$$存货单位成本 = \frac{月初库存存货的实际成本 + \sum(本月各批进货\,实际单位成本 \times 本月各批进货的数量)}{月初库存存货数量 + 本月各批进货数量之和}$$

本期发出存货成本＝本月发出存货的数量×存货单位成本

期末结存存货成本＝月末库存存货的数量×存货单位成本

或 ＝月初库存存货的实际成本＋本月收入存货的实际成本－本月发出存货的实际成本

沿用表3-3，采用加权平均法计算大米原材料的发出成本和期末库存成本，如下：

$$大米原材料加权平均单位成本 = \frac{6\,000 + 11 \times 400 + 12 \times 600 + 15 \times 400}{600 + 400 + 600 + 400} = 11.8（元）$$

本月发出存货成本＝1 200×11.8＝14 160（元）

期末结存存货成本＝800×11.8＝9 440（元）

加权平均法的优点是只在月末一次计算加权平均单位成本，比较简单，而且在市场价格上涨或下跌时所计算出来的单位成本平均化，对存货成本的分摊较为折中；其缺点是平时无法从账上提供发出和结存存货的单价和金额，不利于加强存货的管理。

（3）个别计价法。个别计价法，又称个别认定法、具体辨认法、分批实际法。采用这种方法是假设存货的实物流转和成本流转相一致，按照各种存货，逐一辨认各批发出存货和期末存货所属的购进批别，分别按其购入或生产时所确定的单位成本计算各批发出存货和期末存货成本的方法。对于不能替代使用的存货，为特定项目专门购入或制造的存货，通常采用个别计价法确定发出存货的成本。

个别计价法的优点是计算发出存货和期末结存存货的成本合理、准确，能实现收入和成本的配比；其缺点是实际操作工作量大。

3.结存存货价值的确定

结存存货价值的确认方法有实地盘存制和永续盘存制，企业可根据实际情况选择相应的方法确定结存存货的价值。实地盘存制和永续盘存制最本质的区别是确定企业期末结存存货数量的方法不同。

（1）实地盘存制。实地盘存制（也称定期盘存制）下，期末结存存货的数量是根据实地盘点（如点数、称重、丈量等）确定的，由于平时存货明细账上只登记收入数，不登记发出数，所以期末必须通过实地盘点先确定存货结存的数量，然后再计算确定期末结存存货的成本，最后倒挤算出本期发出存货的成本。其计算公式为：

期末结存存货成本＝期末结存存货数量×单位成本

本期发出存货成本＝期初结存存货成本＋本期收入存货成本－期末结存存货成本

实地盘存制的优点是简化存货的日常核算工作。其缺点有：一是不能随时反映存货发出和结存的状态，不便于管理人员掌握情况；二是容易掩盖存货管理中存在的自然和人为的损失。由于倒挤成本，使非正常销售或耗用的存货损失，或者进出差错，甚至将偷盗等原因所引起的短缺，全部计入了发出存货的成本内，掩盖了仓库管理上的缺陷。所以实地盘存制的实用性较差，一般只运用于核算那些价值低、品种杂、进出频繁、损耗大的鲜活商品，如超市和饭店的鲜活商品等。

（2）永续盘存制。永续盘存制（也称账面盘存制）下，期末结存存货的数量是根据账面数（如期初数、收入数、发出数）计算确定的，对存货的日常记录既登记收入数，又登记发出数，可随时根据账簿记录结出账面结存数量，永续盘存制结出的账面结存数量结合实地盘点数量可起到双重控制存货的作用。其计算公式为：

期末存货结存数量=期初存货结存数量+本期增加存货数量−本期发出存货数量

期末存货结存金额=期初存货结存金额+本期增加存货金额−本期发出存货金额

永续盘存制的主要优点是有利于加强对存货的管理。各种存货的明细记录可以随时反映每一种存货收入、发出和结存的状态。通过账簿记录中的账面结存数，结合不定期的实地盘点，将实际盘存数与账存数相核对，可以查明溢余或短缺，通过账簿记录还可以随时反映存货是否过多或不足，以便及时合理地组织货源，加速资金周转。永续盘存制的缺点是存货明细记录的工作量较大，存货品种规格繁多的企业更是如此。大部分企业都采用这种方法。

从以上内容可知，存货的核算内容主要包括存货收发存业务。存货收入环节的内容主要有存货入账价值的确认、货款的结算及存货的验收入库；存货发出环节的内容主要有发出存货价值的确认，原材料、低值易耗品的领用，库存商品的销售等业务；存货结存环节的内容主要有库存存货价值的确认，存货盘盈、盘亏的处理等。

二、存货核算的账户设置

为了更准确地核算酒店业各种存货的收发存情况，应设置下列账户：

（一）"在途物资"账户

"在途物资"账户属于资产类账户，用于核算企业采用实际成本（或进价）进行材料、商品等物资的日常核算、货款已付但尚未验收入库的在途物资的采购成本。借方登记在途物资的实际成本；贷方登记验收入库的在途物资的实际成本；期末借方余额反映企业的在途材料、商品等物资的采购成本。该账户可按供应单位和物资品种进行明细核算。

"在途物资"账户的结构用T形账户列示如下：

借方	在途物资	贷方
在途物资的实际成本	验收入库的在途物资的实际成本	
期末余额：企业在途材料、商品等物资的采购成本		

"材料采购"账户用于核算企业采用计划成本法进行材料日常核算、尚未验收入库的购入材料的采购成本。

（二）"原材料"账户

"原材料"账户属于资产类账户，用来核算企业库存的各种材料，包括原料及主要材料、辅助材料、外购半成品（外购件）、修理用备件（备品备件）、包装材料、燃料等的计划成本或实际成本。借方登记企业购入并已验收入库的材料的计划成本或实际成本，贷方登记发出材料的实际成本，其借方余额表示企业库存材料的计划成本或实际成本。该账户可按材料的保管地点（仓库），材料的类别、品种和规格等进行明细核算。

"原材料"账户的结构用T形账户列示如下：

借方	原材料	贷方
企业购入并已验收入库的材料的计划成本或实际成本	发出材料的实际成本	
期末余额：企业库存材料的计划成本或实际成本		

（三）"库存商品"账户

"库存商品"账户属于资产类账户，用来核算企业库存的各种商品的实际成本（或进价）或计划成本，包括库存产成品、外购商品、存放在门市部准备出售的商品、发出展览的商品以及寄存在外的商品等。借方登记生产完成并验收入库的产成品成本或购入并验收入库商品的进价或售价，贷方登记已销商品的实际成本，其借方余额表示企业库存商品的实际成本（或进价）或计划成本。该账户可按库存商品的种类、品种和规格等进行明细核算。

"库存商品"账户的结构用T形账户列示如下：

借方	库存商品	贷方
生产完成并验收入库的产成品成本或购入并验收入库商品的进价或售价	已销商品的实际成本	
期末余额：企业库存商品的实际成本（或进价）或计划成本		

（四）"周转材料"账户

"周转材料"账户属于资产类账户，用于核算企业低值易耗品的计划成本或实际成本。借方登记企业购入并已验收入库的低值易耗品的计划成本或实际成本，贷方登记已转销或摊销的低值易耗品的实际成本，其借方余额表示企业在库低值易耗品的计划成本或实际成本以及在用低值易耗品的摊余价值。该账户可按低值易耗品的种类，分别按"在库"、"在用"和"摊销"进行明细核算。

"周转材料"账户的结构用T形账户列示如下：

借方	周转材料	贷方
企业购入并已验收入库的低值易耗品的计划成本或实际成本	已转销或摊销的低值易耗品的实际成本	
期末余额：企业在库低值易耗品的计划成本或实际成本以及在用低值易耗品的摊余价值		

（五）"应付票据"账户

"应付票据"账户属于负债类账户，用于核算企业购买材料、商品和接受劳务供应等开出、承兑的商业汇票，包括银行承兑汇票和商业承兑汇票。借方登记已到期并承兑的商业汇票金额，贷方登记企业开出、承兑商业汇票或以承兑的商业汇票抵付货款、应付账款等的金额，期末余额在贷方，反映企业尚未到期的商业汇票的票面金额。该账户可按债权人进行明细核算。

"应付票据"账户的结构用T形账户列示如下：

借方	应付票据	贷方
已到期并承兑的商业汇票金额	企业开出、承兑的商业汇票或以承兑的商业汇票抵付货款、应付账款的金额	
	期末余额：企业尚未到期的商业汇票的票面金额	

（六）"应付账款"账户

"应付账款"账户属于负债类账户，用于核算企业因购买材料、商品和接受劳务等经营活动应支付的款项。借方登记已偿还的款项，贷方登记购买材料、商品和接受供应单位提供劳务而发生的应付未付款项，期末余额在贷方，反映企业尚未支付的应付账款余额。该账户可按债权人进行明细核算。

"应付账款"账户的结构用T形账户列示如下：

借方	应付账款	贷方
已偿还的款项	应付未付的款项	
	期末余额：企业尚未支付的款项	

（七）"主营业务成本"账户

"主营业务成本"账户属于损益类账户，用于核算企业确认销售商品、提供劳务等主营业务收入时应结转的成本。借方登记本期已销商品或提供劳务的实际成本，贷方登记期末转入"本年利润"账户的数额，结转后，该账户无期末余额。该账户可按主营业务的种类进行明细核算。

"主营业务成本"账户的结构用T形账户列示如下：

借方	主营业务成本	贷方
本期已销商品或提供劳务的实际成本	期末转入"本年利润"账户的数额	

（八）"管理费用"账户

"管理费用"账户属于损益类账户，用于核算企业为组织和管理企业生产经营所发生的管理费用，包括企业在筹建期间内发生的开办费、董事会和行政管理部门在企业的经营管理中发生的或者应由企业统一负担的公司经费（包括行政管理部门职工工资及福利费、物料消耗、低值易耗品摊销、办公费和差旅费等）、工会经费、董事会费（包括董事会成员津贴、会议费和差旅费等）、聘请中介机构费、咨询费（含顾问费）、诉讼费、业务招待费、技术转让费、研究费用等。借方登记本期发生的各种管理费用，贷方登记期末转入"本年利润"账户的数额，结转后，该账户无期末余额。该账户可按费用项目进行明细核算。

"管理费用"账户的结构用T形账户列示如下：

借方	管理费用	贷方
本期发生的各种管理费用	期末转入"本年利润"账户的数额	

（九）"销售费用"账户

"销售费用"账户属于损益类账户，用于核算企业销售商品和材料、提供劳务的过程中发生的各种费用，包括保险费、包装费、展览费和广告费、商品维修费、预计产品质量保证损失、运输费、装卸费等，以及为销售本企业商品而专设的销售机构（含销售网点、售后服务网点等）的职工薪酬、业务费、折旧费等经营费用。借方登记本期发生的各种销售费用，贷方登记期末转入"本年利润"账户的数额，结转后，该账户无期末余额。该账户可按费用项目进行明细核算。

"销售费用"账户的结构用T形账户列示如下：

借方	销售费用	贷方
本期发生的各种销售费用	期末转入"本年利润"账户的数额	

三、存货收发存环节主要经济业务的核算

（一）购入存货的核算

酒店购入材料、商品等，在实际成本法下按应计入材料、商品采购成本的金额，借记"在途物资"和"应交税费——应交增值税（进项税额）"账户，按实际支付或应支付的金额，贷记"银行存款""应付账款""应付票据"等账户。所购材料、商品到达后验收入库，借记"原材料"、"库存商品"或"周转材料"等账户，贷记"在途物资"账户。

假设本节经济业务中涉及的材料均采用实际成本核算，商品均采用进价核算，且为2023年12月份东方酒店发生的经济业务。

【例3-13】3日，东方酒店购入大米500千克，单价4元/千克（不含税），增值税税额为180元，材料尚未验收入库，发票等结算凭证已到，货款已通过银行转账支付。该项经济业务应编制如下会计分录：

借：在途物资　　　　　　　　　　　　　　　　　　　2 000
　　应交税费——应交增值税（进项税额）　　　　　　　180
　　贷：银行存款　　　　　　　　　　　　　　　　　　　2 180

4日，上述大米验收入库。该项经济业务应编制如下会计分录：

借：原材料——大米　　　　　　　　　　　　　　　　2 000
　　贷：在途物资　　　　　　　　　　　　　　　　　　　2 000

【例3-14】5日，东方酒店购入面粉600千克，单价5元/千克（不含税），增值税税额为270元，材料已验收入库，发票等结算凭证已到，货款尚未支付。该项经济业务应编制如下会计分录：

借：原材料——面粉　　　　　　　　　　　　　　　　3 000
　　应交税费——应交增值税（进项税额）　　　　　　　270
　　贷：应付账款　　　　　　　　　　　　　　　　　　　3 270

【例 3-15】7 日，东方酒店购入酒水等商品，进价为 30 000 元（不含税），增值税税额为 3 900 元，商品已验收入库，货款以银行承兑汇票支付。该项经济业务应编制如下会计分录：

借：库存商品　　　　　　　　　　　　　　　　　　　　　　　　　30 000
　　应交税费——应交增值税（进项税额）　　　　　　　　　　　　 3 900
　贷：应付票据　　　　　　　　　　　　　　　　　　　　　　　　　　 33 900

【例 3-16】8 日，东方酒店购入低值易耗品 25 000 元，其中客房床上用品 20 000 元（不含税），客房卫生间用品 5 000 元（不含税），增值税税额为 3 250 元，以上用品均已验收入库，货款已通过银行存款支付。该项经济业务应编制如下会计分录：

借：周转材料——在库　　　　　　　　　　　　　　　　　　　　　 25 000
　　应交税费——应交增值税（进项税额）　　　　　　　　　　　　 3 250
　贷：银行存款　　　　　　　　　　　　　　　　　　　　　　　　　　 28 250

（二）发出存货的核算

1.原材料领用的核算

酒店原材料的管理分入库管理和不入库管理，入库管理的材料有粮食类和干货类等，不入库管理的材料主要是各种直接进厨房的海鲜类和蔬菜类等鲜活食品。酒店业材料的领用、产品的生产和销售与工业企业相比较为简单，酒店餐饮部领用需入库管理的材料时，借记"主营业务成本"账户，贷记"原材料"账户；领用不入库管理的材料时，借记"主营业务成本"账户，贷记"银行存款"等账户。

【例 3-17】9 日，东方酒店餐饮部领用大米 100 千克，价值 4 000 元；购入活虾等鲜活食品 2 000 元（不含税）并直接进厨房，增值税税额为 180 元，以银行存款支付。该项经济业务应编制如下会计分录：

领用大米：

借：主营业务成本　　　　　　　　　　　　　　　　　　　　　　　 4 000
　贷：原材料——大米　　　　　　　　　　　　　　　　　　　　　　　 4 000

购入活虾等鲜活食品：

借：主营业务成本　　　　　　　　　　　　　　　　　　　　　　　 2 000
　　应交税费——应交增值税（进项税额）　　　　　　　　　　　　　 180
　贷：银行存款　　　　　　　　　　　　　　　　　　　　　　　　　　 2 180

2.低值易耗品领用和摊销的核算

餐饮、客房等业务部门领用低值易耗品应列入"销售费用"账户，管理部门领用低值易耗品则应列入"管理费用"账户。低值易耗品摊销的方法有一次摊销法和五五摊销法。

（1）一次摊销法。一次摊销法是指在领用低值易耗品时，将其全部价值一次计入成本、费用的方法。这种方法适用于旅游企业中单位价值较低、使用期限较短的低值易耗品，如酒店客房的棉织品。

采用一次摊销法的，领用时应按其账面价值，借记"管理费用""销售费用"等账户，贷记"周转材料"账户。低值易耗品报废时，应按报废低值易耗品的残料价值，借记

"原材料"等账户，贷记"管理费用""销售费用"等账户。

【例 3-18】10 日，东方酒店领用客房棉织品一批，价值 5 000 元。按一次摊销法应编制如下会计分录：

借：销售费用——客房——棉织品 5 000
　贷：周转材料——摊销 5 000

【例 3-19】假设上述客房棉织品于 2021 年 6 月报废，该批低值易耗品的残料价值为 200 元。该项经济业务应编制如下会计分录：

借：原材料 200
　贷：销售费用——客房——棉织品 200

（2）五五摊销法。五五摊销法是指低值易耗品在领用时先摊销其账面价值的一半，在报废时再摊销其账面价值的另一半，即低值易耗品分两次各按 50% 进行摊销。五五摊销法通常适用于各月领用和报废比较均衡、各月摊销额相差不多的低值易耗品，如客房床上用品、其他耐用品等。

领用时应按其账面价值，借记"周转材料——在用"账户，贷记"周转材料——在库"账户；领用时摊销其账面价值的一半，借记"管理费用""销售费用"等账户，贷记"周转材料——摊销"账户。

报废时再摊销其账面价值的另一半，借记"管理费用""销售费用"等账户，贷记"周转材料——摊销"账户；同时，按报废低值易耗品的残料价值，借记"原材料"等账户，贷记"管理费用""销售费用"等账户；并转销全部已提摊销额，借记"周转材料——摊销"账户，贷记"周转材料——在用"账户。

【例 3-20】11 日，东方酒店餐饮部领用餐具 10 000 元。按五五摊销法应编制如下会计分录：

领用时：

借：周转材料——在用 10 000
　贷：周转材料——在库 10 000

领用时摊销：

借：销售费用——餐饮部——餐具 5 000
　贷：周转材料——摊销 5 000

【例 3-21】假设 2021 年 12 月，该批低值易耗品报废，残料价值 500 元，应编制如下会计分录：

摊销账面价值的另一半：

借：销售费用——餐饮部——餐具 5 000
　贷：周转材料——摊销 5 000

收回残料：

借：原材料 500
　贷：销售费用——餐饮部——餐具 500

结转低值易耗品摊销额：

借：周转材料——摊销　　　　　　　　　　　　　　　10 000

　　贷：周转材料——在用　　　　　　　　　　　　　　　　　10 000

3.库存商品销售成本的核算

【例 3-22】31 日，东方酒店结转本月销售的各种烟酒等商品的成本共计 25 000 元。该项经济业务应编制如下会计分录：

借：主营业务成本　　　　　　　　　　　　　　　　　25 000

　　贷：库存商品——烟酒等　　　　　　　　　　　　　　　　25 000

（三）结存存货的核算

企业在对存货进行清查时，发现存货盘盈、盘亏或毁损等情况，应及时查明原因，并根据审批权限，在期末结账前进行处理。具体账务处理见本书第六章"财产清查"中财产清查结果的账务处理部分。

第四节　酒店经营业务的核算

一、酒店经营业务核算的主要内容

（一）酒店的营业收入

1.酒店营业收入的定义及内容

酒店的营业收入，是酒店销售产品和提供劳务而获得的货币收入。它是企业经营成果的货币表现，是企业的一项重要财务指标。它分为基本业务收入和其他业务收入。基本业务收入是由企业的主要业务经营活动所带来的收入，又称为主营业务收入，是营业收入的主要部分。其他业务收入是企业主营业务之外不单独核算的其他业务或附属经营业务所发生的收入，是营业收入的次要部分，具有不稳定的特点，如酒店的固定资产出租、无形资产使用权转让和包装物出租等收入。

酒店的主营业务收入主要有客房收入、餐饮收入、康乐收入、酒吧收入等，而客房收入又可细分为房租费收入、加床收入、电话费收入、洗衣费收入、迷你吧收入、杂项收入等。

2.酒店营业收入的确认

旅游企业会计制度规定，各类旅游企业发生的营业收入，一律按照权责发生制进行确认。酒店营业收入也是按照权责发生制的原则由营业实现来确定的。营业实现有两个标志：一是商品物资所有权的转移，对服务经营来说是劳务、服务已提供；二是收到款项或取得索取款项的权利。因此，酒店业通常在收到货款或取得了货款凭据时确认营业收入，先服务后收款的服务业是在提供了服务时确认营业收入。

（二）酒店的成本费用

酒店的成本和费用项目一般是按费用要素进行划分，即分为主营业务成本、销售费用、辅助营业支出、管理费用和财务费用五项。其中，辅助营业支出在期末要分配摊入各项销售费用中。主营业务成本和销售费用用于核算企业各营业部门的成本费用开支。管理费用是指旅游企业管理部门为组织和管理其经营活动而发生的各种费用。财务费用是指企业为筹集和调度其经营所需资金而发生的一般性费用，包括利息收支、汇兑损益、支付金融机构手续费等。

1. 酒店的主营业务成本核算的具体内容

酒店的主营业务成本主要核算酒店的餐饮营业成本，包括餐厅、酒吧、咖啡厅等部门在经营中耗用的各种食品原材料、饮料、调料、配料等的实际成本。与客房有关的支出不计入主营业务成本，计入销售费用。

2. 酒店销售费用核算的具体内容

（1）职工薪酬：包括职工工资、职工福利费等。职工工资是指营业部门管理人员和服务人员的工资，根据有关规定计提。职工福利费是指按国家规定企业应支付给营业部门职工的交通费、独生子女费、书报费、探亲路费等各项费用。

（2）工作餐费：指企业按规定为营业部门职工提供工作餐而支付的费用。

（3）低值易耗品：包括包装费、低值易耗品摊销等。包装费是指旅游服务企业在销售商品等经营活动中发生的包装物品开支。低值易耗品摊销是指企业营业部门使用的低值易耗品摊入本期的金额。

（4）保管费：指旅游服务企业为客人提供行李、服装等物品的保管服务而发生的开支。

（5）展览费：指企业为举办展览而发生的开支。

（6）清洁卫生费：指宾馆、饭店、酒店、酒楼等企业为保持服务场所和设备的清洁卫生而发生的开支。

（7）折旧费：指根据为企业提供经营服务的固定资产和有关规定计提的折旧。

（8）燃料费：指餐饮部门烹饪食品实际支付的煤气费用，客车出租等所耗用汽油、柴油的实际支出等。

（9）水电费：指企业内部各营业部门实际水电费支出。

（10）工作服费：指各营业部门职工的工作服支出。

（11）洗涤费：指企业为各营业部门洗涤窗帘、桌布、制服等各种织物的开支。

（12）租赁费：指营业部门向外单位租赁财产支付的费用，包括租赁的固定资产改良和大修理工程的支出。

（13）劳保用品费：指各营业部门职工所需的劳保用品支出。

（14）保险费：指各营业部门向保险公司投保支付的费用。

（15）邮电费：指营业部门实际支付的邮寄、电话费。

（16）差旅费：指营业部门职工出差费用。

（17）运杂费：指营业部门购买物品支付的运输费、装卸费、包装费等开支。

（18）手续费：指营业部门在经营过程中支付给其他单位代销、代营的手续费。

（19）广告费：指为推广业务发生的各项支出。

（20）修理费：指营业部门财产修理的支出。

3.酒店管理费用核算的具体内容

酒店管理费用除管理部门发生的费用外，还有一些不便直接分摊确认的由酒店统一负担的费用。其主要项目有公司经费、工会经费、职工教育经费、五险一金（包括工伤保险费、医疗保险费、养老保险费、失业保险费、生育保险费、住房公积金）、董事会费（包括董事会成员津贴、会议费和差旅费等）、外事费、租赁费、咨询费、聘请中介机构费、诉讼费、绿化费、土地损失补偿费、技术转让费、研究开发费、交际应酬费、上级管理费、无形资产摊销、开办费摊销、存货盘亏或毁损、管理部门发生的其他费用等。

（1）公司经费是指行政管理部门职工薪酬、工作餐费、水电费、燃料费、折旧费、服装费、办公费、差旅费、会议费、低值易耗品摊销、修理费及其他行政费等。

（2）工会经费是指企业按职工工资总额的2%提取的拨交工会的经费。

（3）职工教育经费指企业按职工工资总额的8%提取的，用于职工学习先进技术和提高文化知识而支付的经费。

（4）外事费是指出国展览、推销、考察、实习培训和接待外宾所发生的费用。

（5）交际应酬费是指企业在业务交往过程中支出的业务招待费用。根据税法规定："企业发生的与生产经营活动有关的业务招待费支出，按照发生额的60%扣除，但最高不得超过当年销售（营业）收入的5‰。"例如，公司2023年度营业收入1 000万元，发生业务招待费10万元，允许税前扣除的与生产经营活动有关的业务招待费支出为5万元。

二、酒店经营业务核算的账户设置

（一）"主营业务收入"账户

"主营业务收入"账户属于损益类账户，用于核算企业确认销售商品、提供劳务等主营业务的收入，具体包括旅游企业的客房收入、餐馆收入、车队收入、其他收入等；贷方登记企业销售商品或提供劳务实现的收入，借方登记期末转入"本年利润"账户的数额，结转后，该账户无期末余额。该账户可按主营业务的种类进行明细核算。

"主营业务收入"账户的结构用T形账户列示如下：

借方　　　　　　　　　　　　　　　主营业务收入　　　　　　　　　　　　　贷方	
期末转入"本年利润"账户的数额	企业销售商品或提供劳务实现的收入

（二）"应收账款"账户

"应收账款"账户属于资产类账户，用于核算企业因销售商品、提供劳务等经营活动应收取的款项。借方登记企业因销售商品、提供劳务等经营活动发生的应收账款，贷方登记收回的应收账款，期末为借方余额，反映企业尚未收回的应收账款，期末如为贷方余额，反映企业预收的账款。该账户可按债务人进行明细核算。

"应收账款"账户的结构用T形账户列示如下：

借方	应收账款	贷方
发生的应收账款	实际收回的应收账款	
期末余额：企业尚未收回的应收账款	期末余额：企业预收的账款	

(三)"应收票据"账户

"应收票据"账户属于资产类账户，用于核算企业因销售商品、提供劳务等而收到的商业汇票，包括银行承兑汇票和商业承兑汇票。借方登记收到的商业汇票，贷方登记已转让、贴现或到期的商业汇票，期末余额在借方，反映企业持有的商业汇票的票面金额。该账户可按开出、承兑商业汇票的单位进行明细核算。

"应收票据"账户的结构用 T 形账户列示如下：

借方	应收票据	贷方
收到的商业汇票	已转让、贴现或到期的商业汇票	
期末余额：企业持有的商业汇票的票面金额		

(四)"预收账款"账户

"预收账款"账户属于负债类账户，用于核算企业按照合同规定预收的款项，预收账款情况不多的，也可以不设置本账户，将预收的款项直接记入"应收账款"账户。借方登记已实现的收入预收款，贷方登记企业向客户预收的款项。期末贷方余额，反映企业预收的款项；期末如为借方余额，反映企业尚未转销的款项。该账户可按购货单位进行明细核算。

"预收账款"账户的结构用 T 形账户列示如下：

借方	预收账款	贷方
已实现的收入预收款	企业向客户预收的款项	
期末余额：企业尚未转销的款项	期末余额：企业预收的账款	

(五)"累计折旧"账户

"累计折旧"账户是资产类抵减账户，用来核算固定资产因磨损而减少的价值。借方登记固定资产已提累计折旧的减少数，贷方登记按月计提的固定资产折旧额，其贷方余额表示企业现有固定资产的累计折旧总额。

"固定资产"账户的借方余额减去"累计折旧"账户的贷方余额，即为固定资产的净值（折余价值）。

"累计折旧"账户的结构用 T 形账户列示如下：

借方	累计折旧	贷方
固定资产已提累计折旧的减少数	按月计提的固定资产折旧额	
	期末余额：企业现有固定资产的累计折旧总额	

（六）"应付职工薪酬"账户

"应付职工薪酬"账户属于负债类账户，用于核算企业根据有关规定应付给职工的各种薪酬。借方登记企业已支付的职工薪酬，贷方登记企业发生的职工薪酬。期末余额在贷方，反映企业应付未付的职工薪酬。该账户可按"工资""职工福利""社会保险费""住房公积金""工会经费""职工教育经费""非货币性福利""辞退福利""股份支付"等进行明细核算。

"应付职工薪酬"账户的结构用T形账户列示如下：

借方	应付职工薪酬	贷方
企业已支付的职工薪酬	企业发生的职工薪酬	
	期末余额：企业应付未付的职工薪酬	

"主营业务成本""销售费用""管理费用""财务费用"等账户在本章的前几节已阐述，在此不再重复。

三、酒店经营业务收入和成本费用的核算

（一）收入的核算

酒店销售商品或提供劳务实现的收入，按实际收到或应收的金额，借记"银行存款""应收账款""应收票据""预收账款"等账户，按确认的营业收入，贷记"主营业务收入"账户。

1.酒店客房营业收入的核算

酒店客房营业收入的核算是根据总台结账处每个营业日结束后的"营业日报表"来进行的。具体做法是：总台结账处的所有客账经过夜间审核员审核后，做出"营业日报表"，结过账的原始凭证、营业收入日报表等经过再审核后，送交财会部门做收入账。酒店客房收入的核算方法根据房费收款方式不同而有所区别，主要有应收制、预收制和现收制三种方式。

（1）应收制。应收制是指客人入住酒店后，先不支付房费，在酒店为客人提供服务后，定期或离店时一次性向客人结清账款。采用这种收款方式，每天应根据总台结账处编制的"客房营业日报表"按实际应收客房租金借记"应收账款——客房欠款"账户，贷记"主营业务收入"账户；收到欠款时，借记"银行存款""库存现金"账户，贷记"应收账款——客房欠款"账户。

【例3-23】东方酒店财务部12月5日收到总台结账处转来的"客房营业日报表"，当日应收房费70 000元（不含税），应收增值税4 200元。当日已收款：现金40 000元，支票34 200元。财会部门根据有关凭证编制会计分录如下：

借：应收账款——客房欠款　　　　　　　　　　　　　　　　　74 200
　　贷：主营业务收入——客房收入　　　　　　　　　　　　　　70 000
　　　　应交税费——应交增值税（销项税额）　　　　　　　　　4 200

同时，编制如下会计分录：

借：库存现金   40 000

    银行存款   34 200

  贷：应收账款——客房欠款   74 200

（2）预收制。预收制是指为客人提供服务前，根据客人预期的住店天数，预收部分或全部房费。当财务部门根据总台结账处转来的"营业收入日报表"及有关凭证，并按预收金额和银行进账单回单做账时，借记"库存现金"或"银行存款"账户，贷记"预收账款"或"应收账款"账户。将日报表中属于客人当天应付房费部分列作当日营业收入，并核销预收款，借记"预收账款"或"应收账款"账户，贷记"主营业务收入"账户。如果客人已住满预订天数但未离店，应由其续付房费。

【例 3-24】东方酒店财务部 12 月 6 日预收房费 20 000 元，其中现金 13 600 元，支票 6 400 元。12 月 7 日的营业收入日报表中显示，当日的应收房费为 15 000 元（不含税），应收增值税 900 元。根据有关凭证编制如下会计分录：

预收房费时：

借：库存现金   13 600

    银行存款   6 400

  贷：预收账款——预收房费   20 000

根据当日（7 日）应收房费作营业收入处理时：

借：预收账款——预收房费   15 900

  贷：主营业务收入——客房收入   15 000

      应交税费——应交增值税（销项税额）   900

（3）现收制。现收制是指向客人提供服务的同时收取房费，即以实际收到现款作为营业收入处理。财会部门以每日总台收到的现款作为酒店当日客房收入，借记"库存现金"或"银行存款"账户，贷记"主营业务收入"账户。

实际工作中，三种结算方式经常结合使用。

【例 3-25】东方酒店 12 月 10 日营业收入日报表如表 3-4 所示。

根据 12 月 10 日客房营业收入日报表以及说明编制如下会计分录：

12 月 9 日预收房费：

借：库存现金   6 500

  贷：预收账款——预收房费   6 500

12 月 10 日结算：

借：预收账款——预收房费   6 500

    库存现金   1 492

    应收账款——苏州旅行社   1 000

          ——张三   300

    管理费用——招待费   530

```
贷：主营业务收入——房金                                    8 800
              ——酒水等                                    200
              ——洗衣                                      100
              ——电话                                      100
              ——其他——赔偿收入                            50
    应交税费——应交增值税（销项税额）                        572
```

表3-4 **客房营业收入日报表**

2023 年 12 月 10 日　　　　　　　　　　　　　　　　　单位：元

今日应收		结算	
项目	金额（含税）	项目	金额（含税）
房金 其中：招待房金（视同销售）	9 010 530	预收款	6 500
加床	318	当日现金收入	1 492
酒水、食品（迷你吧）	226	招待	530
电话	109	挂账	1 300
洗衣	106	合计	9 822
赔偿	53	挂账客户	
应收合计	9 822	单位或姓名	金额
附注	今日可出租房　　　间 今日实际出租房　　　间 出租率　　　% 今日维修房　　　间 今日空房　　　间	苏州旅行社 张三	1 000 300

客房部主管：李欣　　　　　　　　　　　制表：童瑶

说明：（1）表中预收款6 500元均为12月9日收取的押金。

（2）电话费收入作为兼营收入，按照"基础电信服务"9%的税率计税；支付的电话费作为销售费用。

（3）洗衣房属于客房部，在此洗衣收入作为客房部收入的一部分。

（4）客人支付的物品损坏赔款收入，按住宿、餐饮服务取得的价外费用核算，适用6%税率。

（5）接待房金视同销售，增加收入的同时增加管理费用。

（6）除迷你吧酒水和食品销售按13%、电话费收入按9%税率计算增值税外，其余按6%税率计算。

2.酒店餐饮部收入的核算

酒店餐饮部收入的核算有柜台统一开票、服务员开票收款和先就餐后结算等方式。

（1）柜台统一开票。客人在用餐前先到总台购买专用的定额小票或购买固定品名的筹码，然后凭专用定额小票或筹码领取食品，也可由服务员根据小票的编号和顾客手中的副联票签对号后送至桌上。定额小票系一次性使用，而筹码可循环使用。因此，要加强回收和领用手续的管理。营业结束后，总台收款员要填制售货日报表，经服务员核对签章后，连同营业款一起交给财会部门。

（2）服务员开票收款。服务员到桌边，先由顾客点菜，再开票、收款，然后由服务员负责到总台结算，收款员在小票上签章后，一联由服务员送至厨房领菜，另一联留存。待营业结束后，服务员与收款员分别统计所收的金额，核对无误后，由服务员在收款员的"收款核对表"上签字证明。

（3）先就餐后结算。顾客入座点菜后，由服务员填写小票一式四联，一联交餐厅收银台登记台账，一联交厨房配菜，一联留顾客，一联服务员自留便于送菜和查收。营业结束后，收银台、厨房、服务员分别核对菜单并结算销售额，三方核对相符后，共同在汇总表上签字证明。

餐饮部实现的各种营业收入，无论采用上述哪种结算方式，均应按实际价格入账，借记"库存现金""银行存款""应收账款"等账户，贷记"主营业务收入"账户。

【例 3-26】东方酒店餐饮部报来当日营业日报表及内部缴款单，其中餐费收入 7 000元，服务收入 1 500 元，增值税税额 510 元。根据有关凭证编制如下会计分录：

借：库存现金　　　　　　　　　　　　　　　　　　　　　　　9 010
　　贷：主营业务收入——餐费收入　　　　　　　　　　　　　　7 000
　　　　　　　　　　　——服务收入　　　　　　　　　　　　　1 500
　　　　应交税费——应交增值税（销项税额）　　　　　　　　　　510

【例 3-27】东方酒店为甲单位预订宴席两桌，每桌 1 500 元，预收定金 500 元。根据有关凭证编制如下会计分录：

借：库存现金　　　　　　　　　　　　　　　　　　　　　　　　500
　　贷：预收账款——甲单位　　　　　　　　　　　　　　　　　　500

宴会结束，两桌宴席价款为 3 000 元，外加烟、酒、饮料 1 000 元，共计 4 000 元，增值税税额 240 元，扣除定金后，收到现金 3 740 元，根据有关凭证编制如下会计分录：

借：库存现金　　　　　　　　　　　　　　　　　　　　　　　3 740
　　预收账款——甲单位　　　　　　　　　　　　　　　　　　　500
　　贷：主营业务收入——餐饮收入　　　　　　　　　　　　　　4 000
　　　　应交税费——应交增值税（销项税额）　　　　　　　　　　240

【例 3-28】东方酒店餐饮部 12 月 15 日营业收入日报表如表 3-5 所示：

表 3-5　　　　　　　　　　　　餐饮部营业收入日报表
　　　　　　　　　　　　　　　　2023 年 12 月 15 日
　　　　　　　　　　　　　　　　　　　　　　　　　　　　　　金额单位：元

项目及餐别	用餐台数及人数		菜品（含冷菜）	海鲜	主食（含面点）	酒水	合计（含税）	结算				
	台数	人数						现金	餐券	挂账	招待	合计
早餐	40	108	1 000		500		1 500	500	1 000			1 500
中餐	45	253	2 820	960	480	2 100	6 360	5 200		1 160		6 360
晚餐	50	280	4 300	2 150	510	2 700	9 660	7 500		660	1 500	9 660
本日合计	135	641	8 120	3 110	1 490	4 800	17 520	13 200	1 000	1 820	1 500	17 520
挂账	转外账	苏州旅行社	1 820									
餐券	寓客	客房	1 000									

财务部根据 12 月 15 日餐饮部营业日报表编制如下会计分录：

借：库存现金　　　　　　　　　　　　　　　　　　　　　　13 200
　　应收账款——苏州旅行社　　　　　　　　　　　　　　　1 820
　　其他应收款——客房　　　　　　　　　　　　　　　　　1 000
　　管理费用——招待费　　　　　　　　　　　　　　　　　1 500
　　贷：主营业务收入——菜品　　　　　　　　　　　　　　　　　7 660
　　　　　　　　　　——海鲜　　　　　　　　　　　　　　　　2 934
　　　　　　　　　　——主食　　　　　　　　　　　　　　　　1 406
　　　　　　　　　　——酒水　　　　　　　　　　　　　　　　4 528
　　　　应交税费——应交增值税（销项税额）　　　　　　　　　　992

注：（1）餐券是客房部为客人提供的免费早餐券，客人用餐券消费时，餐饮部借记"其他应收款——客房部"账户，贷记"主营业务收入——餐饮收入"账户；客房部借记"库存现金"等账户，贷记"其他应收款——客房"账户，即该餐费由餐饮部确认收入，客房部不计入收入，以其他应收款冲减。

（2）上述酒水为用餐时提供的而非单独销售，故一并按餐饮服务 6% 计算增值税销项税额。

（3）招待餐费视同销售增加收入的同时增加管理费用。

（二）酒店成本费用的核算

1.主营业务成本的核算

酒店领用食品原材料或购入鲜活食品时发生的餐饮成本，借记"主营业务成本"账户，贷记"原材料""库存现金""银行存款"等账户。

【例 3-29】东方酒店餐饮部 12 月份领用大米、面粉等粮食类原材料 5 000 元，购入蔬菜等鲜活类食品 20 000 元（不含税），增值税税额 1 800 元，货款以库存现金支付。编制会计分录如下：

借：主营业务成本　　　　　　　　　　　　　　　　　　　25 000
　　应交税费——应交增值税（进项税额）　　　　　　　　　1 800
　　贷：原材料　　　　　　　　　　　　　　　　　　　　　　5 000
　　　　库存现金　　　　　　　　　　　　　　　　　　　　21 800

2.期间费用的核算

酒店业各营业部门（包括餐饮部、客房部等）发生的费用除上述记入"主营业务成本"账户以外，其余费用均记入"销售费用"账户，如餐饮部发生的各种费用除能够对象化的原材料和库存商品成本等记入"主营业务成本"账户外，其余均记入"销售费用"账户，客房部和营销部门发生的各项费用均记入"销售费用"账户；酒店行政管理部门发生的各项费用记入"管理费用"账户；酒店发生的利息支出、汇兑损益、支付金融机构手续费等记入"财务费用"账户。现以东方酒店 2019 年 12 月份发生的经济业务为例说明期间费用的核算。

【例 3-30】东方酒店 12 月份发生以下与期间费用有关的经济业务：

（1）以现金支付员工工作服费50 000元，其中客房部门负担15 000元，餐饮部门负担15 000元，营销部门负担5 000元，管理部门负担15 000元。

（2）以现金支付员工工作服洗涤费1 000元，其中客房部门负担300元，餐饮部门负担300元，营销部门负担100元，管理部门负担300元。

（3）以银行存款支付电费取得增值税专用发票，不含税价款15 000元，增值税税额1 950元。其中客房部门负担6 000元，餐饮部门负担6 000元，营销部门负担1 000元，管理部门负担2 000元。

（4）客房、餐饮部门分别领用一次摊销的低值易耗品1 500元和2 000元。

（5）行政管理部门购置办公用品500元，以现金支付。

（6）办公室李娟出差预借差旅费2 000元，财务部门以现金支付。

（7）当月应计提的折旧费100 000元，其中客房部门负担55 000元，餐饮部门负担40 000元，营销部门负担1 000元，行政管理部门承担4 000元。

（8）分配本月职工工资共计200 000元，其中客房部门职工工资80 000元，餐饮部门职工工资70 000元，营销部门职工工资10 000元，行政管理部门职工工资40 000元。

（9）按工资总额的14%计提职工福利费。

（10）按工资总额的2%计提工会经费，按工资总额的8%计提职工教育经费。

（11）当月银行存款利息收入1 800元，另外，短期借款当月应支付利息5 000元。

（12）支付员工培训费2 000元，以库存现金支付。

（13）以银行存款支付报纸杂志费1 200元。

（14）办公室李娟出差报销差旅费1 800元，多余现金退回财务部门。

（15）以现金支付业务招待费1 400元。

根据上述资料编制会计分录。

（1）借：销售费用——客房部门——工作服费　　　　　　　15 000

　　　　　　　——餐饮部门——工作服费　　　　　　　15 000

　　　　　　　——营销部门——工作服费　　　　　　　5 000

　　　管理费用——工作服费　　　　　　　　　　　　　15 000

　　　　贷：库存现金　　　　　　　　　　　　　　　　　　　50 000

（2）借：销售费用——客房部门——洗涤费　　　　　　　　300

　　　　　　　——餐饮部门——洗涤费　　　　　　　　300

　　　　　　　——营销部门——洗涤费　　　　　　　　100

　　　管理费用——洗涤费　　　　　　　　　　　　　　300

　　　　贷：库存现金　　　　　　　　　　　　　　　　　　　1 000

（3）借：销售费用——客房部门——电费　　　　　　　　　6 000

　　　　　　　——餐饮部门——电费　　　　　　　　　6 000

　　　　　　　——营销部门——电费　　　　　　　　　1 000

　　　管理费用——电费　　　　　　　　　　　　　　　2 000

　　　应交税费——应交增值税（进项税额）　　　　　　1 950

　　　　贷：银行存款　　　　　　　　　　　　　　　　　　　　　16 950

（4）借：销售费用——客房部门——周转材料（摊销）　　　　　　 1 500

　　　　　　　　 ——餐饮部门——周转材料（摊销）　　　　　　 2 000

　　　　贷：周转材料　　　　　　　　　　　　　　　　　　　　　 3 500

（5）借：管理费用——办公费　　　　　　　　　　　　　　　　　　　 500

　　　　贷：库存现金　　　　　　　　　　　　　　　　　　　　　　 500

（6）借：其他应收款——李娟　　　　　　　　　　　　　　　　　　 2 000

　　　　贷：库存现金　　　　　　　　　　　　　　　　　　　　　 2 000

（7）借：销售费用——客房部门——折旧费　　　　　　　　　　　　55 000

　　　　　　　　 ——餐饮部门——折旧费　　　　　　　　　　　　40 000

　　　　　　　　 ——营销部门——折旧费　　　　　　　　　　　　 1 000

　　　　管理费用——折旧费　　　　　　　　　　　　　　　　　　 4 000

　　　　贷：累计折旧　　　　　　　　　　　　　　　　　　　　　100 000

（8）借：销售费用——客房部门——工资　　　　　　　　　　　　　80 000

　　　　　　　　 ——餐饮部门——工资　　　　　　　　　　　　　70 000

　　　　　　　　 ——营销部门——工资　　　　　　　　　　　　　10 000

　　　　管理费用——工资　　　　　　　　　　　　　　　　　　　40 000

　　　　贷：应付职工薪酬——工资　　　　　　　　　　　　　　　200 000

（9）借：销售费用——客房部门——职工福利费　　　　　　　　　　11 200

　　　　　　　　 ——餐饮部门——职工福利费　　　　　　　　　　 9 800

　　　　　　　　 ——营销部门——职工福利费　　　　　　　　　　 1 400

　　　　管理费用——福利费　　　　　　　　　　　　　　　　　　 5 600

　　　　贷：应付职工薪酬——职工福利费　　　　　　　　　　　　 28 000

（10）借：管理费用——工会经费　　　　　　　　　　　　　　　　 4 000

　　　　　　　 ——职工教育经费　　　　　　　　　　　　　　　 16 000

　　　　贷：应付职工薪酬——工会经费　　　　　　　　　　　　　 4 000

　　　　　　　 ——职工教育经费　　　　　　　　　　　　　　　 16 000

（11）借：银行存款　　　　　　　　　　　　　　　　　　　　　　 1 800

　　　　财务费用——利息支出　　　　　　　　　　　　　　　　　 5 000

　　　　贷：应付利息　　　　　　　　　　　　　　　　　　　　　 5 000

　　　　　　 财务费用——利息收入　　　　　　　　　　　　　　　 1 800

（12）借：应付职工薪酬——职工教育经费　　　　　　　　　　　　 2 000

　　　　贷：库存现金　　　　　　　　　　　　　　　　　　　　　 2 000

（13）借：管理费用——办公费　　　　　　　　　　　　　　　　　 1 200

　　　　贷：银行存款　　　　　　　　　　　　　　　　　　　　　 1 200

（14）借：管理费用——差旅费　　　　　　　　　　　　　　　　　 1 800

　　　　库存现金　　　　　　　　　　　　　　　　　　　　　　　　 200

　　　　贷：其他应收款——李娟　　　　　　　　　　　　　　　　　2 000
　　（15）借：管理费用——业务招待费　　　　　　　　　　　　　1 400
　　　　　　贷：库存现金　　　　　　　　　　　　　　　　　　　1 400

第五节　旅行社及商场经营业务的核算

一、旅行社经营业务的核算

（一）旅行社的种类

　　旅行社是以营利为目的、专门从事旅游业务的机构，即为旅游者代办出入境和签证手续，招徕、接待旅游者旅游，为旅游者安排食宿等有偿服务的机构。旅行社按其经济业务范围不同分为国际旅行社和国内旅行社；按其提供的服务形式不同分为组团社和接团社。

　　（1）组团社的任务是从国内或国外组织旅游团队，为旅游者办理出入境手续、保险，安排游览计划，并选派翻译导游人员随团为旅游者提供服务。

　　（2）接团社的任务是为旅游者在某一地区旅游提供翻译、导游，安排旅游者的参观游览日程，并为之订房、订餐及订机票、车票，为地接旅游做好安排。

　　一个旅行社既可以是组团社，又可以是接团社。当接团社下达结算通知单给组团社的时候，接团社的收入就是组团社的成本。

（二）旅行社旅游价格的制定

　　旅行社旅游价格的制定有如下几种方法：

1.全包价法

　　全包价法是指事先按旅游团人数计算用餐、住宿、交通、门票和导游的总开支，乘以"1+外加毛利率（一般为6%～7%）"，再计算出每位旅行者应承担的开支。

开支总和=餐费+住宿费++交通费+门票+导游费+其他

应收旅游费总额=开支总和×（1+外加毛利率）

每个旅行者旅游费金额=应收旅游费总额÷总人数

2.半包价法

　　半包价法是指在全包价基础上，扣除午餐、晚餐费用的包价形式，其目的在于降低产品的直观价格，提高产品的竞争力，同时也可更好地满足游客在用餐方面的要求。

3.小包价法

　　小包价法又称选择性旅游。游客预付的部分仅包括房费、早餐、接送服务、国内城市间交通费及手续费，其余部分在当地现付。小包价游客可根据自己的时间、兴趣和经济情况自由选择导游、风味餐、节目欣赏和参观游览项目等。

4.单项委托服务价格法

　　单项委托服务是旅行社根据游客的具体要求而提供的各种有偿服务。旅行社提供的单项服务主要有：导游服务、接送服务、订房服务、订票服务、订车服务、代订参观游览服务、代办签证服务、代办旅游全员保险服务、提取及托运行李服务、全程陪同服务、代客回电服务等。

（三）旅行社营业收入和成本的核算

1.旅行社营业收入的内容

旅行社的营业收入主要有组团外联收入、综合服务收入、零星服务收入、地游及加项收入、劳务收入、票务收入等。

（1）组团外联收入，是指一次性向旅游者收取的费用。

（2）综合服务收入，是指由组团社拨付给接团社，再由接团社支付给相关饭店、餐馆、车船公司、旅游景点等的款项，也称为组团社的综合服务成本。

（3）零星服务收入，是指接待零星散客和承办委托服务事项取得的收入。

（4）地游及加项收入，是指旅游者要求提供额外的服务，据此收取的收入。

（5）劳务收入，是指旅行社向其他旅行社提供的当地或全程导游、翻译人员所取得的收入。

（6）票务收入，是指旅行社代办国内外客票所取得的收入。

2.旅行社营业收入的确认

旅行社营业收入的确认应遵循权责发生制原则。旅行社（不论是组团社还是接团社）组织境外旅游者到国内旅游应在旅行团离境（或离开本地）时确认营业收入的实现；旅行社组织国内旅游者到境外旅游，应在旅行团旅行结束返回时确认营业收入的实现；旅行社组织国内旅游者在国内旅游，也应在旅行团旅行返回时确认营业收入的实现。旅行社的各项代收代付费用，应全部计入其他应收款。

3.旅行社营业成本的内容

旅行社的营业成本，是指特定的各项服务过程中发生的各种直接支出。对于组团社而言，营业成本是指组团社向旅游团体收取但在以后需要拨付给接团社的各项直接支出；对于接团社而言，营业成本则是要付给为客人提供食宿、交通、游览等服务部门的各项直接支出。因此，旅行社的营业成本是指直接用于接待旅游团队，为其提供各项服务所支付的费用。具体内容包括：

（1）组团外联成本。它是指由组团社自组外联接待包价旅游团体或个人按规定开支的房费、餐费、旅游交通费、陪同费、文杂费和其他费用。

（2）综合服务成本。它是指旅行社接待包价旅游团体或个人按规定开支的住房费、餐费、旅游交通费、陪同费、文杂费和其他费用。

（3）零星服务成本。它是指接待零星旅游者和受托代办事项而支付的费用。

（4）劳务成本。它是指旅行社派出翻译、导游人员或聘请兼职导游人员参加全程陪同而支付的费用。

（5）票务成本。它是指旅行社办理代售国际联运客票和国内客票而发生的订票手续费、包车费用和退票损失等。

（6）地游及加项成本。它是指接待旅游者计划外增加游览项目和风味餐等发生的费用。

（7）其他服务成本，如签证费。它是指不属于以上各项的其他服务成本。

4.旅行社营业成本的确认

组团社根据所接待旅行团的人数和旅行天数，计算出全部的旅行费用，并依据权责发生制原则，确定本月应发生的成本。

接团社的成本是指支付给为旅行团（者）提供服务的各饭店、餐馆、车队等接待单位的实际支出。一家接待单位有可能为不同的旅行团提供相同的服务，因此接团社在与各接待单位进行核算的时候，要按成本核算对象进行归集。

5.旅行社营业收入、成本及增值税的核算

（1）旅行社发票开具方式及增值税的计算

根据财税〔2016〕36号文件规定，营改增试点纳税人提供旅游服务，可以选择以取得的全部价款和价外费用，扣除向旅游服务购买方收取并支付给其他单位或者个人的住宿费、餐饮费、交通费、签证费、门票费和支付给其他接团旅游企业的旅游费用后的余额为销售额。发票开具方式有两种：

①以取得的全部价款和价外费用全额开具增值税普通发票。

②以取得的全部价款和价外费用，扣除向旅游服务购买方收取并支付给其他单位或者个人的住宿费、餐饮费、交通费、签证费、门票费和支付给其他接团旅游企业的旅游费用后的余额开具增值税专用发票，扣除部分开具增值税普通发票。

国家税务总局2016年第23号公告规定，按照现行政策规定适用差额征税办法缴纳增值税，且不得全额开具增值税专用发票的（财政部、国家税务总局另有规定的除外），纳税人自行开具或者税务机关代开增值税专用发票时，通过系统中差额征税开票功能，录入含税销售额和扣除额，系统自动计算税额和不含税金额，备注栏自动打印"差额征税"字样，发票开具不应与其他项目混开。

一般纳税人（年不含税的全部价款和价外费用总额大于或等于500万元）：

应纳增值税额=销项税额−进项税额=差额销售额÷（1+6%）×6%−可抵扣的进项税额

=（全部价款和价外费用−可扣减成本）÷（1+6%）×6%−可抵扣的进项税额

小规模纳税人（年不含税的全部价款和价外费用总额小于500万元且会计核算不健全）：

应纳增值税额=（全部价款和价外费用−可扣减成本）÷（1+3%）×3%

可扣减的成本应当取得符合法律、行政法规和国家税务总局规定的有效凭证；否则，不得扣除。可扣减成本的"有效凭证"中如果有适用税率分别为3%、6%、13%等不同税率的发票，在差额征税计算可扣除的成本时应以汇总成本金额÷（1+6%）×6%来扣除。可扣除的项目取得的增值税扣税凭证，其进项税额不得从销项税额中抵扣。可抵扣的进项税额是指取得的日常经营中的办公用品、电话费、固定资产、无形资产或房屋等增值税专用发票中的税额。小规模纳税人不能抵扣进项税额。

有效凭证包括：

① 支付给境内单位或者个人的款项，以发票为合法有效凭证。

② 支付给境外单位或者个人的款项，以该单位或者个人的签收单据为合法有效凭证，税务机关对签收单据有疑义的，可以要求其提供境外公证机构的确认证明（可以以收据入

账并抵扣成本）。

③缴纳的税款，以完税凭证为合法有效凭证。

④扣除的政府性基金、行政事业性收费或者向政府支付的土地价款，以省级以上（含省级）财政部门监（印）制的财政票据为合法有效凭证。

⑤国家税务总局规定的其他凭证。

如果旅游企业是增值税一般纳税人，在实务操作中由于"有效凭证"中的增值税进项税额不得抵扣，因此建议取得的上述发票最好为普通发票。如果取得的是增值税专用发票，则需要认证后作进项税额转出，否则就会导致税务系统出现大量的流失票。因此选择上述办法计算销售额的纳税人，向旅游服务购买方收取并支付的上述费用，不得开具增值税专用发票，可以开具增值税普通发票。

（2）旅行社收入、成本和增值税的账务处理。

旅行社营业收入的结算方式有预收制、现收制和应收制。

①预收制。预收制是指在为旅游者提供服务前，先全部或部分收取服务费。预收方式一般在旅行社组团社、接外国团的接团社中采用。

在预收制下，组团社预先向旅游者收取旅游费用，在旅游团返回时确认营业收入。预收旅游费用时，借记"库存现金"账户，贷记"预收账款"账户。组团社根据旅游团返回时的实际情况补收或退还旅游费用。

②现收制。现收制是在为旅游者提供服务时收取费用。一般零散服务或者费用金额较小时，多采用这种方式。

③应收制。应收制是指向客人提供服务后，一次性或定期地进行核算。这种收款方式多用于旅行社间的收付。

在应收制下，接团社根据组团社拨款标准及规定报送"结算通知单"时，借记"应收账款"账户，贷记"主营业务收入"和"应交税费——应交增值税（销项税额）"账户，主营业务收入核算旅行社收取的不含税的全部价款和价外费用。实际收到组团社的拨款时，借记"银行存款"账户，贷记"应收账款"账户。

旅行社向旅游服务购买方收取并支付给其他单位或者个人的住宿费、餐饮费、交通费、签证费、门票费和支付给其他接团旅游企业的旅游费用，借记"主营业务成本"账户，贷记"银行存款"等账户。待取得合规增值税扣税凭证且纳税义务发生时，按照允许抵扣的税额，借记"应交税费——应交增值税（销项税额抵减）"科目（小规模纳税人应借记"应交税费——应交增值税"科目），贷记"主营业务成本"等科目。

旅游企业是一般纳税人的，其在日常经营中取得的办公用品、电话费、固定资产、无形资产或房屋等增值税专用发票中的税额，借记"应交税费——应交增值税（进项税额）"账户，贷记"银行存款"等账户。

【例3-31】东方旅行社为增值税一般纳税人，应交增值税采用差额征税方式核算。2023年12月接待某旅游团收取的含税全部价款为2 000 000元，其中增值税113 207.55元，均以银行存款收取；旅行社以银行存款支付其他接团旅游企业的旅游费用和其他单位相关费用共计1 800 000元（该成本均取得了合法有效凭证且为增值税普通发票），其中，因允许扣减销售额而减少的销项税额为 101 887.79 元。该旅行社应编制如下会计分录：

（1）确认旅游服务收入：

借：银行存款   2 000 000

  贷：主营业务收入（2 000 000÷（1+6%））   1 886 792.45

     应交税费——应交增值税（销项税额）   113 207.55

（2）支付旅游费用等：

借：主营业务成本   1 800 000

  贷：银行存款   1 800 000

（3）根据增值税扣税凭证抵减销项税额，并调整成本：

借：应交税费——应交增值税（销项税额抵减）   101 886.79

  贷：主营业务成本   101 886.79

【例3-32】东方旅行社（一般纳税人）2023 年 12 月承接了福建某单位的旅游服务业务，合同含税总价为 1 000 000 元，其中分包给接团社的金额为 400 000 元，东方旅行社直接支付该旅游团的住宿费 240 000 元、餐饮费 180 000 元、交通费 65 000 元、门票费 60 000 元、游客人身意外险保费 22 000 元、购物费 37 000 元，均取得增值税普通发票。本月东方旅行社取得电费等增值税专用发票进项税额 2 550 元，收支均以银行存款结算，其他业务略。有关计算及会计处理如下：

应纳增值税=销项税额−进项税额

     =差额销售额÷（1+6%）×6%−可抵扣的进项税额

     =（1 000 000−400 000−240 000−180 000−65 000−60 000）÷（1+6%）×6%−2 550

     =55 000÷（1+6%）×6%−2 550

     =51 886.79×6%−2 550

     =3 113.21−2 550

     =563.21（元）

其中：游客人身意外险保费和购物费为不可扣减成本。

编制会计分录如下：

（1）取得旅游服务收入时：

借：银行存款   1 000 000

  贷：主营业务收入   943 396.23

     应交税费——应交增值税（销项税额）   56 603.77

（2）支付旅游服务分包款和住宿费、餐饮费、交通费、门票费入账时（可扣减成本）：

借：主营业务成本   945 000

  贷：银行存款   945 000

（3）根据增值税扣税凭证抵减销项税额，并调整成本：

借：应交税费——应交增值税（销项税额抵减）   53 490.56

  贷：主营业务成本   53 490.56

如果【例3-32】中的业务为小规模纳税人企业发生的，那么：

应纳增值税=销项税额−进项税额

　　　　　=差额销售额÷（1+3%）×3%

　　　　　=（1 000 000−400 000−240 000−180 000−65 000−60 000）÷（1+3%）×3%

　　　　　=55 000÷（1+3%）×3%

　　　　　=53 398.06×3%

　　　　　=1 601.94（元）

其中：游客人身意外险保费和购物费为不可扣减成本。

编制会计分录如下：

（1）取得旅游服务收入时：

借：银行存款　　　　　　　　　　　　　　　　　　　　　1 000 000

　　贷：主营业务收入　　　　　　　　　　　　　　　　　　　　970 873.79

　　　　应交税费——应交增值税　　　　　　　　　　　　　　　 29 126.21

（2）支付旅游服务分包款和住宿费、餐饮费、交通费、门票费入账时（可扣减成本）：

借：主营业务成本　　　　　　　　　　　　　　　　　　　 945 000

　　贷：银行存款　　　　　　　　　　　　　　　　　　　　　　945 000

（3）根据扣税凭证抵减应交增值税，并调整成本：

借：应交税费——应交增值税　　　　　　　　　　　　　　 27 524.27

　　贷：主营业务成本　　　　　　　　　　　　　　　　　　　　 27 524.27

（四）旅行社期间费用的核算

旅行社期间费用主要包括销售费用、管理费用和财务费用，是应当计入当期损益的费用支出，并从当期收益中得以补偿，其中，销售费用和管理费用主要是依据费用发生的不同部门来区分，属于营业部门发生的，计入销售费用；而管理部门发生的则计入管理费用；有些不易分清和不易分摊的共同费用，一般计入管理费用。发生的利息支出、汇兑损益、支付金融机构手续费等计入财务费用。

如果旅游企业为一般纳税人，那么其日常经营中发生的水电费、办公用品、电话费、固定资产、无形资产或房屋等增值税进项税额可以从销项税额中抵扣。

【例3-33】东方旅行社（一般纳税人）12月份发生以下与期间费用有关的经济业务：（假设涉及增值税的业务均已取得增值税专用发票）

（1）收到供电局送来的11月份电费账单共计1 000元（不含税），其中营业部门和管理部门各分担500元，增值税税额为130元，均以银行存款支付。

（2）以银行存款支付含税广告费3 180元，增值税税率为6%。

（3）收到电信公司寄来11月份电话费清单，共花费500元（不含税，税率9%），其中营业部门分担300元，管理部门分担200元，增值税税额为45元，均以银行存款支付。

（4）12月份计提固定资产折旧2 000元，其中营业部门分担1 200元，管理部门分担800元。

（5）分配本月职工工资20 000元，其中营业部门职工工资12 000元，管理部门职工工资8 000元。

（6）按工资总额的14%计提职工福利费。

（7）按工资总额的2%计提工会经费，按工资总额的8%计提职工教育经费。

（8）以现金支付职工培训费500元。

（9）业务部门王辉出差预借差旅费1 800元，财务科以现金支付。

（10）业务部门王辉出差返回报销差旅费2 000元，不足部分以现金补给。

（11）办公室购买办公用品300元，以现金支付。

（12）12月份利息收入1 000元，另外支付短期借款利息1 500元。

（13）支付购买支票工本费、电汇手续费、信用卡刷卡手续费等400元。

根据上述资料编制如下会计分录：

（1）借：销售费用——电费   500
　　　　管理费用——电费   500
　　　　应交税费——应交增值税（进项税额）   130
　　　　　贷：银行存款   1 130

（2）借：销售费用——广告费   3 000
　　　　应交税费——应交增值税（进项税额）   180
　　　　　贷：银行存款   3 180

（3）借：销售费用——电话费   300
　　　　管理费用——电话费   200
　　　　应交税费——应交增值税（进项税额）   45
　　　　　贷：银行存款   545

（4）借：销售费用——折旧费   1 200
　　　　管理费用——折旧费   800
　　　　　贷：累计折旧   2 000

（5）借：销售费用——工资   12 000
　　　　管理费用——工资   8 000
　　　　　贷：应付职工薪酬——工资   20 000

（6）借：销售费用——职工福利费   1 680
　　　　管理费用——职工福利费   1 120
　　　　　贷：应付职工薪酬——职工福利费   2 800

（7）借：管理费用——工会经费   400
　　　　　　　　——职工教育经费   1 600
　　　　　贷：应付职工薪酬——工会经费   400
　　　　　　　　　　——职工教育经费   1 600

（8）借：应付职工薪酬——职工教育经费   500
　　　　　贷：库存现金   500

（9）借：其他应收款——王辉   1 800
　　　　　贷：库存现金   1 800

（10）借：销售费用　　　　　　　　　　　　　　　　　　　　2 000

　　　　贷：其他应收款——王辉　　　　　　　　　　　　　　　1 800

　　　　　　库存现金　　　　　　　　　　　　　　　　　　　　200

（11）借：管理费用——办公费　　　　　　　　　　　　　　　　300

　　　　贷：库存现金　　　　　　　　　　　　　　　　　　　　300

（12）借：银行存款　　　　　　　　　　　　　　　　　　　　1 000

　　　　　　财务费用——利息支出　　　　　　　　　　　　　　1 500

　　　　贷：银行存款　　　　　　　　　　　　　　　　　　　　1 500

　　　　　　财务费用——利息收入　　　　　　　　　　　　　　1 000

（13）借：财务费用——银行结算手续费　　　　　　　　　　　　400

　　　　贷：银行存款　　　　　　　　　　　　　　　　　　　　400

二、商场经营业务的核算

为了适应社会主义市场经济的发展和人民生活水平不断提高的需要，旅游企业除了经营餐饮、客房、旅行社和旅游景区等业务外，一般还开设了商场部进行商品零售。

（一）商场经营业务的核算方法

商场经营业务是指旅游企业为了方便旅游者而在内部开设的商场所进行的商品购销业务。当前旅游企业开设的商场有综合性商场和小卖部两种形式。综合性商场所经营的商品品种较多，主要经营手工艺品、珠宝玉器、旅游纪念品和日常用品等；而小卖部所经营的商品基本上都是生活用品，品种数量也较少，如各类烟酒、饮料、旅游纪念品和日常用品等。经营高档商品应采用数量进价金额核算法进行核算，经营中低档商品则应采用售价金额核算法进行核算。

1.数量进价金额核算法

数量进价金额核算法是以实物数量和进价金额两种计量单位，反映商品进、销、存情况的一种方法。数量进价金额核算法的特点是：

（1）库存商品的总账和明细账都按商品的原购进价格记账。

（2）库存商品明细账按商品编号、品名、规格、等级等分别登记各种商品购进、销售及结存的数量和金额。

2.售价金额核算法

售价金额核算法又称"售价记账、实物负责制"，是指平时商品的购入、销售均按售价记账，售价与进价的差额通过"商品进销差价"科目核算，期末计算进销差价率和本期已销商品应分摊的进销差价，并据以调整本期销售成本的一种方法。售价金额核算法的主要特点是：

（1）建立实物负责制。零售企业采用售价金额核算法，库存商品明细账只记金额，不记数量，因此不利于加强库存商品实物的管理。为了避免这一缺陷，需要按照经营和保管商品的品种类别，划分若干不同的营业柜组，对其所经营的全部商品的数量、质量负责。

（2）库存商品按售价金额入账。库存商品总账按照售价金额登记，按售价金额总和反映库存商品的增减变化及结果。库存商品明细账按营业柜组设置，并用售价金额控制营业柜组所经营和保管的商品。

（3）设置"商品进销差价"账户。零售企业库存商品采用售价金额核算时，应设置"商品进销差价"账户，该账户是"库存商品"账户的调整账户，用来核算售价与进价之间的差额。

（4）加强实地盘点制度。每月应对库存商品进行盘点，将各营业柜组所经营的各种商品盘存数量分别乘以各种商品售价的积数，核对实际库存数与账面是否相符，以考核各营业柜组岗位责任制执行情况和加强对库存商品实物的管理。

（二）商场经营业务核算的账户设置

1."库存商品"账户

这部分内容在本章第三节已经做过介绍，这里不再赘述。

2."商品进销差价"账户

"商品进销差价"账户属于资产类账户，是"库存商品"账户的抵减账户，用于核算企业采用售价进行日常核算的商品售价与进价之间的差额。该账户借方登记已销商品进销差价、商品短缺、削价及调价减值等而注销的差价，贷方登记商品购进、溢余及调价增值发生的差价。期末贷方余额，反映企业库存商品的进销差价。期末"库存商品"账户余额，减去"商品进销差价"账户余额，就是库存商品的进价金额。该账户明细账的设置应与库存商品明细账的设置一致，按营业柜组设置并进行明细核算。

"商品进销差价"账户的结构用T形账户列示如下：

借方	商品进销差价	贷方
已销商品进销差价、商品短缺、削价及调价减值等而注销的差价	购入、销售退回等增加的库存商品售价大于进价的差额	
	期末余额：企业库存商品的商品进销差价	

3."应交税费——应交增值税"账户

"应交税费——应交增值税"账户属于负债类账户，用于核算商场按照税法等规定计算的增值税销项税额、进项税额和已交税金。其借方登记商场购进商品负担的增值税的进项税额和实际缴纳的增值税，贷方登记商场销售商品应缴纳的增值税销项税额，期末余额一般在贷方，表示企业应交而未交的增值税，期末如为借方余额，反映企业多交或尚未抵扣的增值税。

"应交税费——应交增值税"账户的结构用T形账户列示如下：

借方	应交税费——应交增值税	贷方
增值税的进项税额和实际缴纳的增值税	增值税的销项税额	
余额：企业多交或尚未抵扣的增值税	余额：应交而未交的增值税	

（三）商品购进的核算

在我国销售商品要征收增值税，增值税是以产品生产和流通中各环节新增加的增值额为征税对象的一种税。增值税是不含在商品价款里的一种价外税，因此，企业购进商品取得的增值税专用发票上会单独列示货款、增值税税率和增值税税额（有关增值税内容见本章第六节）。

商场一般从生产企业或批发企业购进商品，货款通常采用转账支票（同城）、电汇（异地）和商业汇票（同城、异地）等方式结算。当购进商品到达时，应当办理商品验收入库手续，并填制"商品验收单"，经审核无误后，连同发票一并交财务部门进行账务处理。零售企业的商品采购费用数额相对较少，为了简化核算手续，通常将其直接计入当期损益。

（1）采用数量进价金额核算法时，财务部应根据增值税专用发票上列明的货款借记"库存商品"账户，按增值税税额借记"应交税费——应交增值税（进项税额）"账户，按价税合计数贷记"银行存款""应付票据"等账户。

【例3-34】2023年12月5日，东方商场（一般纳税人）从异地购进高档烟酒一批，增值税专用发票上列明货款50 000元，增值税税额6 500元，价税合计56 500元。价税款通过银行电汇支付，商品已验收入库。编制会计分录如下：

借：库存商品　　　　　　　　　　　　　　　　　　　　　　50 000
　　应交税费——应交增值税（进项税额）　　　　　　　　　　6 500
　　贷：银行存款　　　　　　　　　　　　　　　　　　　　　　56 500

（2）采用售价金额核算法时，财务部应根据实物负责小组送来的"商品验收单"、增值税专用发票和银行结算凭证入账，按商品的售价金额借记"库存商品"账户，按增值税税额借记"应交税费——应交增值税（进项税额）"账户，按商品的价税合计数贷记"银行存款""应付票据"等账户，售价金额与进价金额的差额记入"商品进销差价"账户。

【例3-35】2023年12月6日，东方商场从本地购进日常用品一批，增值税专用发票上列明货款10 000元，增值税税额1 300元，价税合计11 300元。价税款通过银行转账支付，商品已验收入库，并填制了"商品验收单"，销售价格为15 000元。编制会计分录如下：

借：库存商品　　　　　　　　　　　　　　　　　　　　　　15 000
　　应交税费——应交增值税（进项税额）　　　　　　　　　　1 300
　　贷：银行存款　　　　　　　　　　　　　　　　　　　　　　11 300
　　　　商品进销差价　　　　　　　　　　　　　　　　　　　　5 000

（四）商品销售的核算

商场销售对象主要是个别消费者，销售业务开具的发票属于增值税普通发票，发票上的价格为含增值税的价格。其结算方式有现金、转账支票、银行卡等。

（1）采用数量进价金额核算法时，每天营业结束后，商场应根据销售小票填制"商品销售日报表"进行账务处理，按实际收款借记"库存现金""银行存款"等账户，将销售日报表的合计数进行价税分离，商品价款贷记"主营业务收入"账户，增值税税额贷记

"应交税费——应交增值税（销项税额）"账户。

不含税的销售额=含税的销售额÷（1+税率或征收率）

增值税销项税额=不含税销售额×税率或征收率

【例 3-36】2023 年 12 月 10 日，东方商场交来"商品销售日报表"，当日含税销售收入为 90 400 元，其中现金结算 11 300 元，转账支票结算 56 500 元，信用卡结算 22 600 元（含手续费），假设信用卡手续费为 40 元，增值税税率为 13%，编制会计分录如下：

不含税的销售额=含税的销售额÷（1+税率）

=90 400÷（1+13%）=80 000（元）

借：库存现金   11 300

银行存款   79 060

财务费用   40

贷：主营业务收入   80 000

应交税费——应交增值税（销项税额）   10 400

数量进价金额核算法下结转已销商品成本时，按该批商品的进价成本 50 000 元结转。

借：主营业务成本   50 000

贷：库存商品   50 000

（2）采用售价金额核算法时，每天营业结束后，商场应根据销售小票填制"商品销售日报表"进行账务处理，按实际收款借记"库存现金""银行存款"等账户，按销售日报表的合计数（含税）贷记"主营业务收入"账户，在月末时统一进行价税分离。

【例 3-37】资料同【例 3-36】，编制会计分录如下：

借：库存现金   11 300

银行存款   79 060

财务费用   40

贷：主营业务收入   90 400

售价金额核算法下结转已销商品成本时，按该批商品的销售价格结转。

借：主营业务成本   90 400

贷：库存商品   90 400

（五）已销商品进销差价的计算和结转（售价金额核算法）

实行售价金额核算的企业，平时按含税售价注销库存商品、结转商品销售成本，"主营业务收入"账户和"主营业务成本"账户平时的数额相等。因此，月末需计算销售商品应分摊的进销差价（包括不含税的售价与进价之间的差额和应向购买者收取的增值税税额），调整"主营业务成本"和"商品进销差价"账户余额，以正确计算库存商品价值和商品销售成本。为正确计算销售商品应分摊的进销差价数额，企业必须根据经营管理的特点和核算的具体要求，选择适当的计算方法。计算销售商品应分摊的进销差价的方法有综合差价率计算法、分类（或柜组）差价率计算法和盘点商品实际进销差价计算法。

1.综合差价率计算法

综合差价率计算法是根据月末调整前"商品进销差价"账户余额和"库存商品""受

托代销商品"账户余额及本月商品销售额（含税），计算综合差价率，并按商品的存销比例，分摊商品进销差价的方法。其计算程序为：

$$综合差价率 = \frac{月末分摊前"商品进销差价"账户余额}{月末"库存商品" + "受托代销商品"账户余额 + 本月商品销售额（含税）} \times 100\%$$

本期销售商品应分摊的商品进销差价=本期商品销售收入（含税）×综合差价率

本期销售商品的成本=本期商品销售收入-本期销售商品应分摊的商品进销差价

【例3-38】东方商场2023年12月末"商品进销差价"账户余额为192 000元，月末"库存商品"账户余额为340 000元，本期"主营业务收入"账户贷方发生额和"主营业务成本"账户借方发生额均为460 000元（含税）。计算综合差价率并结转本期已销商品的进销差价。

综合差价率=192 000÷（340 000+460 000）×100%=24%

本期销售商品应分摊的商品进销差价=460 000×24% =110 400（元）

本期销售商品的成本=460 000-110 400=349 600（元）

根据计算出来的已销商品应分摊的进销差价，编制如下会计分录：

借：商品进销差价　　　　　　　　　　　　　　　　　　　　　110 400

　　贷：主营业务成本　　　　　　　　　　　　　　　　　　　　110 400

2.分类（或柜组）差价率计算法

分类（或柜组）差价率计算法是按商品大类或柜组分别计算综合差价率，据以计算各大类或柜组销售商品应分摊的进销差价，并汇总计算全部销售商品应分摊的进销差价的方法。采用这种方法，"商品进销差价"、"库存商品"、"主营业务收入"和"主营业务成本"等账户均应按商品大类或柜组分别设置明细账，其计算方法与综合差价率计算法基本相同。

采用这种方法，计算的结果较综合差价率计算法准确，但是由于同类（或柜组）商品不同品种的进销差价可能不一致，存销比例也不尽相同，所以仍与已销商品应分摊的实际进销差价有一定差距。为了真实反映库存商品和销售商品的进销差价，正确核算盈亏，年终应采用盘点商品实际进销差价计算法对商品的进销差价进行一次核实调整。

前两种差价率计算法适用于经营的商品种类、品种、规格等繁多，且按零售价格标价的商场。

3.盘点商品实际进销差价计算法

盘点商品实际进销差价计算法是根据库存商品实际盘点的结果，先求出库存商品实际应保留的进销差价，然后倒挤求出销售商品应分摊的进销差价的方法。其计算公式为：

期末库存商品应保留的进销差价=全部库存商品实际含税售价总金额-全部库存商品实际进价总金额

销售商品应分摊的进销差价=分摊前"商品进销差价"账户余额-期末库存商品应保留的进销差价

【例3-39】东方商场2023年12月31日盘点后的有关资料为：库存商品售价总金额为556 000元，库存商品进价总金额为496 000元，结转前"商品进销差价"账户余额为92 000元。采用实际进销差价计算法，计算并结转本期已销商品的进销差价。

期末库存商品应保留的进销差价=556 000-496 000=60 000（元）

销售商品应分摊的进销差价=92 000-60 000=32 000（元）

根据计算出来的已销商品应分摊的进销差价，编制如下会计分录：

借：商品进销差价   32 000

  贷：主营业务成本   32 000

采用盘点商品实际进销差价法计算已销商品的进销差价，其计算结果较准确，但计算工作量大，适用于业务量较少或年终需要反映商品实际价值的商场。

（六）商品存储的核算

商品存储的核算主要包括三方面的内容：商品调价的核算、商品内部调拨的核算、商品盘点溢余和短缺的核算。

1.商品调价的核算

商品调价是商场根据国家物价政策或市场情况，对某些正常商品的价格进行适当的调高或调低。商场进行调价前首先要进行盘点，调高价格借记"库存商品"账户，贷记"商品进销差价"账户，调低价格则编制相反的会计分录。"商品调价报告单"是确认商品价格调整的原始凭证，财务人员据此单证进行会计确认。

【例 3-40】2023 年 12 月，东方商场酒柜某白酒原含税零售价每件 650 元，调价后含税零售价为每件 680 元，盘点结果实存 20 件。根据"零售商品调整价格盘点表"编制如下会计分录：

借：库存商品   600

  贷：商品进销差价   600

2.商品内部调拨的核算

商品内部调拨是指商场在同一独立核算单位内部各实物负责小组之间的商品转移。商品内部调拨时，除了要结转"库存商品"的相应明细账，还要对"商品进销差价"相应的明细账进行结转，其科目总金额不会变动。

3.商品盘点溢余和短缺的核算

商品通过盘点发现溢余或短缺的会计处理见本书财产清查章节。

第六节 旅游企业税费的核算

税费是纳税义务人在经营业务过程中，按照国家税法规定向国家缴纳的税款，是国家财政收入的主要来源。它具有强制性、无偿性和固定性的特点。旅游企业必须按照税法条例正确地计算，及时、足额地缴纳各种税费。

一、旅游企业税费的种类

旅游企业所缴纳的税费主要有：增值税、城市维护建设税、教育费附加、所得税、房产税、车船税、城镇土地使用税、印花税等。

（一）增值税、城市维护建设税、教育费附加

1.增值税

增值税内容在本章第二节中已经做过介绍，这里不再赘述，下面用旅游企业综合业务题举例说明增值税的计算。

【例 3-41】2023 年 12 月份，东方旅游企业下属的酒店（一般纳税人）发生如下与增值税有关的业务（见表 3-6 和表 3-7）。

表 3-6　　　　　　　　　　酒店发生的主要收入、适用税率及销项税额　　　　金额单位：万元

业务项目		不含税销售额	适用税率	销项税额	备注
销售服务收入（生活服务）	住宿收入	100	6%	6	
	餐饮收入	50	6%	3	
	娱乐收入	30	6%	1.8	
	长包房、洗衣、商务打印、复印、传真、翻译、快递服务收入	20	6%	1.2	
	美容、美发、按摩、桑拿、氧吧、足疗、沐浴等居民日常服务收入	15	6%	0.9	
	送餐（到房间）服务收入	5	6%	0.3	
销售服务收入	电话费收入	1	9%	0.09	基础电信服务
	交通运输服务收入（接送顾客单独收费）	0	9%	0	若免费接送，仅就住宿餐饮按6%计税
不动产租赁收入	停车费收入	1	9%	0.09	
	场地出租收入（出租给银行安放 ATM 机或给其他个人开卖场）	2	9%	0.18	若不是单独提供场地，还提供会议、住宿、餐饮服务，按6%计税
销售商品收入	酒店商品部、客房迷你吧收入	10	13%	1.3	
	避孕药品和用具	0.5	0	0	免税
	水费收入	0.1	9%	0.009	向场地承租方收取
	电费收入	0.5	13%	0.065	
销售无形资产收入	出售会员卡收入	5	6%	0.3	其他权益性无形资产
合计		240.1	—	15.234	

注：销项税额=不含税销售额×适用税率（一般纳税人），如果是小规模纳税人，实现收入则执行3%的征收率。

表 3-7   酒店可抵扣的进项税额项目及适用税率   金额单位：万元

可抵扣的进项税额项目	不含税销售额	适用税率	进项税额	备注
向增值税一般纳税人购进农产品	10	9%	0.9	增值税专用发票上的税额或普通发票上的买价×9%
向小规模纳税人购进农产品	5	9%	0.45	增值税普通发票上的买价×9%；发票"税额栏"数据为"0"或"×"的，不得计算抵扣进项税额
向农业生产者个人购进自产农产品	2	9%	0.18	
从批发、零售环节购进初级农产品	2	9%	0.18	
酒店租入停车场租金（给客人提供服务）	0.5	9%	0.045	均为增值税专用发票，若小规模纳税人提供的增值税专用发票，征收率为3%
烟酒、调味品、各种材料和设备、客房用品、电费、经营用车辆支出	30	13%	3.9	
购置煤炭制品（非居民用）支出	0	13%	0	
购买暖气、自来水、冷气、热水、煤气、石油液化气、天然气、沼气、居民用煤炭制品支出	10	9%	0.9	若小规模纳税人提供的增值税专用发票，征收率为3%
不动产租赁或购置费（装修）	20	9%	1.8	均为增值税专用发票，若小规模纳税人提供的增值税专用发票，征收率为5%
电话费（基础电信服务）	0.6	9%	0.054	若小规模纳税人提供的增值税专用发票，征收率为3%
广告费	1	6%	0.06	
交通运输费	0	9%	0	
合计	81.1		8.469	

注：自2023年1月1日至2023年12月31日，允许生产、生活性服务业纳税人按照当期可抵扣进项税额加计10%抵减应纳税额，故表3-7中酒店可抵扣的进项税额为8.469×（1+10%）=9.3159（万元）

酒店（一般纳税人）2023年12月应纳增值税额=当期销项税额-当期进项税额

=15.234-9.3159

=5.9181（万元）

如果是小规模纳税人酒店发生表3-7中的各项支出，其进项税额不得抵扣。

【例3-42】2023年12月份，东方旅游企业下属的旅行社（一般纳税人）应纳增值税额的计算分别参见本章第五节【例3-32】和【例3-33】，下属的商场（一般纳税人）应纳增值税额的计算分别参见本章第五节【例3-34】和【例3-36】，其余业务略。

旅行社2023年12月应纳增值税额=当期销项税额-当期进项税额

$$=3\,113.21-355=2\,758.21\text{（元）}$$

商场2023年12月应纳增值税额=当期销项税额-当期进项税额

$$=10\,400-6\,500=3\,900\text{（元）}$$

根据【例3-41】【例3-42】，东方旅游企业2023年12月应纳增值税额合计为65 839.21元（59 181+2 758.21+3 900）。

2.城市维护建设税和教育费附加

（1）城市维护建设税。城市维护建设税是地方政府为当地城市建设开征的税种，是以纳税人应缴纳的增值税和消费税为计税依据征收的税款。该税的税率根据企业的所在地确定，市区，县城和镇，不在市区、县城和镇的税率分别为7%，5%，1%。

应缴纳城市维护建设税=应纳增值税税额×适用税率

【例3-43】根据【例3-41】和【例3-42】，东方旅游企业（市属企业）2023年12月份应根据增值税缴纳城市维护建设税。假设东方旅游企业无须缴纳消费税。

应缴纳城市维护建设税=应纳增值税税额×适用税率

$$=65\,839.21\times7\%=4\,608.74\text{（元）}$$

（2）教育费附加。教育费附加是指国家为发展教育事业征收的附加费，是以其应缴纳的增值税和消费税为计税依据征收的费用，征收率为3%。计算公式如下：

应缴纳教育费附加=应纳增值税税额×适用税率

【例3-44】根据【例3-41】和【例3-42】，东方旅游企业（市属企业）2023年12月份应根据增值税缴纳教育费附加。假设东方旅游企业无须缴纳消费税。

应缴纳教育费附加=应纳增值税税额×适用税率

$$=65\,839.21\times3\%=1\,975.18\text{（元）}$$

（二）所得税

1.企业所得税

企业所得税是指对实行独立经济核算的企业或组织，就其生产、经营所得额和其他所得额征收的税。

（1）基本税率，25%，政策依据为《中华人民共和国企业所得税法》第四条。

（2）优惠税率，20%。

根据财税2023年第12号公告，对小型微利企业减按25%计算应纳税所得额，按20%的税率缴纳企业所得税政策，延续执行至2027年12月31日

本公告所称小型微利企业是指从事国家非限制和禁止行业，且同时符合以下三个条件的企业：年度应纳税所得额不超过300万元；从业人数不超过300人；资产总额不超过5 000万元。无论采用查账征收方式还是核定征收方式均可享受优惠。

（3）适用税率，15%的税率适用于国家需要重点扶持的高新技术企业和技术先进型服务企业。政策依据为《中华人民共和国企业所得税法》第二十八条。

企业所得税计算公式如下：

企业应纳所得税税额=应纳税所得额×税率

【例3-45】假设东方旅游企业2023年12月份实现利润总额500万元，无其他调整事

项，则利润总额与应纳税所得额相等。

应纳企业所得税税额＝应纳税所得额×税率＝500×25%＝125（万元）

2.个人所得税

2019年1月1日执行的《中华人民共和国个人所得税法》规定：居民个人取得综合所得，按年计算个人所得税；有扣缴义务人的，由扣缴义务人按月或者按次预扣预缴税款；需要办理汇算清缴的，应当在取得所得的次年3月1日至6月30日内办理汇算清缴。

（1）个人综合所得（劳动所得）包括工资、薪金所得，劳务报酬所得，稿酬所得，特许权使用费所得。其中劳务报酬、特许权使用费、稿酬所得、扣除20%费用后的余额为收入额，稿酬所得的收入额减按70%计算（即劳务报酬、特许权使用费所得按8折，稿酬所得按5.6折（8×0.7）计入综合所得）。

（2）综合所得应纳税额计算公式及税率。

全年应纳税额＝应纳税所得额×适用税率-速算扣除数

$$=\left(\begin{array}{c}每年的\\收入额\end{array}-\begin{array}{c}扣除费用\\6万元\end{array}-\begin{array}{c}专项\\扣除\end{array}-\begin{array}{c}专项附加\\扣除\end{array}-\begin{array}{c}依法确定\\其他扣除\end{array}\right)×\begin{array}{c}适用\\税率\end{array}-\begin{array}{c}速算\\扣除数\end{array}$$

每月预扣预缴税额＝（截至当月累计收入-累计各种扣除金额）×适用税率-速算扣除数-已缴税额

个人全年综合所得税率表见表3-8。

表3-8　　　　　　　　　　　　个人全年综合所得税率表

级数	全年应纳税所得额	税率（%）	速算扣除数（元）
1	不超过36 000元的	3	0
2	超过36 000元至144 000元的部分	10	2 520
3	超过144 000元至300 000元的部分	20	16 920
4	超过300 000元至420 000元的部分	25	31 920
5	超过420 000元至660 000元的部分	30	52 920
6	超过660 000元至960 000元的部分	35	85 920
7	超过960 000元的部分	45	181 920

①费用扣除标准：6万元/年，0.5万元/月。

②专项扣除：包括个人按照国家规定的范围和标准缴纳的基本养老保险、基本医疗保险、失业保险等社会保险费、住房公积金、职业年金等。

③专项附加扣除：包括子女教育、继续教育、大病医疗、住房贷款利息或者住房租金、赡养老人、婴幼儿照护等。专项附加扣除年内有效，不得结转以后年度扣除。享受扣除的原则是自我判断、申报享受、资料留存。申报后保留相关证明资料以备税务检查。

A.子女教育。

子女接受学前教育和学历教育按照每个子女每年24 000元（每月2 000元）的标准定额扣除，时间为3岁到博士毕业，扣除方法可以父母双方各50%，也可一方扣除。

B.继续教育。

学历继续教育（更高学历），在学历继续教育期间按照每年4 800元（每月400元）定额扣除。

职业资格继续教育、专业技术人员职业资格继续教育，在取得相关证书的年度，按照每年3 600元定额扣除。这部分扣除要与人社部等部门确定的职业技能相关。

同一学历继续教育（换专业、学历不变）支出，可由父母按照子女教育支出扣除（12 000元），也可由本人按照继续教育支出扣除（4 800元），但不得同时扣除。

C.大病医疗。

扣除医保后个人负担超过15 000元的医药费用支出部分。佐证资料为医疗服务收费相关票据原件或复印件。

D.房贷或房租（只能选一项）。

房贷：首套住房贷款利息，在偿还贷款期间，可以按照每年12 000元（每月1 000元）标准定额扣除。经夫妻双方约定，可以选择其中一方扣除，选定后一年内不变。

房租：扣除范围为本人及配偶在任职受雇的主要工作城市没有住房而租赁住房所发生的租金支出。房租扣除标准为：直辖市、省会城市、计划单列市，每年14 400元（每月1 200元）；市辖区户籍人口超过100万的其他城市，每年12 000元（每月1 000元）；市辖区户籍人口100万以下的其他城市，每年9 600元（每月800元）。

夫妻双方不在同一城市工作，且各自在其主要工作城市都没有住房的，可以分别扣除住房租金支出。

房贷和房租只能扣除一项。房租只能由签约人扣除。

E.赡养老人。

此处的老人指60岁（含）以上父母以及其他法定赡养人。纳税人赡养一位及以上被赡养人的赡养支出按每年36 000元（每月3 000元）的标准定额扣除。

纳税人为独生子女的，按照每年36 000元（每月3 000元）的标准定额扣除；非独生子女的，由兄弟姐妹分摊每年36 000元（每月3 000元）的扣除额度，分摊方式自定，可以平摊、父母指定、兄弟姐妹约定。采取父母指定、兄弟姐妹约定的，每一纳税人分摊的最高扣除额度不得超过每年18 000元（每月1 500元），并签订书面分摊协议。具体分摊方式确定后在一个纳税年度内不得变更。

F.婴幼儿照护。

3岁以下婴幼儿照护扣除标准为每个婴幼儿每月2 000元，扣除方法可以父母双方各50%，也可一方扣除。

④其他扣除：包括国家规定的税收优惠与免税收入，近年新增个人购买符合国家规定的商业健康保险（每月200元）、税收递延型商业养老保险。税收递延型商业养老保险扣除限额按照申报扣除当月的工资薪金、连续性劳务报酬收入的6%和1 000元孰低的办法确定。

专项附加扣除政策依据：《国家税务总局关于发布〈个人所得税专项附加扣除操作办法（试行）〉的公告》（2018年第60号）、《国务院关于设立3岁以下婴幼儿照护个人所得税专项附加扣除的通知》（国发〔2022〕8号）和《国家税务总局关于贯彻执行提高个人所得税有关专项附加扣除标准政策的公告》（2023年第14号）。

【例3-46】假设2023年甲公司职员张某全年工资、薪金收入200 000元，当地规定的社会保险和住房公积金个人缴存比例为：基本养老保险8%，基本医疗保险2%，失业保险 0.5%，住房公积金 12%。张某每月缴纳社会保险费核定的缴费工资基数为 10 000 元。张某正在偿还首套住房贷款及利息；张某为独生女，其独生子正就读初中三年级；张某父母均已年过 60 岁。张某夫妻约定由张某扣除贷款利息和子女教育费。请汇算清缴张某 2023 年应缴纳的个人所得税税额。

（1）全年扣除费用为 60 000 元。

（2）专项扣除=10 000×（8%+2%+0.5%+12%）×12=27 000（元）

（3）专项附加扣除。

张某子女教育支出实行定额扣除，每年扣除 24 000 元；张某首套住房贷款利息支出实行定额扣除，每年扣除 12 000 元；张某赡养老人支出实行定额扣除，每年扣除 36 000 元。

专项附加扣除合计=24 000+12 000+36 000=72 000（元）

（4）全年扣除项合计=60 000+27 000+72 000=159 000（元）

（5）应纳税所得额=200 000−159 000=41 000（元）

（6）应纳个人所得税额=41 000×10%−2 520=1 580（元）

在【例3-46】中，如果申报人张某 2023 年 5 月份预扣预缴个人所得税，其中 1—5 月份累计收入为 80 000 元，1—4 月份已缴税额为 300 元，则：

张某 2023 年 1—5 月份累计扣除费用：5 000×5=25 000（元）

张某 2023 年 1—5 月份专项扣除=10 000×（8%+2%+0.5%+12%）×5=11 250（元）

张某 2023 年 1—5 月份专项附加扣除为：张某子女教育支出实行定额扣除 10 000 元；张某首套住房贷款利息支出实行定额扣除 5 000 元；张某赡养老人支出实行定额扣除 15 000 元。

专项附加扣除合计=10 000+5 000+15 000=30 000（元）

张某 2023 年 1—5 月份累计扣除额=25 000+11 250+30 000=66 250（元）

张某 5 月份预扣预缴个人所得税=（80 000−66 250）×3%−300=112.5（元）

（三）其他税项

1.房产税

房产税是指对我国境内拥有房屋产权的单位和个人征收的一种税，分为从价计征和从租计征。从价计征的，税率为 1.2%，即按房产原值一次减除 10%～30% 后的余值的 1.2% 计征；从租计征的，税率为 12%，即按房产出租的租金收入的 12% 计征。计算公式为：

年应纳房产税=房产原值×（1−10%～30%）×1.2%（或租金收入×12%）

2.车船税

车船税是对我国境内行驶于国家公共道路上的车辆，航行于国内河流、湖泊和领海口岸的船舶，按车辆种类、大小，向拥有并使用这些车辆的单位和个人征收的一种税。车船税的税率规定为：机动车中乘人汽车 9 座以下按乘用车排量每辆每年税额从 60 元至 5 400 元不等；9 座以上商用车客车每辆每年税额从 480 元至 1 440 元不等，载货汽车（包括半挂牵引车、三轮汽车和低速载货汽车）、专业作业车、轮式专业机械车按净重吨位计征，每吨每年税额从 16 元至 120 元不等；非机动车免交车船税；机动船按吨位计征，每吨每年税额从 3 元至 6 元不等；非机动船免交车船税；游艇按船身长度计征，每米 600 元至 2 000 元不等。计算公式为：

年应纳税额=车船数量（或载重吨位）×适用税额

3.城镇土地使用税

城镇土地使用税是指国家为了加强城镇土地管理、合理利用土地，调节土地级差收入而征收的一种税。城镇土地使用税采用定额税率，按大、中、小城市和县城、建制镇、工矿区分别规定每平方米城镇土地使用税年应纳税额。具体标准为：大城市1.5元至30元；中等城市1.2元至24元；小城市0.9元至18元；县城、建制镇、工矿区0.6元至12元。

年应纳税额=实际占用应税土地面积（平方米）×适用税额

4.印花税

印花税是对书立、领受购销合同等凭证行为征收的税款，实行由纳税人根据规定自行计算应纳税额，购买并一次贴足印花税票的缴纳方法。纳税人根据应纳税凭证的性质，分别按比例税率或者按件定额计算应纳税额。具体税目税率见表3-9。

表3-9　　　　　印花税税目税率表（2022年7月1日起实施）

税目		税率	备注
合同（指书面合同）	借款合同	借款金额的万分之零点五	指银行业金融机构、经国务院银行业监督管理机构批准设立的其他金融机构与借款人（不包括同业拆借）的借款合同
	融资租赁合同	租金的万分之零点五	
	买卖合同	价款的万分之三	指动产买卖合同（不包括个人书立的动产买卖合同）
	承揽合同	报酬的万分之三	
	建设工程合同	价款的万分之三	
	运输合同	运输费用的万分之三	指货运合同和多式联运合同（不包括管道运输合同）
	技术合同	价款、报酬或者使用费的万分之三	不包括专利权、专有技术使用权转让书据
	租赁合同	租金的千分之一	
	保管合同	保管费的千分之一	
	仓储合同	仓储费的千分之一	
	财产保险合同	保险费的千分之一	不包括再保险合同
产权转移书据	土地使用权出让书据	价款的万分之五	转让包括买卖（出售）、继承、赠与、互换、分割
	土地使用权、房屋等建筑物和构筑物所有权转让书据（不包括土地承包经营权和土地经营权转移）	价款的万分之五	
	股权转让书据（不包括应缴纳证券交易印花税的）	价款的万分之五	
	商标专用权、著作权、专利权、专有技术使用权转让书据	价款的万分之三	
营业账簿		实收资本（股本）、资本公积合计金额的万分之二点五	
证券交易		成交金额的千分之一	

【例 3-47】2023 年东方旅游企业拥有载客旅游车 10 辆（10 座以上），应税经营用房产原值 300 万元；应税土地面积 1 000 平方米；当年签订买卖合同共 150 万元；营业账簿中实收资本金额 880 万元，比年初已缴印花税的实收资本增加 100 万元，资本公积金额 40 万元，比年初已缴印花税的资本公积增加 10 万元。企业所在省规定，房产原值一次性减除的比例为 30%，乘人汽车每辆年税额为 500 元，城镇土地使用税每平方米年税额为 10 元。计算该企业 2023 年应缴纳的税费（不考虑地方性规费）。

2023 年应缴纳的房产税=3 000 000×（1−30%）×1.2%=25 200（元）

2023 年应缴纳的车船税=500×10=5 000（元）

2023 年应缴纳的城镇土地使用税=1 000×10=10 000（元）

2023 年应缴纳的印花税=1 500 000×0.3‰+（1 000 000+100 000）×0.25‰=725（元）

（四）纳税申报期限

旅游企业一般纳税人的纳税申报期限为 1 个月，自期满之日起 15 日内申报纳税，即在次月 15 日内进行纳税申报；小规模纳税人的纳税期限为 1 个季度，即在 4 月、7 月、10 月、1 月的 15 日内进行纳税申报；其他个人可以按次纳税。以上纳税申报期限遇法定节假日顺延。纳税人在申报期内不论有无收入都必须在规定的期限内如实填写适用税种的纳税申报表并附报有关资料，否则将被处以滞纳金、罚款等行政处罚。

二、旅游企业税费核算的账户设置

（一）"税金及附加"账户

"税金及附加"账户属于损益类账户，用于核算企业经营活动发生的消费税、城市维护建设税、资源税、教育费附加及房产税、城镇土地使用税、车船税、印花税等相关税费。借方登记企业按规定计算确定的与经营活动相关的税费，贷方登记转入"本年利润"账户的金额，结转后本账户无余额。

"税金及附加"账户的结构用 T 形账户列示如下：

借方	税金及附加	贷方
企业按规定计算确定的与经营活动相关的税费	期末转入"本年利润"账户的金额	

（二）"所得税费用"账户

"所得税费用"账户属于损益类账户，用于核算企业确认的应从当期利润总额中扣除的所得税费用。借方登记当期发生的所得税费用，贷方登记转入"本年利润"账户的金额，结转后无余额。

"所得税费用"账户的结构用 T 形账户列示如下：

借方	所得税费用	贷方
当期发生的所得税费用	期末转入"本年利润"账户的金额	

（三）"应交税费"账户

"应交税费"账户属于负债类账户，用于核算企业按照税法等规定计算应缴纳的各种税费，包括增值税、消费税、所得税、资源税、土地增值税、城市维护建设税、教育费附加、房产税、车船税、城镇土地使用税、矿产资源补偿费、企业代扣代缴的个人所得税、印花税等。其借方登记企业购进货物（包括原材料、库存商品等）负担的增值税的进项税额和实际缴纳的各种税费，贷方登记企业销售货物等应缴纳的增值税销项税额和企业按规定计算应交的消费税、资源税、城市维护建设税、教育费附加等，余额一般在贷方，表示企业应交而未交的税费；期末如为借方余额，则反映企业多交或尚未抵扣的税费。该账户可按应交的税费项目进行明细核算。

"应交税费"账户的结构用T形账户列示如下：

借方	应交税费	贷方
①增值税进项税额 ②实际缴纳的各种税费		①增值税销项税额 ②企业按规定计算应交的各种税费
期初余额：企业多交或尚未抵扣的税费		期末余额：企业应交而未交的税费

三、旅游企业税费的核算

旅游企业发生城市维护建设税、教育费附加时，借记"税金及附加"账户，贷记"应交税费"账户；上交税费时，借记"应交税费"账户，贷记"银行存款"账户。

【例 3-48】接【例 3-43】、【例 3-44】，东方旅游企业 2023 年 12 月份计提城市维护建设税 4 607.97 元、教育费附加 1 974.85 元。编制如下会计分录：

借：税金及附加　　　　　　　　　　　　　　　　　6 582.82
　　贷：应交税费——应交城市维护建设税　　　　　　　　4 607.97
　　　　　　　　　——应交教育费附加　　　　　　　　　　1 974.85

下月15日内上缴增值税及附加税费时，编制如下会计分录：

借：应交税费——应交增值税　　　　　　　　　　65 828.21
　　　　　　——应交城市维护建设税　　　　　　　4 607.97
　　　　　　——应交教育费附加　　　　　　　　　1 974.85
　　贷：银行存款　　　　　　　　　　　　　　　　　72 411.03

旅游企业发生房产税、车船税、城镇土地使用税和印花税时，借记"税金及附加"账户，贷记"应交税费"账户。（企业会计准则中规定直接通过银行存款，不通过应交税费核算，实际工作中还是通过应交税费核算的）

【例 3-49】接【例 3-47】，2023 年东方旅游企业发生房产税 25 200 元，车船税 5 000元，城镇土地使用税 10 000 元，印花税 725 元。编制如下会计分录：

借：税金及附加　　　　　　　　　　　　　　　　　40 925
　　贷：应交税费——应交房产税　　　　　　　　　　　25 200
　　　　　　　　——应交车船税　　　　　　　　　　　5 000
　　　　　　　　——应交城镇土地使用税　　　　　　　10 000

```
    贷：应交税费——应交印花税                           725
上缴房产税、车船税、城镇土地使用税和印花税时：
    借：应交税费——应交房产税                        25 200
           ——应交车船税                            5 000
           ——应交城镇土地使用税                    10 000
           ——应交印花税                              725
    贷：银行存款                                     40 925
```

素养园地 3-1 　　　　减税降费促民生

税收工作是党和国家经济工作的重要组成部分，在国家治理中发挥着基础性、支柱性、保障性作用。党的十八大以来，以习近平同志为核心的党中央高度重视税收工作，习近平总书记发表了一系列重要论述并多次做出重要指示批示，为税收改革发展指明了前进方向。减税降费是深化供给侧结构性改革的重要举措，也是税制改革中惠企利民的重要措施，可以有效减轻企业负担、优化营商环境、激发市场主体活力、促进共同富裕目标实现、推进国家治理能力现代化。

激发市场主体活力。减税降费有助于在生产、交换环节"做大蛋糕"，有利于促进商品要素资源更加畅通流动，提升资源配置效率，进一步巩固和扩展市场资源优势，建设高效规范、公平竞争、充分开放的全国统一大市场。一方面，减税降费能够降低企业制度性交易成本，使企业有更多资金投入扩大再生产，有助于投资乘数效应的发挥，形成良性循环。另一方面，减税降费通过改变商品相对价格影响部分领域成本利润，鼓励企业更加重视通过产业结构升级、创新驱动发展提高企业效益，助力供给侧结构性改革，进而使社会生产力水平实现整体跃升。

促进共同富裕目标实现。减税降费有助于在分配环节"分好蛋糕"，实现发展成果全民共享。利用税收再分配功能，提高个人所得税免征额，减轻中低收入人群税负压力，增加居民可支配收入，刺激消费增长。针对不同家庭具体情况，实施更加精准的政策措施，提高个人所得税专项附加扣除标准，及时有效回应群众关切，不断满足人民日益增长的美好生活需要，铺就共同富裕之路。

推进国家治理能力现代化。减税降费政策有助于进一步理顺政府与市场关系、中央与地方的税权划分以及逆周期调节与跨周期调节的关系。实施新的组合式税费支持政策，减税与退税并举，退税资金直达企业，有助于营造要素资源自由流动、公平竞争的市场环境，减少税收对市场机制的干扰和扭曲。

2023年以来，一系列力度大、针对性强的减税降费举措密集出台，包括延续小微企业和个体工商户税费优惠，提高三项个人所得税专项附加扣除标准，提高相关行业企业研发费用税前加计扣除比例等，重点聚焦支持实体经济发展、减轻居民税收负担、增强科技创新能力等方面。

自2023年1月1日至2027年12月31日，对个体工商户年应纳税所得额不超过200

万元的部分，减半征收个人所得税，个体工商户在享受现行其他个人所得税优惠政策的基础上，可叠加享受本条优惠政策；对小型微利企业减按 25% 计算应纳税所得额，按 20% 的税率缴纳企业所得税政策，延续执行至 2027 年 12 月 31 日。（财税 2023 年第 12 号公告）

对月销售额 10 万元以下（含本数）的增值税小规模纳税人，免征增值税；增值税小规模纳税人适用 3% 征收率的应税销售收入，减按 1% 征收率征收；增值税适用 3% 预征率的预缴增值税项目，减按 1% 预征率预缴增值税。该政策执行至 2027 年 12 月 31 日。（财税 2023 年第 19 号公告）

提高三项个人所得税专项附加扣除标准，从 2023 年 1 月 1 日起执行，即 3 岁以下婴幼儿照护、子女教育专项附加扣除标准，由每个婴幼儿（子女）每月 1 000 元提高到 2 000 元；赡养老人专项附加扣除标准，由每月 2 000 元提高到 3 000 元，其中，独生子女每月扣除 3 000 元。

资料来源：马海涛.减税降费的重大成效和重要意义［N］. 经济日报，2022-11-17（10）.

思政关键词：减税降费　国家治理体系　治理能力　共同富裕

第七节　旅游企业利润形成及分配的核算

一、旅游企业利润形成及利润分配

对利润进行核算，可以及时反映企业在一定会计期间的经营业绩和获利能力，反映企业的投入产出效益和经济效益，有助于企业投资者和债权人据此进行盈利预测，评价企业经营绩效，做出正确的决策。

（一）利润的概念与构成

1.利润的概念

旅游企业的利润是指企业在一定会计期间内实现的收入减去费用后所实现的总成果。作为一个会计要素，利润概念还包括它的反面，即负利润或亏损。

2.利润的构成

根据企业会计制度的规定，旅游企业利润包括营业利润、利润总额和净利润。

（1）营业利润

按照利润表的列报要求，营业利润的构成内容如下：

营业利润 = 营业收入 - 营业成本 - 税金及附加 - 销售费用 - 管理费用 - 研发费用 - 财务费用 + 其他收益 + 投资收益（投资损失）+ 净敞口套期收益（-净敞口套期损失）+ 公允价值变动收益（-公允价值变动损失）- 信用减值损失 - 资产减值损失 + 资产处置收益（-资产处置损失）

其中：

营业收入是指企业经营业务所实现的收入总额，包括主营业务收入和其他业务收入；营业成本是指企业经营业务所发生的实际成本总额，包括主营业务成本和其他业务成本。

研发费用是指企业计入管理费用的进行研究与开发过程中发生的费用化支出，以及计入管理费用的自行开发无形资产的摊销。

其他收益主要是指与企业日常活动相关，除冲减相关成本费用以外的政府补助，以及其他应计入其他收益的内容。

投资收益（或损失）是指企业以各种方式对外投资所取得的收益（或损失）。

公允价值变动收益（或损失）是指企业交易性金融资产等公允价值变动形成的应计入当期损益的利得（或损失）。

信用减值损失是指企业计提各项金融资产信用减值准备所确认的信用损失。

资产减值损失是指企业计提有关资产减值准备所形成的损失。

（2）利润总额

利润总额 =营业利润 +营业外收入 – 营业外支出

（3）净利润

净利润 =利润总额 –所得税费用

其中，所得税费用是指企业确认的应从当期利润总额中扣除的所得税费用。

（二）利润的分配

按照《中华人民共和国公司法》的规定，企业利润分配的顺序为：

（1）提取法定盈余公积。法定盈余公积是指企业按照规定的比例从净利润中提取的盈余公积；公司制企业应按照净利润（减弥补以前年度亏损，下同）的 10% 提取法定盈余公积。法定盈余公积累计额已达注册资本的 50% 时可以不再提取。

（2）提取任意盈余公积。任意盈余公积是指企业按照股东会或股东大会决议提取的盈余公积。

（3）向投资者分配利润或股利。旅游企业可以根据股东大会的决定，从可供分配的利润中向投资者分配利润或者股利，在分配时，可以留有余地，即为未分配利润。

二、旅游企业利润形成及分配核算的账户设置

（一）"营业外收入"账户

"营业外收入"账户属于损益类账户，用于核算企业发生的与其日常活动无直接关系的各项利得，主要包括非流动资产处置利得、非货币性资产交换利得、债务重组利得、政府补助、盘盈利得、捐赠利得、罚款利得等。该账户贷方登记企业发生的各项营业外收入，借方登记转入"本年利润"账户的金额，结转后无余额。该账户可按营业外收入项目进行明细核算。

"营业外收入"账户的结构用T形账户列示如下：

借方	营业外收入	贷方
期末转入"本年利润"账户的金额	企业发生的各项营业外收入	

（二）"营业外支出"账户

"营业外支出"账户属于损益类账户，用于核算企业发生的与其日常活动无直接关系

的各项损失，主要包括非流动资产毁损报废损失、捐赠支出、盘亏损失、非常损失、罚款支出等。该账户借方登记企业发生的各项营业外支出，贷方登记转入"本年利润"账户的金额，结转后无余额。该账户可按营业外支出项目进行明细核算。

"营业外支出"账户的结构用T形账户列示如下：

借方	营业外支出	贷方
企业发生的各项营业外支出	期末转入"本年利润"账户的金额	

（三）"本年利润"账户

"本年利润"账户属于所有者权益类账户，用于核算企业当期实现的净利润（或发生的净亏损）。借方登记本期各项费用账户转入金额，贷方登记本期各项收入账户转入金额，贷方余额为当期实现的净利润，借方余额为当期发生的净亏损。年度终了，应将本年收入和支出相抵后结出的本年实现的净利润转入"利润分配"账户，借记本账户，贷记"利润分配——未分配利润"账户；如为净亏损，编制相反的会计分录，结转后本账户应无余额。

"本年利润"账户的结构用T形账户列示如下：

借方	本年利润	贷方
本期各项费用账户转入金额	本期各项收入账户转入金额	
期末余额：当期发生的净亏损	期末余额：当期实现的净利润	

（四）"利润分配"账户

"利润分配"账户属于所有者权益类账户，用于核算企业利润的分配（或亏损的弥补）和历年分配（或弥补）后的余额。借方登记年末从"本年利润"账户转入的全年实现的净亏损和本期实际分配的利润数，贷方登记年末从"本年利润"账户转入的全年实现的净利润，年终贷方余额反映企业的未分配利润，借方余额反映企业的未弥补亏损。该账户应当分别设置"提取法定盈余公积"、"提取任意盈余公积"、"应付现金股利或利润"、"转作股本的股利"、"盈余公积补亏"和"未分配利润"等进行明细核算。

"利润分配"账户的结构用T形账户列示如下：

借方	利润分配	贷方
年末从"本年利润"账户转入的全年实现的净亏损和本期实际分配的利润数	年末从"本年利润"账户转入的全年实现的净利润	
期末余额：企业的未弥补亏损	期末余额：企业的未分配利润	

（五）"盈余公积"账户

"盈余公积"账户属于所有者权益类账户，用于核算企业从净利润中提取的盈余公积。借方登记用于补亏、转增资本的盈余公积数，贷方登记从净利润中提取的盈余公积数，期末余额在贷方，反映企业的盈余公积结余数。

"盈余公积"账户的结构用T形账户列示如下：

借方	盈余公积	贷方
用于补亏、转增资本的盈余公积数	从净利润中提取的盈余公积数	
	期末余额：企业的盈余公积结余数	

（六）"应付利润"账户

"应付利润"账户属于负债类账户，用于核算企业分配的现金股利或利润。借方登记实际支付给投资者的现金股利或利润，贷方登记应支付给投资者的现金股利或利润，期末余额在贷方，反映企业应付未付的现金股利或利润。该账户可按投资者进行明细核算。

"应付利润"账户的结构用T形账户列示如下：

借方	应付利润	贷方
实际支付给投资者的现金股利或利润	应支付给投资者的现金股利或利润	
	期末余额：企业应付未付的现金股利或利润	

三、旅游企业利润形成及分配的核算

（一）利润形成的核算

1.营业外收支的核算

【例3-50】12月份，因客户违反合同，东方旅游企业通过索赔，取得了15 000元的赔偿费，银行已入账。编制如下会计分录：

借：银行存款　　　　　　　　　　　　　　　15 000
　　贷：营业外收入　　　　　　　　　　　　　　　　　　15 000

【例3-51】12月份，东方旅游企业通过红十字会向灾区捐赠200 000元，该款项以银行存款支付。编制如下会计分录：

借：营业外支出　　　　　　　　　　　　　　200 000
　　贷：银行存款　　　　　　　　　　　　　　　　　　　200 000

2.利润总额及净利润形成的核算

按照利润总额计算过程，将所有损益类账户的余额转入"本年利润"账户，即将"主营业务收入"、"营业外收入"及"投资收益"账户的贷方余额，由借方转入该账户的贷方；将"主营业务成本"、"税金及附加"、"销售费用"、"管理费用"、"财务费用"、"营业外支出"和"投资收益"账户的借方余额，由贷方转入该账户的借方，在贷方结算企业当年实现的利润总额，若发生亏损，以负数记录。

【例3-52】2023年12月份，东方旅游企业经账项核对、账目调整后，各有关账户的余额为："主营业务收入"贷方余额250 000元，"主营业务成本"借方余额65 000元，"税金及附加"借方余额12 500元，"销售费用"借方余额75 000元，"管理费用"借方余额35 000元，"财务费用"借方余额8 500元，"营业外支出"借方余额2 500元，"投资收益"贷方余额6 500元，"营业外收入"贷方余额3 500元。结转当月实现的利润额（假

设该业务题的数据与之前的业务题无直接关系）。

将收入类账户余额结转至"本年利润"账户，编制如下会计分录：

借：主营业务收入		250 000
投资收益		6 500
营业外收入		3 500
贷：本年利润		260 000

将费用类账户余额结转至"本年利润"账户，编制如下会计分录：

借：本年利润		198 500
贷：主营业务成本		65 000
税金及附加		12 500
销售费用		75 000
管理费用		35 000
财务费用		8 500
营业外支出		2 500

从以上会计分录可知，东方旅游企业2023年12月份实现的利润总额为：

利润总额=260 000-198 500=61 500（元）

【例 3-53】假设东方旅游企业符合小型微利企业的从业人数和资产总额条件，2023年1—11月实现利润500 000元，1—11月已计提和预缴企业所得税20 000元，那么2023年全年实现的利润总额为561 500元，无其他调整事项，计算该企业2023年汇算时应补提和补缴多少所得税？

该企业2023年应交所得税计算如下：

应交所得税=561 500×25%×20%=28 075（元）

2023年12月应补提和补缴企业所得税=28 075-20 000=8 075（元）

2023年12月补提企业所得税应编制如下会计分录：

借：所得税费用		8 075
贷：应交税费——应交所得税		8 075

12月31日，将"所得税费用"账户余额转入"本年利润"账户，编制会计分录如下：

借：本年利润		8 075
贷：所得税费用		8 075

2023年1月以银行存款缴纳上年12月应补缴的所得税时，编制会计分录如下：

借：应交税费——应交所得税		8 075
贷：银行存款		8 075

所得税结转后，便可得出东方旅游企业2023年的净利润为：

净利润=561 500-28 075=533 425（元）

（二）利润分配的核算

企业在年终决算后，应将全年实现的净利润自"本年利润"账户中转入"利润分配——未分配利润"账户。借记"本年利润"账户，贷记"利润分配——未分配利润"账户，如本年亏损，则编制相反的会计分录。

企业从税后利润中提取盈余公积时，借记"利润分配——提取盈余公积"账户，贷记"盈余公积"账户；以盈余公积弥补亏损、转增资本或分配利润时，借记"盈余公积"账户，贷记"利润分配——盈余公积补亏"、"实收资本"或"应付利润"账户。

企业在利润分配过程中计算出应付给投资者的利润时，借记"利润分配——应付利润"账户，贷记"应付利润"账户；实际支付利润时，借记"应付利润"账户，贷记"库存现金"或"银行存款"账户。

在利润分配完毕后，企业应将"本年利润"账户余额与"利润分配"账户下"提取盈余公积"和"应付利润"等明细分类账户的余额全部转入"利润分配"账户下的"未分配利润"明细分类账户。结转后，"利润分配"账户下的其他明细账户应无余额。"利润分配——未分配利润"明细账户，若为借方余额，表示企业有未弥补的亏损，若为贷方余额，则表示企业尚有未分配的利润。

【例 3-54】年终，东方旅游企业将 2023 年实现的净利润转入"利润分配——未分配利润"账户，编制会计分录如下：

  借：本年利润   533 425
    贷：利润分配——未分配利润   533 425

【例 3-55】东方旅游企业财务部按净利润的 10% 提取法定盈余公积金 53 342.5 元，向投资者分配利润 200 000 元。

根据有关凭证应编制如下会计分录：

  借：利润分配——提取法定盈余公积   53 342.5
       ——应付利润   200 000
    贷：盈余公积——法定盈余公积金   53 342.5
      应付利润   200 000

【例 3-56】将"利润分配"账户下"提取盈余公积"和"应付利润"等明细分类账户的余额全部转入"利润分配"账户下的"未分配利润"明细分类账户。

  借：利润分配——未分配利润   253 342.5
    贷：利润分配——提取法定盈余公积   53 342.5
       ——应付利润   200 000

结转后，"利润分配"账户下"提取盈余公积"和"应付利润"等明细分类账户无余额，"利润分配——未分配利润"账户的余额为：

  利润余额=533 425−253 342.5=280 082.5（元）

第八节 旅游企业外币业务的核算

一、外币业务核算的主要内容

外币业务包括外币交易业务和外币报表折算业务。外币交易业务是指以记账本位币以外的其他货币进行款项收付、往来结算和计价的经济业务。企业的外币交易业务主要包括三类：①外币兑换业务；②外币购销业务；③外币借款业务。我国的外币报表折算业务是指以非人民币作为记账本位币的企业，按会计准则规定将报表的外币数折算为人民币数的一种外币业务。本节所述的外币业务是指外币的日常交易业务。

（一）外币业务核算的相关概念

1.外币

一般意义上的外币是指本国货币以外的各种货币。会计上的外币则是指记账本位币以外的货币。记账本位币是指企业在记账时，作为统一计量尺度的货币。企业的记账本位币可以是人民币，也可以是人民币以外的某种货币，对于业务收支以外币为主的企业，可以选用外币作为记账本位币。如某涉外酒店，其日常的业务收支以美元为主，因此选用美元作为记账本位币，那么人民币就是该公司会计上的外币。

2.外汇

外汇与外币不是同一概念，它是外币资金的总称，是指以外国货币表示的用于国际结算的支付手段。外汇的具体内容包括：①外国货币，包括纸币、铸币；②外币有价证券，包括政府公债、国库券、公司债券、股票、息票等；③外币支付凭证，包括票据（支票、汇票、期票）、银行存款凭证、邮政储蓄凭证等；④其他外汇资金，如旅游者携带的美元、日元、英镑、欧元等各种外币，支票，旅游信用证，各种贸易项目收支的款项等。

3.汇率

汇率又称汇价，是指两国货币间的交换比价。换言之，它是一国货币兑换为其他国货币的比率。

汇率的标价方法有两种：一是直接标价法，是指以一定单位的外国货币为标准折算为一定单位的本国货币的标价方法，我国和世界上大多数国家都采用这种汇率标价方法；二是间接标价法，是指以一定单位的本国货币为标准折算为一定单位的外国货币的标价方法，世界上只有少数国家采用这种汇率标价方法。

按银行买卖外汇的价格，汇率可分为外汇买入价、外汇卖出价和外汇中间价。外汇买入价和外汇卖出价是外汇指定银行与客户买卖外汇的挂牌价。外汇买入价是指银行以人民币向客户买入外币时所使用的汇率；外汇卖出价是指银行向客户卖出外币收进人民币时所使用的汇率；外汇中间价是指以人民币计算的外汇买入价与外汇卖出价的平均值。在外币业务的核算中，原则上采用外汇中间价将外币折算为记账本位币。

汇率按所处的时点分为现行汇率和历史汇率。现行汇率是指现在某一时点的汇率，历史汇率是指过去某一时点的汇率。在此基础上，汇率又有记账汇率和账面汇率之分。记账汇率是指企业对所发生的外币业务进行账务处理时所采用的汇率；账面汇率是指企业以前发生外币业务登记入账时所采用的记账汇率，即账面历史汇率。

4.复币记账

复币记账是指企业在登记各种外币账户时，既要登记外币折合后的记账本位币金额，又要登记原币的金额和折合率。

5.汇兑损益

汇兑损益是指企业发生的外币业务在折合为记账本位币时，由于记账时间和汇率的不同而产生的折合为记账本位币的差额以及不同外币兑换发生的收付差额，又称"汇兑差额"。

企业发生的汇兑损益包括折算损益、兑换损益和调整损益三部分。折算损益是指已经发生的外币债权债务在偿付时因记账汇率与账面汇率不同所发生的折合记账本位币的差额；兑换损益是指企业在进行外汇买卖时因买卖汇率与企业的记账汇率不同所发生的折合记账本位币的差额；调整损益是指企业所有外币账户的账面余额期末按市场汇率进行调整时，因市场汇率与账面汇率不同所产生的折合记账本位币的差额。

（二）旅游企业外币兑换业务

1.外币兑换的汇率

外币兑换是指将一国货币按一定的比率兑换（折算）成另一国货币。旅游企业在外币兑换业务中，使用的人民币汇率有：

买入汇率（现汇买入价），即银行买入外币时所用的牌价，企业用外币兑换人民币的价格。

卖出汇率（现汇、现钞卖出价），即银行售出外汇时所使用的牌价，企业用人民币兑换外币的价格。

现钞买入价，即现钞价，是指银行买入外币现钞时所使用的价格，企业以外币现钞兑换人民币现钞的价格。

现钞买入价通常比现汇买入价低，因为银行买入外钞，需送往境外才能成为可使用的外汇，银行要支付运费、保险费并垫付资金的利息，而现汇是电子记账，不会产生此类费用；现汇、现钞卖出价相同；基准价一般与中国人民银行折算价（中间价）相同。一般旅游企业只使用买入价，但作为旅游企业的外币兑换员，应熟悉以上三种汇率的兑换。

2.外汇兑换证明

外汇兑换证明，俗称水单，有效期为半年，是银行向兑换人提供的证明，当顾客出境前要求兑换回未用完的外币时，凭此证明可兑换回不超过原兑换金额的50%。对于酒店来说，外币兑换证明是一种业务记账凭证。外币兑换证明由中国银行统一印制，发给外汇兑换点。外币兑换证明有严格的管理制度，所有外汇兑换都需要填制水单。水单和其他消费凭单一样要连号使用。在填制水单时应注意：要逐项填写，不得漏项；填写整洁、清楚，不得涂改；根据兑换外币的性质，正确使用当天牌价。

3.旅游企业常用的外币

（1）外币现钞。目前酒店可接受兑换的外币现钞主要有美元、欧元、港币、日元、澳大利亚元等。

（2）外币旅行支票。外币旅行支票是指境内商业银行代售的、由境外银行或专门金融机构印制、以发行机构作为最终付款人、以可自由兑换货币作为计价结算货币、有固定面额的票据。境内居民在购买时，需本人在支票上签名，兑换时，只需再次签名即可。

外币旅行支票的特点有：其一，旅行支票和现金一样具有良好的流动性、永久有效且无使用时间限制，如果用不完，可以留着下次再用，或支付一定费用换回现钞。同时，旅行支票即使丢了也不用担心，只要凭护照和购买合约去指定机构办理挂失手续，即可得到新的旅行支票。其二，旅行支票的购买和使用手续费低，仅需支付（以国内为例）0.75%的手续费。其三，旅行支票的使用不像信用卡那样受到通信状况的制约。其四，旅行支票有多币种可供选择，避免了兑换产生的汇率损失。

总之，旅行支票发展成熟，在方便性、安全性等方面具有非常显著的优势，可作为"有卡族"有益的补充。

（3）外币信用卡。外币信用卡有单外币信用卡和双币信用卡之分。

单外币信用卡，目前有中国银行代理中银卡司的长城国际信用卡（有港元、美元、欧元、英镑）和平安银行的单币国际信用卡（现有美元）等。

其他银行以及中国银行有双币信用卡，有人民币和外币两个账户，常见的为人民币/美元。中信银行有人民币/港元双币信用卡，中国工商银行有人民币/欧元信用卡，中国银行有人民币/日元信用卡。

旅游企业外币兑换业务受中国银行委托，由中国银行按旅游企业外币兑换业务量的大小拨给定额周转金。酒店总台或旅行社结账处外币兑换员每天要定时将所兑换的外币、支票，随外币兑换证明交送银行，换回等额周转金，以保证外币兑换业务的顺利进行。

（三）外币业务的记账方法

外币业务的记账方法有外币统账制和外币分账制两种。

外币统账制是指企业在外币业务发生时，就将外币折算为记账本位币入账，并据此编制财务报表。采用外币统账制记录外币业务的企业，平时除外币兑换外，不确认汇兑损益；期末在将外币账户的账面记账本位币金额调整为按期末市场汇率折合的记账本位币金额时，所产生的差额，确认为本期发生的汇兑损益。

外币分账制是指企业在对外币业务进行日常核算时，按照外币原价记账，分币种核算损益，并编制各种货币币种的财务报表。在资产负债表日一次性地将外币财务报表折算为记账本位币表示的财务报表。

目前，我国绝大多数企业采用外币统账制方法核算其外币业务，只有银行等少数金融企业采用外币分账制。本节将要阐述的外币业务记账方法就属于外币统账制。

（四）外币业务的核算原则

旅游企业在进行外币业务核算时，应遵循以下原则：

（1）发生外币业务时，应当将外币金额折合成记账本位币金额，按照折合后的记账本位币金额登记有关账户，并同时登记原币金额。企业将外币金额折合成记账本位币金额时，可以采用业务发生时的市场汇率（即中国人民银行公布的市场汇价），也可以采用业务发生当期期初的市场汇率。两种汇率企业可任选，但要保持一贯性。

自1994年1月1日起，我国的外汇管理体制有了重大改革，中国人民银行每日根据前一日各外汇指定银行交易行情的市场价格，公布人民币对美元交易的中间价，同时参照国际汇率规定人民币对其他货币的市场汇价。各企业应将中国人民银行每日公布的市场汇价确定为记账汇率，以统一记账标准。

（2）因向外汇指定银行结汇或购汇以及不同外币兑换而产生的银行买入、卖出价与市场汇价之间的差额，作为汇兑损益，计入当期的财务费用。

实行结汇制和售汇制是1994年外汇管理体制改革的一项重要内容。结汇制是指我国境内所有中资企业、机关和社会团体的各类外汇收入，都要按银行挂牌汇率，卖给外汇指定银行，银行按买入价兑付人民币；售汇制是指我国境内机构在用汇时，必须持国家认可的有效凭证，到外汇指定银行用人民币办理兑付，即按外汇指定银行挂牌汇率支付人民币购入外汇。

企业向银行办理结汇时，即企业卖出外汇（对银行而言为买入外汇）时，其卖出价与选定的市场汇价之间可能产生差额，其差额应作为汇兑损益处理；在向银行办理购汇时，即买入外汇（对银行而言为卖出外汇）时，其买入价与选定的市场汇价之间也可能产生差额，其差额也作为汇兑损益处理。

（3）月份（或季度、半年度、年度）终了，企业应对各种外币账户的外币期末余额，按照期末市场汇价折合为记账本位币金额。将期末市场汇价折合的记账本位币金额与原账面记账本位币金额之间的差额，作为汇兑损益。该汇兑损益应分不同情况进行处理：①筹建期间发生的汇兑损益，记入"长期待摊费用"账户；②生产经营期间与购建固定资产有关的外币专门借款产生的汇兑损益，应按借款费用的处理原则处理；③其余的汇兑损益，均计入当期财务费用。

二、外币业务核算的账户设置

旅游企业在核算外币业务时，应当设置相应的外币账户。外币账户主要包括：外币现金、外币银行存款以及以外币结算的债权和债务账户。外币结算的债权账户包括"应收账款"、"应收票据"和"预付账款"等；外币结算的债务账户包括"短期借款"、"长期借款"、"应付账款"、"应付票据"、"应付职工薪酬"和"预收账款"等。对于应计入财务费用的汇兑损益可在"财务费用"账户下设置"汇兑损益"明细账户核算。以上总账账户的性质在本章的前几节已阐述，在此不再重复。

三、旅游企业外币日常业务的核算

（一）外币兑换业务

外币兑换业务包括企业从金融机构购入外汇业务和企业卖出外汇业务。旅游企业承办外汇兑换业务的外币形式有外钞、旅行支票、信用卡等，这里只介绍外钞。

1.企业卖出外汇业务的核算

企业卖出外汇时，一方面将实际收取的记账本位币登记入账，另一方面按当日汇率（采用中行折算价，下同）将卖出的外汇登记在相应的外币账户。实际收入的记账本位币金额与付出的外币按当日汇率折算为记账本位币金额的差额，作为汇兑损益。

【例3-57】2023年12月6日，东方旅游企业将现汇10 000美元到银行兑换为人民币，银行当日的美元现汇买入价为1美元=7.1356人民币元，当日的市场汇率为1美元=7.1127人民币元。

借：银行存款——人民币户（按实际收到的人民币）　　　　　　　71 356

贷：银行存款——美元户（10 000 美元）　　　　　　　　　　71 127

　　财务费用——汇兑损益　　　　　　　　　　　　　　　　　229

2. 企业买入外汇业务的核算

企业买入外汇时，一方面要按外汇卖出价折算应向银行支付的记账本位币，并记录所支付的金额；另一方面要按照当日的市场汇率将买入的外汇折算为记账本位币，并登记入账；同时按照买入的外币金额登记相应的外币账户。实际付出的记账本位币金额与收取的外币按照当日市场汇率折算为本位币金额之间的差额，作为当期汇兑损益。

【例 3-58】2023 年 12 月 6 日，东方旅游企业从银行购入 20 000 美元，银行当日的美元卖出价为 1 美元=7.1640 人民币元，当日的市场汇率为 1 美元=7.1127 人民币元。

借：银行存款——美元户（20 000 美元）　　　　　　　　　142 254

　　财务费用——汇兑损益　　　　　　　　　　　　　　　1 026

贷：银行存款——人民币户（按实际支付的人民币）　　　　143 280

（二）外币购销业务的核算（为简化核算，以下例题关税及增值税略）

（1）企业从国外购进原材料、商品或引进设备时，按照当日的市场汇率将支付的外汇或应支付的外汇折算为人民币记账，以确定购入原材料等货物及债务的入账价值，同时按照外币的金额登记有关外币账户。

【例 3-59】2023 年 12 月 6 日，东方旅游企业从境外购入原材料一批，价款 1 000 美元，购入材料时的市场汇率为 1 美元=7.1127 人民币元，款项尚未支付。该企业对外币业务采用外币业务发生时的市场汇率核算。

借：原材料　　　　　　　　　　　　　　　　　　　　　7 112.7

贷：应付账款——美元户（1 000 美元）　　　　　　　　7 112.7

（2）企业出口商品时，按照当日的市场汇率将外币销售收入折算为人民币入账；对于出口销售取得的款项或发生的债权，按照折算后的人民币金额入账，同时按照外币金额登记有关外币账户。

【例 3-60】2023 年 12 月 6 日，东方旅游企业向境外出售商品一批，价款 10 000 美元，销售商品时的市场汇率为 1 美元=7.1127 人民币元，款项尚未收到。该企业对外币业务采用外币业务发生时的市场汇率核算。

借：应收账款——美元户（10 000 美元）　　　　　　　　71 127

贷：主营业务收入　　　　　　　　　　　　　　　　　71 127

（三）外币借款业务的核算

企业借入外币时，按照借入外币时的市场汇率折算为记账本位币入账，并按照借入外币的金额登记相关的外币账户。

【例 3-61】2023 年 12 月 6 日，东方旅游企业从银行借入 10 000 美元，借入的外币暂存银行。借入的市场汇率为 1 美元=7.1127 元人民币。该企业对外币业务采用外币业务发生时的市场汇率核算。

借：银行存款——美元户（10 000 美元）　　　　　　　　71 127

贷：短期借款——美元户（10 000 美元）　　　　　　　　71 127

还款时，按还款当时的市场汇率编制相反会计分录。

（四）接受外币资本投资的核算

根据《关于外商投资的公司审批登记管理法律适用若干问题的执行意见》（工商外企字〔2006〕81号）的规定，外商投资公司的注册资本只能采用收到出资当日即期汇率，不再使用合同汇率，也不使用即期汇率的近似汇率，与其相对应的资产类科目也不使用即期汇率的近似汇率。因此，企业收到投资者以外币投入的资本，无论是否有合同约定汇率，均不得采用合同约定汇率和即期汇率的近似汇率折算，而应当采用交易发生日的即期汇率折算。这样，外币投入资本不会产生汇兑差额，资产类科目在期末仍分为货币性项目和非货币性项目进行处理。

【例3-62】2023年12月6日，东方旅游企业收到外商作为实收资本投入的机器设备1台，协议作价200 000美元，当日市场汇率为1∶7.1127，合同约定汇率为1∶7.13。

借：固定资产——美元户（按收到出资当日即期汇率折算，200 000美元）

　　　　　　　　　　　　　　　　　　　　　　　　　　　　　　1 422 540

　　贷：实收资本（按收到出资当日即期汇率折算，200 000美元）　　1 422 540

素养园地3-2　　人物专访丨艺选·轻旅酒店财务负责人余美丽—— 一分耕耘，一分收获

艺选·轻旅酒店是一家以品牌输出、个性化软装设计、运营管理输出、智能管理系统输出、人力共享、收益创新、供应链共享等创新引领酒店业变革的智能酒店运营企业，通过智能系统、运营模式创新、软装升级实现酒店收益翻倍，解放所有酒店业主。

余美丽女士专注于房地产与酒店行业17年，十余年的坚守是对一个人的专业知识、工作能力、职业道德和人品的多重考验。2021年4月1日，余女士出任艺选·轻旅酒店财务负责人，她凭借丰富的运营经验与卓越的团队管理能力，全面配合开展筹备阶段和开业后的战略发展及财务管理工作。

小编：您认为财务部对一个公司的意义是什么？

余总：我认为财务部在一个公司中有举足轻重的作用，是一个公司的心脏。

第一，财务会计有助于提供决策有用的信息，提高企业透明度，规范企业行为，提供有关企业财务状况、经营成果和现金流量方面的信息，是包括投资者和债权人在内的各方面进行决策的依据。

第二，财务会计有助于企业加强经营管理，提高经济效益，促进企业可持续发展。

第三，财务会计有助于考核企业管理层经济责任的履行情况。企业接受投资者和债权人的投资，就有责任按照其预定的发展目标和要求合理利用资源，加强经营管理，提高经济效益，接受考核和评价，为外部与企业有经济利害关系的投资人、债权人和税务等有关部门提供企业的财务状况与盈利能力等经济信息。财务会计通过一系列会计程序，提供对决策有用的信息，并积极参与经营管理决策，提高企业经济效益，服务于市场经济的健康、有序发展。

小编：在一个年轻的酒店管理公司，财务部如何建立起适合轻旅、适合市场的财务制

度，如何做到既能有效管控公司资金活动，又能有效支持业务发展？

余总：制度是一个企业、一个团队共同遵守的游戏规则，制度不是靠一个人来完成的，是一个团队共同合作的结果。

第一，划分内部财务管理的岗位，明确相应的责任，具体包括财务管理体制的确立、财务机构的设置、财务管理岗位的设立、内部分工、各岗位责权及其相互衔接关系。

第二，明确财务管理的内容和方法，具体包括货币资本、存货、固定资产、易耗品销售与收款、工资、筹资、投资、收益分配等的管理方法。

第三，规定财务管理与内部各部门的相互衔接关系，包括责任的划分、责任核算、责任控制、责任奖惩等。

小编：您认为什么样的个人品质、性格和能力对做好财务工作来讲是重要的？

余总：财务工作要求从业人员坚持诚实守信、客观公正的原则，另外，作为财务人员，不仅要有全局观和服务意识，还要不断进取，及时更新知识以适应新的法规制度，要对税法、财务成本管理等知识融会贯通，熟练运用。

在采访过程中，余总表示：我并不比别人聪明，但我比别人更勤奋！工作使我快乐！

未来，余总将继续秉承"不积跬步无以至千里"的理念，以实现利润为目标，保持财务理念的更新，在财务规划及资金管理上未雨绸缪，为企业创造良好的财务环境。

资料来源：佚名.人物专访|艺选·轻旅酒店财务负责人余美丽——一分耕耘，一分收获［EB/OL］.［2021-09-13］.https://zhuanlan.zhihu.com/p/409885732? utm_id=0.有删减.

思政关键词：诚实守信　客观公正　强化服务　参与管理　提高技能

■ 本章小结

• 本章通过旅游企业主要经济业务的核算，较为详细地阐述了复式记账法的具体运用。根据旅游企业资金运动的规律，旅游企业的主要经济业务包括资金的筹集业务，固定资产的购建业务，存货的收发存业务、营业收支及税费业务，利润形成及分配业务等。

• 资金筹集的方式有两种，即接受投资者投资和向债权人借入资金。投资者投入的资金可能形成企业的实收资本（或股本）或资本公积；借入资金按偿还期限的不同，分为短期借款和长期借款。

• 旅游企业的存货按其经济内容可分为原材料、库存商品、低值易耗品、包装物等，这些存货是旅游企业特别是餐饮业流动资产的重要组成部分。

• 旅游企业（商场除外）购入存货的入账价值包括买价和采购费用等。存货按实际成本进行计价时，发出存货的计价方法有先进先出法、加权平均法和个别计价法。存货结存价值的确认方法有实地盘存制和永续盘存制。

• 旅游企业（酒店）原材料的管理分入库管理和不入库管理，入库管理的材料有粮食类和干货类等，不入库管理的材料主要是各种直接进厨房的海鲜类和蔬菜类等鲜活食品。酒店餐饮部门领用需入库管理的材料时，借记"主营业务成本"账户，贷记"原材料"账户；领用不入库管理的材料时，借记"主营业务成本"账户，贷记"银行存款"等账户。

• 旅游企业的低值易耗品、包装物等的摊销方法有一次摊销法和五五摊销法。

•收入是指企业在销售商品、提供劳务及让渡资产使用权等日常活动中所形成的经济利益的总流入，包括主营业务收入和其他业务收入。各类旅游企业发生的营业收入，一律按照权责发生制计算。

•旅游企业的成本和费用项目一般是按费用要素划分，即分为主营业务成本、销售费用、辅助营业支出、管理费用和财务费用五项。其中，辅助营业支出在期末要分配摊入各项销售费用中。主营业务成本和销售费用用于核算企业各营业部门成本费用开支；管理费用是指旅游企业管理部门为组织和管理其经营活动而发生的各种费用。财务费用是指企业为筹集和调度其经营所需资金而发生的一般性费用，包括利息支出、汇兑损益、支付金融机构手续费等。

•旅游企业涉及的税费主要有三大部分：一是消费税和增值税；二是所得税，包括企业所得税和个人所得税；三是其他税费，包括城市维护建设税、教育费附加、房产税、车船税、城镇土地使用税和印花税等。

•旅游企业的利润是指企业在一定会计期间内实现的收入减去费用后所实现的总成果。旅游企业利润包括营业利润、利润总额和净利润。利润总额由营业利润和营业外收支净额组成，利润总额扣除所得税费用后即为净利润。

•旅游企业利润分配的步骤一般为：①提取法定盈余公积金；②提取任意盈余公积金；③向投资者分配利润或股利。

•外币业务包括外币交易业务和外币报表折算业务。企业的外币交易业务主要包括三类：①外币兑换业务，旅游企业常用的外币有外币现钞、外币旅行支票和外币信用卡；②外币购销业务；③外币借款业务。

■ 主要概念

资金筹集　存货计价方法　实地盘存制　永续盘存制　利润分配　外币兑换
汇兑损益

■ 基本训练

一、选择题

（一）单项选择题

1.实收资本是指企业实际收到的投资者投入的资本，它是企业（　　）的主要组成部分。

A.资产　　　　　　　B.负债　　　　　　C.所有者权益　　　　D.收入

2.企业购入材料发生的外地运杂费等采购费用应计入（　　）。

A.管理费用　　　　　　　　　　　B.材料采购成本

C.生产成本　　　　　　　　　　　D.营业费用

3.下列各种计价方法中，不能随时结转发出存货成本的方法是（　　）。

A.先进先出法　　　　　　　　　　B.全月一次加权平均法

C.个别计价法　　　　　　　　　　D.移动加权平均法

4.企业购进存货时运输途中发生的合理损耗应计入（　　）。

A.存货成本　　　　B.销售费用　　　　C.管理费用　　　　D.营业外支出

5.企业采用实地盘存制进行存货管理，如果会计人员低估了期末存货成本，将会（　　　）。

A.高估本期销售成本　　　　　　　　B.低估本期销售成本

C.不影响本期销售利润　　　　　　　D.高估本期销售利润

6.下列属于永续盘存制计算公式的是（　　　）。

A.期初结存数+本期收入数−期末实存数=本期发出数

B.期初结存数+本期收入数−本期发出数=期末结存数

C.期初结存数+本期收入数=本期发出数+期末实存数

D.期初结存数−期末实存数=本期发出数−本期收入数

7.企业确认收入、费用的基本前提是（　　　）。

A.会计主体　　　B.持续经营　　　C.货币计量　　　D.权责发生制

8.甲旅游企业1月份发生下列支出：①支付本年度保险费7 200元；②支付去年第4季度借款利息9 600元；③支付本年度报刊订阅费5 400元，按照权责发生制原则，该企业1月份应负担的费用为（　　　）。

A.22 200元　　　B.4 250元　　　C.12 600元　　　D.1 050元

9.甲旅游企业餐饮部门购入直拨厨房的鲜活食品时，借记（　　　）账户。

A."原材料"　　　　　　　　　　　B."主营业务成本"

C."销售费用"　　　　　　　　　　D."管理费用"

10.结转本月领用食品原材料成本共计6 000元，其中餐饮部门领用5 500元，行政部门领用500元。则餐饮部门领用的5 500元，借记（　　　）账户。

A."其他业务成本"　　　　　　　　B."主营业务成本"

C."销售费用"　　　　　　　　　　D."管理费用"

11.旅行社的代收代付费用属于（　　　）。

A.主营业务成本　　B.管理费用　　C.其他应收款　　D.销售费用

12.在下列费用中，不属于企业期间费用的内容是（　　　）。

A.销售费用　　　B.管理费用　　　C.财务费用　　　D.主营业务成本

13.年末，应将全年累计实现的净利润（或亏损）转入（　　　）账户。

A."本年利润"　　B."应付利润"　　C."利润分配"　　D."盈余公积"

14."借：本年利润，　贷：利润分配"，这笔会计分录反映的经济业务的是（　　　）。

A.分配本年实现的利润　　　　　　B.结转全年发生的亏损

C.结转全年实现的利润　　　　　　D.将利润分配数转入"本年利润"账户

15.结算本月应付工资如下：餐饮部门、客房部门及营销部门员工工资为100 000元，行政管理人员工资为50 000元。该旅游企业餐饮部门、客房部门及营销部门员工工资应记入（　　　）账户。

A."其他业务成本"　　　　　　　　B."主营业务成本"

C."销售费用"　　　　　　　　　　D."管理费用"

16."累计折旧"账户按经济内容分类属于（　　　）账户。

A.资产类　　　　　B.负债类　　　　C.所有者权益类　　D.损益类

17.计提本月固定资产折旧时，应贷记（　　）账户。

A."固定资产"　　　B."累计折旧"　　C."管理费用"　　　D."销售费用"

18.计提本月固定资产折旧，其中餐饮部门、客房部门及营销部门固定资产折旧100 000元，行政管理部门固定资产折旧200 000元。其中行政管理部门固定资产折旧应记入（　　）账户。

A."其他业务成本"　　　　　　　　B."主营业务成本"

C."销售费用"　　　　　　　　　　D."管理费用"

19.用银行存款支付广告费1 000元，应借记（　　）账户。

A."银行存款"　　B."管理费用"　　C."财务费用"　　D."销售费用"

20.支付职工报销医药费500元，应列入借方科目的有（　　）。

A.银行存款　　　B.库存现金　　　C.应付职工薪酬　　D.管理费用

21.企业应缴纳的教育费附加应记入（　　）账户贷方。

A."税金及附加"　　　　　　　　　B."应交税费"

C."其他应付款"　　　　　　　　　D."银行存款"

22.下列税费中，不通过"税金及附加"账户核算的是（　　）。

A.增值税　　　　　　　　　　　　B.城市维护建设税

C.城镇土地使用税　　　　　　　　D.印花税

23.企业发生的罚款支出应列入（　　）科目。

A.营业外支出　　B.其他业务成本　　C.销售费用　　　D.管理费用

24.11月30日，"本年利润"账户有贷方余额50 000元，表示（　　）。

A.11月份实现利润50 000元

B.11月30日实现利润50 000元

C.1月1日至11月30日共计实现的利润为50 000元

D.1月1日至11月30日累计亏损50 000元

25."所得税费用"账户的贷方登记（　　）。

A.转入"本年利润"账户的所得税　　B.实际缴纳的所得税

C.转入"利润分配"账户的所得税　　D.转入"主营业务成本"账户的税费

26.采购员出差预借差旅费时，应借记（　　）账户。

A."其他应收款"　　B."管理费用"　　C."在途物资"　　D."销售费用"

27.对企业发生的外币业务，下列不属于外币账户的是（　　）。

A."资本公积"　　B."短期借款"　　C."应收账款"　　D."应付账款"

28.企业将外币兑换成人民币时，兑换时确定的汇兑损益是指（　　）。

A.账面汇率与当日即期汇率之差所引起的折算差额

B.卖出价与当日即期汇率之差所引起的折算差额

C.买入价与当日即期汇率之差所引起的折算差额

D.账面汇率与当日银行买入价之差所引起的折算差额

（二）多项选择题

1.旅游企业的主要经济业务包括（　　）。

A.旅游企业的筹建业务　　　　　　B.旅游企业的营运业务

C.旅游企业的利润形成业务　　　　D.旅游企业的利润分配业务

2.企业的投资者包括（　　）。

A.国家　　　　　　B.法人　　　　　　C.个人　　　　　　D.外商

3.企业的投资方式有（　　）。

A.货币资金　　　　B.固定资产　　　　C.材料物资　　　　D.无形资产

4.按照我国新企业会计准则的要求，实际成本法下，企业可以使用的发出存货计价方法有（　　）。

A.先进先出法　　　B.个别计价法　　　C.加权平均法　　　D.计划成本法

5.企业期末存货计价过高，可能会引起（　　）。

A.销售成本过高　　　　　　　　　　B.当期利润增加

C.所得税费用增加　　　　　　　　　D.所得税费用减少

6.以下属于旅游企业存货的是（　　）。

A.原材料　　　　　B.库存商品　　　　C.包装物　　　　　D.低值易耗品

7.旅游企业外购大米等原材料的采购成本中包括（　　）。

A.材料购买价款　　　　　　　　　　B.运输费、保险费

C.运输途中的合理损耗　　　　　　　D.入库前的挑选整理费

8.旅游企业发生的税费应记入"税金及附加"账户的有（　　）。

A.资源税　　　　　　　　　　　　　B.城市维护建设税

C.教育费附加　　　　　　　　　　　D.增值税

9.下列税费记入"税金及附加"账户的是（　　）。

A.房产税　　　　　　　　　　　　　B.车船税

C.城镇土地使用税　　　　　　　　　D.印花税

10.期间费用包括（　　）。

A.财务费用　　　B.销售费用　　　C.税金及附加　　　D.管理费用

11.旅游企业"主营业务成本"账户核算的内容包括（　　）。

A.餐饮营业成本　　　　　　　　　　B.商品销售成本

C.旅行社的营业成本　　　　　　　　D.餐饮、客房人员工资

12."应付职工薪酬"账户核算的内容包括（　　）。

A.工会经费及职工教育经费　　　　　B.职工工资及福利费

C.社会保险费　　　　　　　　　　　D.住房公积金

13.按照权责发生制的要求，下列各项中应确认为当期费用的有（　　）。

A.支付的企业管理人员的工资

B.支付产品的销售费用

C.本期不需要支付货币资金，但需要负担的费用

D.本期不需要支付货币资金，也不需要负担的费用

14.属于净利润分配内容的有（　　　）。

A.弥补以前年度亏损　　　　　　　　B.提取盈余公积

C.向投资者分配利润　　　　　　　　D.缴纳企业所得税

15.下列支出直接记入"管理费用"账户借方的有（　　　）。

A.业务招待费　　　　　　　　　　　B.工会经费和职工教育经费

C.广告费　　　　　　　　　　　　　D.捐赠支出

16."营业外收入"账户核算的内容包括（　　　）。

A.捐赠利得　　　　B.政府补助　　　C.盘盈利得　　　　D.罚款利得

17."营业外支出"账户核算的内容包括（　　　）。

A.非流动资产处置损失　　　　　　　B.公益性捐赠支出

C.非常损失　　　　　　　　　　　　D.盘亏损失

18."盈余公积"账户的借方登记盈余公积金的支用，如（　　　）。

A.分配股利　　　　　　　　　　　　B.转增资本金

C.弥补亏损　　　　　　　　　　　　D.留作以后继续分配

19."财务费用"账户用于核算企业发生的（　　　）。

A.利息支出（减利息收入）　　　　　B.汇兑损益

C.银行结算手续费　　　　　　　　　D.企业发生的现金折扣

20.下列账户期末结转后无余额的是（　　　）。

A."管理费用"　　　　　　　　　　　B."税金及附加"

C."财务费用"　　　　　　　　　　　D."销售费用"

21.下列交易中属于外币交易的有（　　　）。

A.卖出以外币计价的商品或者劳务　　B.买入以外币计价的商品或者劳务

C.借出外币资金　　　　　　　　　　D.借入外币资金

二、实训题

实训题一　练习旅游企业筹建过程的核算

资料1：东方旅游企业2023年12月份发生下列经济业务：

1.甲公司投入使用一台厨房用全新设备，总价值200 000元，不考虑增值税。

2.向银行借入3个月期的借款100 000元，并存入银行。

3.向银行借入3年期的借款800 000元，并存入银行。

4.以银行存款偿还短期借款5 000元，偿还长期借款500 000元。

5.收到乙公司投入本企业商标权一项，投资双方确认的价值为200 000元。

6.购进1台设备，买价80 000元，运输费400元（暂不考虑增值税），包装费300元，增值税税额10 400元，所有款项均以银行存款支付，设备交付使用。

7.用银行存款100万元支付在建客房和餐厅的基建款。

8.上述客房和餐厅达到预定可使用状态并交付使用。

要求：根据资料1编制相关会计分录。

实训题二 练习发出存货成本和结存存货成本的计算

资料2：东方旅游企业2023年11月份有关精白面粉收发存的资料，见表3-10。

表3-10　　　　　　　　　　　　　　　原材料明细账

材料名称：精白面粉　　　　　　　　　　　　　　　　　　　　　金额单位：元

日期	摘要	收入			发出			结存		
		数量	单价	金额	数量	单价	金额	数量	单价	金额
11.01	期初余额							500	1.80	900
11.02	发出				300					
11.06	购入	500	1.90	950						
11.08	发出				400					
11.14	发出				200					
11.17	购入	700	1.95	1 365						
11.18	发出				500					
11.24	购入	500	2.00	1 000						
11.25	发出				400					
11.30	本月合计	1 700		3 315						

要求：分别按先进先出法、加权平均法计算11月份原材料的发出成本和结存成本。

实训题三 练习酒店存货采购、入库及领用业务的核算

资料3：东方旅游企业（下设酒店，为一般纳税人）2023年12月份发生下列经济业务（假设涉及的增值税均已取得增值税专用发票，存货采用实际成本法计价）：

1.购入大米500千克，单价4元/千克（不含税），增值税税额为180元，材料已验收入库，发票已收到，货款通过银行转账支付。

2.购入面粉1 000千克，单价5元/千克，价款为5 000元（不含税），增值税税额为450元，暂未入库，货款暂欠。

3.上述面粉验收入库。

4.购入碗筷等低值易耗品10 000元（不含税），增值税税额为1 300元，货款以银行转账支付。

5.餐饮部门领用大米和面粉粮食类原材料各3 000元；购入活虾等鲜活类食品20 000元（不含税），增值税税额为1 800元，货款以银行存款支付。

6.餐饮部门领用上述碗筷等低值易耗品10 000元（采用一次摊销法）。

要求：根据资料3编制酒店存货采购、入库及领用的会计分录。

实训题四 练习酒店经营业务的核算

资料4：东方旅游企业（下设酒店，为一般纳税人）2023年12月份发生下列经济业务：

1.12月份营业收入报表，见表3-11。

旅游企业会计实务

表 3-11　　　　　　　　　　12 月份营业收入报表　　　　　　　　　单位：万元

项目	子项目	含税金额	结算方式	金额
客房营业收入		40	库存现金	15
写字楼营业收入		20	银行转账	48
餐厅营业收入		20	预收账款（会员卡）	20
洗衣房营业收入		5	赊账	27
卡拉OK 歌舞厅收入 （娱乐业）	门票收入	18	信用卡 （应收账款-临时账款）	25
	点歌费	8		
	食品饮料柜台收入	12		
康乐中心收入 （娱乐业）		12		
合计		135		135

2. 餐饮部门领用大米面粉等原材料 5 000 元。

3. 以银行存款支付员工工作服的制作费 80 000 元，其中客房、餐饮部门以及营销部门负担 50 000 元，管理部门负担 30 000 元。

4. 以现金支付员工工作服洗涤费 2 000 元，其中客房、餐饮部门以及营销部门负担 1 200 元，管理部门负担 800 元。

5. 以银行存款支付水费 5 000 元（不含税），电费 20 000 元（不含税），其中客房、餐饮部门以及营销部门负担 18 500 元，管理部门负担 6 500 元，水电费增值税（专票）为 3 050 元。

6. 客房、餐饮部门分别领用一次摊销的低值易耗品 1 000 元和 3 000 元。

7. 行政管理部门购置办公用品 1 000 元，以现金支付。

8. 财务部会计李红出差预借差旅费 3 000 元，财务部出纳以现金支付。

9. 当月应计提的折旧费 80 000 元，其中客房部门承担 40 000 元，餐饮部门承担 30 000 元，营销部门承担 1 000 元，行政管理部门承担 9 000 元。

10. 分配本月职工工资共计 150 000 元，其中客房部门员工工资 60 000 元，餐饮部门员工工资 50 000 元，营销部门员工工资 10 000 元，行政管理部门员工工资 30 000 元。

11. 按工资总额 14% 计提职工福利费。

12. 按工资总额 2% 计提工会经费，按工资总额 8% 计提职工教育经费。

13. 当月银行存款利息收入 2 000 元，另外，短期借款当月应支付利息 1 000 元，尚未支付。

14. 支付员工培训费 3 000 元，以库存现金支付。

15. 以银行存款支付报纸杂志费 1 500 元。

16. 财务部会计李红出差返回报销差旅费 3 500 元，差额部分以现金补给。

17. 以现金支付业务招待费 2 000 元。

18. 以银行存款支付信用卡等银行结算手续费 1 000 元。

19. 以银行存款结算增值税、城市维护建设税和教育费附加（城市维护建设税税率为 7%、教育费附加征收率为 3%，其他有关增值税的业务略）。

要求：根据资料 4 编制酒店经营业务的会计分录（费用类账户可不写明细）。

实训题五 练习旅行社经营业务的核算

资料 5：东方旅游企业（下设旅行社，为一般纳税人）2023 年 12 月份发生下列经济业务：

1.12 月份营业收入报表，见表 3-12。

表 3-12   12 月份营业收入报表   单位：万元

项目	含税金额	结算方式	金额
综合服务收入	3	库存现金	3
组团外联收入	24	银行转账	15
零星服务收入	1	预收账款	2
劳务收入（翻译等）	1	信用卡	6
票务收入	0.5	（应收账款–临时账款）	
地游及加项收入	0.3	赊账	4
其他服务收入	0.2		
合计	30	合计	30

假设旅行社 12 月份成本中可抵扣含税成本为 20 万元。

2. 业务部门张军出差预借差旅费 1 500 元，财务科以现金支付。

3. 以银行存款支付水费 300 元（不含税）、电费 1 000 元（不含税），其中业务部门负担 1 100 元，管理部门负担 200 元，增值税税额（专票）157 元。

4. 当月计提折旧 5 000 元，其中业务部门负担 3 000 元，管理部门负担 2 000 元。

5. 分配本月职工工资共计 30 000 元，其中业务部门 15 000 元，管理部门 15 000 元。

6. 按工资总额 14% 计提职工福利费。

7. 按工资总额 2% 计提工会经费，按工资总额 8% 计提职工教育经费。

8. 当月银行存款利息收入 500 元，另外，短期借款当月应负担利息 600 元，尚未支付。

9. 支付员工培训费 300 元，以库存现金支付。

10. 以银行存款支付报纸杂志费 1 200 元。

11. 以现金支付业务招待费 1 800 元。

12. 以银行存款支付信用卡等银行结算手续费 500 元。

13. 行政管理部门购置办公用品 500 元，以现金支付。

14. 业务部门张军出差返回报销差旅费 1 200 元，多余现金退回财务科。

15. 以银行存款结算增值税、城市维护建设税和教育费附加（城市维护建设税税率为

7%、教育费附加征收率为3%，其他有关增值税的业务略）。

要求：根据资料5编制旅行社经营业务的会计分录（费用类账户可不写明细）。

实训题六 练习商场经营业务的核算

资料6：东方旅游企业（下设商场，为一般纳税人）2023年12月份发生下列经济业务：

1.商场12月份购入烟酒等商品100 000元，增值税进项税额为13 000元，价税款以银行存款支付，商品已验收入库。

2.当月烟酒销售收入200 000元，增值税销项税额为26 000元，价税款以银行存款收取。

3.当月已销售烟酒的成本为160 000元（数量进价金额核算法）。

要求：根据资料6分别采用数量进价金额核算法和售价金额核算法编制商场商品购进、销售、成本结转的会计分录。

实训题七 练习旅游企业其他税费的计算及账务处理

资料7：2023年东方旅游企业发生的其他税费业务如下：

企业拥有载客旅游车20辆，应税经营用房产原值2 000 000元，应税土地面积1 800平方米，其他账簿9本，实收资本金额9 800 000元，其中当年增加金额为150 000元，资本公积金额500 000元，其中当年增加金额为120 000元。

房产原值一次性减除的比例为30%，房产税的适用税率为1.2%，乘人汽车每辆（10座以上）年税额为500元，城镇土地使用税每平方米年税额为10元，对记录资金的账簿，按"实收资本"和"资本公积"总额或增加额的万分之二点五计算贴花。

要求：计算东方旅游企业2023年应缴纳的房产税、车船税、城镇土地使用税和印花税，并编制发生及上缴税费的会计分录，税款均以银行存款支付。

实训题八 练习利润的形成及分配业务的核算

资料8：东方旅游企业2023年12月份发生下列经济业务：

1.收到政府补贴收入100 000元存入银行。

2.通过红十字会向灾区捐赠50 000元，该款项以银行存款支付。

3.假定东方旅游企业2023年1—11月份利润总额为2 000 000元，已计提和预缴企业所得税110 000元。12月份有关收入、费用账户的发生额，见表3-13（假设以下资料与资料3至资料7无直接关系）：

表3-13　　　　　　　12月份有关收入、费用账户的发生额　　　　　　　单位：元

账户	借方发生额	账户	贷方发生额
主营业务成本	400 000	主营业务收入	2 000 000
销售费用	500 000	投资收益	50 000
管理费用	300 000	营业外收入	100 000
财务费用	2 000		
营业外支出	50 000		

（1）结转东方旅游企业12月份有关收入、费用至"本年利润"账户。

（2）计算出2023年全年利润总额，假设该企业资产和员工人数都符合小型微利企业条件。计算2023年度应缴纳的企业所得税，2023年12月应补提和补缴企业所得税，将所得税费用结转至"本年利润"账户，计算出净利润。

4.将"本年利润"账户余额转入"利润分配"账户。

5.按全年实现净利润的10%计算提取盈余公积金。

6.按全年实现净利润的30%计算应付给投资者的利润。

7.将"利润分配"账户下"提取盈余公积金"和"应付利润"明细分类账户的余额全部转入"利润分配"账户下的"未分配利润"明细分类账户。

要求：根据资料8编制营业外收支，结转损益以及利润分配有关的会计分录。

实训题九　练习外币业务的核算

资料9：东方旅游企业2023年12月6日发生如下外币交易业务：

1.将1 000美元现钞到银行兑换为人民币，银行当日的美元买入价为1美元=7.1340元人民币。

2.从银行购入5 000美元现钞，银行当日的美元卖出价为1美元=7.1640元人民币。

3.本月销售商品价款100万美元，货款尚未收回（增值税为零）。

4.本月收回前期应收账款50万美元，款项已存入银行。

5.以外币银行存款偿还短期外币借款80万美元。

6.接受投资者投入的外币资本500万美元，作为实收资本。合同约定汇率为1美元=7.13元人民币，外币已存入银行。

2023年12月6日的市场汇率为1美元=7.1127元人民币。

要求：根据资料9编制外币业务的会计分录。

第四章 会计凭证

■ 学习目标

通过本章学习，你应该达到以下目标：

知识目标：了解旅游企业会计凭证的传递与保管。理解会计凭证的概念、种类、填制和审核的基本内容。

技能目标：掌握旅游企业会计凭证的填制方法。

素养目标：养成精益求精的会计工匠精神；提升理实交融的能力；提高自主学习、独立思考、团队协作的能力。

第一节　会计凭证的概念和种类

一、会计凭证的概念

会计凭证是记录经济业务、明确经济责任，并作为记账依据的书面证明。为了保证会计信息的真实性，企业发生任何一项经济业务以后，均应由执行或完成该项经济业务的有关人员填制或取得能证明经济业务内容、数量和金额的凭证，并在凭证上签名或盖章。所有凭证必须经会计部门审核无误后，才能作为记账的依据。

二、会计凭证的种类

会计凭证按其填制的程序和作用不同，可分为原始凭证和记账凭证。

（一）原始凭证的种类

原始凭证是在经济业务发生时取得或填制的，用以记录经济业务的发生或完成情况的书面证明，它是进行会计核算的原始资料和重要依据。凡是不能证明经济业务已经发生或完成的各种单据，如购货申请、购销合同、计划书、银行对账单等，都不能作为原始凭证。

1.原始凭证按其来源不同分为自制原始凭证和外来原始凭证

（1）自制原始凭证，指由本单位内部经办业务的部门或人员，在执行或完成某项经济业务时自行填制的、仅供本单位内部使用的原始凭证，如企业购进材料验收入库时由仓库保管人员填制的收料单、车间或班组向仓库领用材料时填制的领料单，还有限额领料单、产品入库单、产品出库单、借款单、工资发放明细表、折旧计算表等。酒店领料单如图4-1所示。

领　料　单

0204109
字第 004 号

领料部门：餐厅　　　　　　　（三联式）

用　　途：销售　　　　　　2023 年 12 月 01 日

材料			单位	数量		成本										材料账页	第二联：会计部门记账
						单价	总价										
编号	名称	规格		请领	实发		百	十	万	千	百	十	元	角	分		
017	海虾	活	斤	20	20	9.35					1	8	7	0	0		
006	红葡萄酒		瓶	10	10	47.00					4	7	0	0	0		
028	啤酒		箱	15	15	35.50					5	3	2	5	0		
021	果粒橙		箱	5	5	45.00					2	2	5	0	0		
合　计										¥	1	4	1	4	5	0	

主管：曾艺林　　会计：　　　记账：　　　保管：史玉　　发料：石林　　领料：史玉

图 4-1　酒店领料单

（2）外来原始凭证，指在经济业务发生或完成时，从其他单位或个人直接取得的原始凭证，如购买材料时取得的增值税专用发票、银行转来的各种结算凭证、对外支付款项时取得的收据、职工出差取得的飞机票和车船票等。酒店购入固定资产时由供货方提供的增值税专用发票如图4-2所示。

3200063170　　　　　　　　北京增值税专用发票　　　　　No 60972952

开票日期：2023 年 12 月 01 日

购买方	名　　　称：东方国际大酒店 纳税人识别号：911101203784182788 地址、电话：北京市中山路1-109号　010-88098888 开户行及账号：工行中山支行　4100029509200003635	密码区	03*3187<4/+8490<+*95-59+7<243 4987<0-->>-6>525<693719->7*7 87*3187<4/+8490<+*95708681380 9<712/<1+9016>6906++>84>93/-

第三联：发票联　购买方记账凭证

货物或应税劳务、服务名称	规格型号	单位	数量	单　价	金　额	税率	税　额
冰柜		台	1	7 079.65	7 079.65	13%	920.35
合　　　计					¥7 079.65		¥920.35
价税合计（大写）　⊗捌仟元整					（小写）¥8 000.00		

销售方	名　　　称：北京建业有限责任公司 纳税人识别号：911101688930069692 地址、电话：北京市海淀区嘉禾路57号　010-83451236 开户行及账号：中国建设银行嘉禾支行　4231098703248876362	备注	

收款人：　　　　复核：　　　　　　开票人：宋丽丽　　　　销售方：（章）

图 4-2　增值税专用发票

2. 原始凭证按其填制的次数不同分为一次凭证和累计凭证

（1）一次凭证，指对一项经济业务或若干同类经济业务在其发生或完成后，一次填制完成的原始凭证。

外来原始凭证一般都是一次凭证，自制原始凭证大部分属于一次凭证。图4-1、图4-2均为一次凭证。

（2）累计凭证，指在一定时期内，连续地在一张凭证中登记若干同类经济业务的原始凭证。它一般为自制原始凭证，最具有代表性的累计凭证是工业企业使用的限额领料单，如图4-3所示。

限额领料单

领料部门：生产车间　　　　　　　　　　　　　　　　　　凭证编号：

用途：生产 A 产品　　　　　　　　　　　　　　　　　　发料仓库：1 号库

材料类别	材料编号	材料名称及规格	计量单位	领用限额	实际领用	单价	金额	备注
钢材	A001	钢板	千克	100	100	5	500	
供应部门负责人：张磊				生产计划部门负责人：王景				

日期	数　量		领料人签章	发料人签章	扣除代用数量	退　料			限额结余
	请 领	实 发				数 量	收料人	发料人	
12月5日	50	50	王景	张磊					50
12月10日	50	50	王景	张磊					0

图 4-3　限额领料单

3.原始凭证按其填制的方式不同分为手工凭证和机制凭证

传统的原始凭证都是由业务人员或会计人员手工填制的。随着经济的发展和计算机在经济领域的普及，越来越多的单位采用计算机制作原始凭证，如车票、增值税专用发票等。

（二）记账凭证的种类

记账凭证，俗称传票，是会计人员根据审核无误的原始凭证或原始凭证汇总表编制的，用以编制会计分录，作为记账直接依据的书面证明。

在我国的会计实务中，记账凭证通常可根据其所反映经济业务与货币资金的收付关系分为收款凭证、付款凭证和转账凭证三类。

（1）收款凭证，指用以记录库存现金或银行存款收入业务的记账凭证，其格式如图4-4所示。

收款凭证　　　　　　　银收　字第003号

借方科目：银行存款　　2023年11月1日

摘　要	对方科目		借或贷	金　额	√
	总账科目	明细科目		千百十万千百十元角分	
借入短期借款	短期借款	流转借款	贷	1 5 0 0 0 0 0 0	□
					□
					□
					□
					□
					□
合　计				￥1 5 0 0 0 0 0 0	□

附单据2张

会计主管：　记账：　出纳：李娟　复核：张丽　制单：李晓霞　收款人：

图4-4　收款凭证

（2）付款凭证，指用以记录库存现金和银行存款付出业务的记账凭证，如图4-5所示。

付款凭证　　　　　　　银付　字第01号

贷方科目：银行存款　　2023年12月1日

摘　要	对方科目		借或贷	金　额	√
	总账科目	明细科目		千百十万千百十元角分	
支取现金	库存现金		借	3 0 0 0 0 0	□
					□
					□
					□
					□
					□
合　计				￥3 0 0 0 0 0	□

附单据1张

会计主管：　记账：　出纳：林晓云　复核：张丽　制单：李晓霞　收款人：

图4-5　付款凭证

在使用收款凭证和付款凭证时，对于货币资金之间相互转换的业务，例如从银行提取现金或将现金存入银行，一般只编制付款凭证而不编制收款凭证，以免重复记账。

（3）转账凭证，指用以记录不涉及库存现金和银行存款收付业务的记账凭证，其格式如图4-6所示。

转 账 凭 证　　　　　　　转　字第091号

2023 年 12 月 31 日

摘要	总账科目	明细科目	借方金额 亿	千	百	十	万	千	百	十	元	角	分	贷方金额 亿	千	百	十	万	千	百	十	元	角	分	√
领用取暖炉	销售费用								3	9	9	0	0												☐
		低值易耗品																		3	9	9	0	0	☐
																									☐
																									☐
																									☐
																									☐
																									☐
合计							¥	3	9	9	0	0						¥	3	9	9	0	0	☐

附单据 1 张

会计主管：　记账：　出纳：　复核：张丽　制单：李晓霞

图 4-6　转账凭证

以上三类记账凭证也称专用记账凭证；对于经济业务较简单、规模较小、收付业务较少的单位，为了简化核算，也可采用通用记账凭证来记录所有经济业务。通用记账凭证统一编号（每月编一次）。通用记账凭证的格式与转账凭证基本相同，如图4-7所示。

通用记账凭证　　　　　　　字第05号

2023 年 12 月 6 日

摘要	总账科目	明细科目	借方金额 亿	千	百	十	万	千	百	十	元	角	分	贷方金额 亿	千	百	十	万	千	百	十	元	角	分	√
提现	库存现金						5	0	0	0	0	0													☐
	银行存款																	5	0	0	0	0	0	☐
																									☐
																									☐
																									☐
																									☐
																									☐
合计							¥	5	0	0	0	0	0						¥	5	0	0	0	0	0 ☐

附单据 1 张

会计主管：　记账：　出纳：李娟　复核：张茜　制单：王静

图 4-7　通用记账凭证

第二节 会计凭证的填制

一、原始凭证的填制

(一)原始凭证的基本内容

原始凭证品种繁多,格式各异,但为了准确反映经济业务的执行和完成情况,必须具备以下基本内容:

(1)原始凭证的名称。

(2)填制凭证的日期及编号。

(3)填制凭证单位的名称或者填制人的姓名。

(4)接受凭证单位的名称。

(5)经济业务的数量、单价和金额。

(6)经济业务的内容摘要。

(7)经办人员的签名或盖章,外来原始凭证必须有开具单位的公章。

(二)原始凭证的填制要求

原始凭证是会计核算的原始资料和重要依据,它的填制必须做到真实、完整、清晰和及时。

1.原始凭证填制的总体要求

(1)必须符合有关政策、制度的要求。经济业务的内容必须符合党和国家的方针、政策、制度和法律规定。对于不符合要求的经济业务不得填制凭证。

(2)内容完整。凭证中的内容要逐项填写,不能遗漏。各经办单位、部门和个人都要认真审核并签章。

(3)记录真实。填制在凭证上的内容和数字必须真实可靠,不能估计、匡算,更不能弄虚作假,歪曲事实。

(4)书写清楚。凭证上的数字和文字必须填写清楚。连续编号的原始凭证,如发票、收据、支票等出现填写错误,应重开,不得涂改、刮擦、挖补;填错的凭证应盖上"作废"戳记,与存根一起保存,不得随意销毁。任何原始凭证若金额错误一律重开,文字等其他错误可由开具单位更正并盖章。

(5)填制及时。要及时填制原始凭证,按规定的程序及时送交财会部门,由财会部门审核,据以编制记账凭证。

2.原始凭证填制的其他具体要求

(1)所有原始凭证用蓝黑墨水笔填写。

(2)金额填写规范。小写金额必须填写规范,不得写连笔字。人民币符号"￥"与阿拉伯数字之间不得留有空白。金额数字一律填写到角、分,无角、分的,写"00"或符号"—";有角无分的,分位写"0",不得用符号"—"。数字前有"￥"符号,数字后不再写"元"。如"￥1 500.—""￥1 500.10""1 500.10元"均为规范的写法。

大写金额一律用正楷或行书字体书写，不得任意编造简化字。大写金额汉字：壹、贰、叁、肆、伍、陆、柒、捌、玖、拾、佰、仟、万、亿、元、角、分、零、整等。大写金额前应写"人民币"三个字，"人民币"字样和大写金额之间不得留有空白。大写金额到元或角为止的，后面要写"整"或"正"字；有分的，不写"整"或"正"字。如小写金额为"￥1 008.00"，大写金额应写成"壹仟零捌元整"。

凡填有大写金额和小写金额的原始凭证，大小写金额必须相符。

（3）支票、汇票日期填写规范。支票、汇票的日期一律用大写，各月份中1月、2月、10月大写时前加"零"，日期中1至10日、20日、30日大写时前加"零"，日期中10至19日大写时前加"壹"，如"2023年2月16日"，大写应为"贰零贰叁年零贰月壹拾陆日"，支票填写示范如图4-8所示。

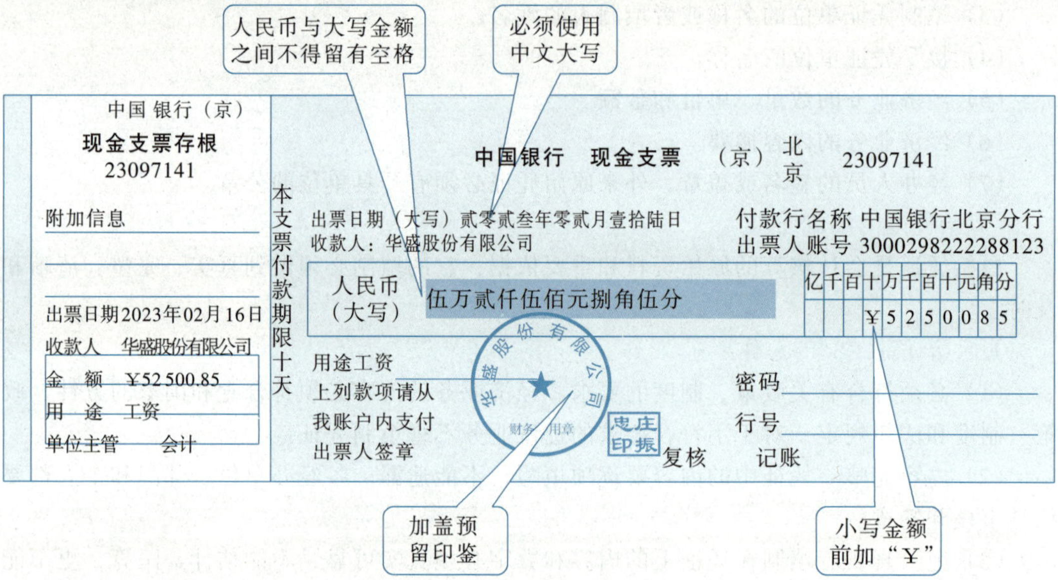

图 4-8　支票填写示范

（4）发票的开具要求。未发生经营业务一律不得开具发票。开具发票时应按顺序填开，填写项目齐全、内容真实、字迹清楚、全部联次一次性复写或打印，内容完全一致，并在发票联和抵扣联加盖单位财务印章或者发票专用章。

填写发票应当使用中文。民族自治地区可以同时使用当地通用的一种民族文字；外商投资企业和外资企业可以同时使用一种外国文字，发票填写示范如图4-9所示。

（5）从外单位取得的原始凭证，必须盖有填制单位的公章（或财务专用章）；从个人取得的原始凭证，必须有填制人员的签章；自制的原始凭证必须有经办单位领导人或指定人员的签章；对外开出的原始凭证，必须加盖本单位公章（或财务专用章）。

3200038659

北京增值税专用发票

No 70972952

发 票 联

开票日期：2023 年 12 月 17 日

购买方	名　　称：北京市奇瑞旅行社 纳税人识别号：911101010890289027 地址、电话：北京市鼓楼南街17号　010-80135768 开户行及账号：中国银行海滨支行　40056352456675668	密码区	03*3187<4/+8490<+95-59+7<243 4987<0-->>-6>525<693719->7*7 87*3187<4/+8490<+95708681380 9<712/<1+9016>6906++>84>93/-

货物或应税劳务、服务名称	规格型号	单位	数量	单　价	金　额	税率	税　额
矿泉水	500ml×35	箱	250	40.00	10 000.00	13%	1 300.00
合　　计					¥ 10 000.00		¥ 1 300.00

价税合计（大写）	⊗壹万壹仟叁佰元整	（小写）¥ 11 300.00

销售方	名　　称：恒通商贸有限公司 纳税人识别号：911013578994329066 地址、电话：北京中关村南大街24号　010-83951712 开户行及账号：中国工商银行北京分行　0200001009014126778	备注	911013578994329066 发票专用章

收款人：胡彩云　　　复核：黎 元　　　开票人：李 林　　　销售方：（章）

第三联：发票联　购买方记账凭证

图 4-9　发票填写示范

二、记账凭证的填制

（一）记账凭证的基本内容

记账凭证的主要作用在于对原始凭证进行分类、整理，按照复式记账的要求，运用会计科目，编制会计分录，据以登记账簿。因此，记账凭证必须具备以下基本内容，示范如图 4-10 所示。

凭证名称

收 款 凭 证　　日期

编号

银收字第　号

借方科目：银行存款　　　2023 年 12 月 18 日

摘　要	对方科目		借或贷	金额										√
	总账科目	明细科目		千	百	十	万	千	百	十	元	角	分	
销售甲商品500件	主营业务收入	甲商品	贷		1	2	5	0	0	0	0	0	0	□
	应交税费	应交增值税 （销项税额）	贷			1	6	2	5	0	0	0		□
														□
														□
														□
合　　计			人民币符号	¥	1	4	1	2	5	0	0	0		

经济业务说明

会计科目

金额

已记账标记

附单据 3 张

会计主管：李明　记账：王华　审核：王华　出纳：李丽　制单：白雪

有关人员签章

斜线注销

所附原始凭证张数

图 4-10　记账凭证的基本内容示范

（1）记账凭证的名称。

（2）填制记账凭证的日期（记账凭证填制日期与原始凭证填制日期不一定相同，一般稍晚于原始凭证填制）。

（3）记账凭证的编号。

（4）经济业务事项的内容摘要。

（5）会计科目的名称和金额。

（6）所附原始凭证张数。

（7）记账标记。

（8）会计主管、记账、审核、出纳、制单等有关人员签章。

（二）记账凭证的填制要求

在填写各种记账凭证时应做到审核无误、内容填写完整、分类正确、连续编号。基本要素的具体填写要求如下：

1.日期的填写

现金收付业务的记账凭证，以办理收付现金的日期填写；银行付款业务的记账凭证，一般以财会部门开出付款单据的日期或承付的日期填写；银行收款业务的记账凭证，一般以银行进账单或银行受理回执的戳记日期填写；月末结转的业务，以当月最后一天的日期填写。

2.摘要的填写

记账凭证的摘要栏既是对经济业务的简要说明，又是登记账簿的需要。摘要的填写要真实准确，简明扼要，书写整洁。

3.会计科目的填写

"会计科目"栏应填写会计科目的全称或会计科目的名称和编号，不得简写或只填会计科目的编号而不填名称。需填明细科目的，应在"明细科目"栏填写明细科目的名称。

4.金额的填写

记账凭证的金额必须与原始凭证的金额相符。在记账凭证的"合计"行填列合计金额；阿拉伯数字的填写要规范；在合计数字前应填写"￥"，非合计数字前不应填写"￥"。一笔经济业务因涉及会计科目较多，需填写多张记账凭证的，只在最末一张记账凭证的"合计"行填写合计金额。

5.记账凭证附件张数的计算和填写

（1）附件张数的计算。凡属收付款业务的，原始凭证张数计算均以自然张数为准。但对差旅费、市内交通费、医疗费等报销单，可贴在一张纸上，作为一张原始凭证附件。除结账和更正错误的记账凭证可以不附原始凭证之外，其他记账凭证必须附有原始凭证。

（2）附件张数的填写。附件张数应用阿拉伯数字填写。

6.会计分录的填制

填制会计分录时，应按照会计制度统一规定的会计科目，根据经济业务的性质编制会计分录，保证核算的口径一致，便于综合汇总。应用借贷记账法编制会计分录，便于从账户对应关系中反映经济业务的情况。转账凭证和通用记账凭证应按先"借"后"贷"的顺序填列，不得填制"有借无贷"或"有贷无借"的会计分录。

7.记账凭证的编号

会计人员应及时对记账凭证予以编号。记账凭证无论是全部作为一类编号，还是按收、付、转编号，均按月从"1"开始顺序编号，不得跳号、重号。在使用通用记账凭证时，可按经济业务发生的顺序编号。采用收款凭证、付款凭证和转账凭证的，可采用"字号编号法"，即按凭证类别顺序编号，如收字第×号、付字第×号、转字第×号等；当一笔经济业务需要编制多张记账凭证时，应按顺序采用"带分数编号法"，两张凭证之间不要填写"过次页""承上页"，如第八笔业务有两张记账凭证，编号分别为 $8\frac{1}{2}$、$8\frac{2}{2}$。

记账凭证的编号，可以在填写凭证的当日填写，也可以在月末记账时填写。

8.签名或盖章

记账凭证上须有关人员签名或盖章的，签章应齐全，以明确经济责任。财会人员较少的单位，在收、付记账凭证上，至少应有两个人（会计和出纳）的签章。一张记账凭证涉及几个会计记账的，凡记账的会计均应在"记账"签章处签章。会计主管对未审阅过的记账凭证，可以不签章，但仍应对其合法性、准确性负责。收、付款记账凭证还应有出纳人员的签章。

9.对空行的要求

记账凭证不准跳行或留有余行。填制完毕的记账凭证如有空行的，应在金额栏划一斜线或"S"形线注销。划线应从金额栏最后一笔金额数字下面的空行划到合计数行的上面一行，并注意斜线或"S"形线两端都不能划到有金额数字的行次上。

10.填制凭证分类的要求

在对收款、付款、转账业务进行分类编号时，凡涉及库存现金和银行存款的收款业务，填制收款凭证；凡涉及库存现金和银行存款的付款业务，填制付款凭证；涉及转账业务的，填制转账凭证。但是涉及库存现金和银行存款之间的划转业务，按规定只填制付款凭证，以免重复记账。

11.填制记账凭证可用蓝黑墨水笔或碳素墨水笔

记账金额按规定需用红字表示的，数字可用红色墨水笔填写，但不得以"负数"表示。下列两种情况下，记账金额可用红色墨水笔填写（即红字记账凭证）：①记账后发现记账凭证有错误，须采用红字更正的；②会计核算制度规定采用红字填制记账凭证的特定会计业务。

12.复核与检查

记账凭证填写完毕，应进行复核与检查，并按所使用的记账方法进行试算平衡，有关人员均要签名或盖章。出纳人员根据收款凭证收款或根据付款凭证付款时，要在凭证上加盖"收讫"或"付讫"戳记，以免重收重付，防止出现差错。

第三节 会计凭证的审核、传递和保管

一、会计凭证的审核

(一)原始凭证的审核

原始凭证的审核,不仅是保证会计核算资料如实反映经济活动情况的重要措施,也是充分发挥会计监督作用的重要手段。因此,会计部门对各种原始凭证要进行严格的审核和核对。只有经过审核合格的原始凭证,才能作为编制记账凭证和登记账簿的依据。

1.原始凭证审核的内容

(1)真实性审核。

真实性审核主要审核经济业务的双方当事单位和当事人是否真实;经济业务发生的时间、地点和填制凭证的日期是否真实;经济业务的内容是否真实;经济业务的数量、金额是否真实。

(2)完整性审核。

完整性审核主要审核原始凭证是否具备作为合法凭证所必需的基本内容,各项目填写是否完整,手续是否齐全,经办人员和有关负责人员是否已签名或盖章等。

(3)合理性审核。

合理性审核是对原始凭证所记录经济业务是否符合企业生产经营活动的需要、是否符合有关的计划和预算等进行的审核。

(4)合法性审核。

合法性审核是以有关的方针、政策、法令、制度以及计划和合同等为依据,审查凭证所反映的经济业务是否合规合法,有无违反制度和不按规定办事的行为。例如,现金开支是否在规定范围之内,是否符合现金管理制度规定,采购的材料是否预先有采购计划,品种、规格是否符合合同的规定,价格是否合理,差旅费报销标准是否符合企业财务制度的规定等。

(5)正确性审核。

正确性审核包括数字是否清晰,文字是否工整,书写是否规范,凭证联次是否正确,有无刮擦、涂改和挖补等。

2.原始凭证审核后的处理

(1)对于完全符合要求的原始凭证,应及时据以编制记账凭证入账。

(2)对于真实、合法、合理但内容不够完整,填写有错误的原始凭证,应退回给有关经办人员。由其负责将有关凭证补充完整、更正错误或重开后,再办理正式会计手续。

(3)对于不真实、不合法的原始凭证,会计机构、会计人员有权不予受理,并向单位负责人报告。

(二)记账凭证的审核

为了保证账簿记录的正确性,监督款项的收付,必须对记账凭证进行审核。审核的内

容有：

（1）记账凭证所附的原始凭证是否齐全，其内容是否与记账凭证的内容相符合。

（2）记账凭证上应借应贷的会计科目及其金额是否正确。

（3）记账凭证中规定的项目是否填写齐全，有关人员的签章是否齐全。

在审核时如发现记账凭证有错误，应查明原因，按规定方法及时更正。只有审核无误的记账凭证才能作为登记账簿的依据。

二、会计凭证的传递

（一）会计凭证传递的概念

会计凭证的传递是指从会计凭证的取得或填制时起至归档保管为止的过程中，在单位内部有关部门和人员之间按规定的时间和线路进行传送的程序。

（二）会计凭证传递的组织

会计凭证的传递，要求能够满足内部控制制度的要求，使传递程序合理有效，同时尽量节约时间，减少传递的工作量。各企业、单位应根据具体情况制定每一种凭证的传递程序和方法。例如，收料单的传递中应规定材料到达企业后多长时间内验收入库，收料单由谁填制，一式几联，各联次的用途是什么，何时传递到会计部门，会计部门由谁负责收料单的审核工作，由谁据以编制记账凭证、登记账簿、整理归档等。

各企业、单位在组织会计凭证的传递时，一般应考虑以下几个方面：

（1）规定传递程序。

（2）确定传递时间。

（3）建立会计凭证交接的签收制度。

在确定会计凭证传递程序和传递时间后，执行过程中如有不合理的地方，可以随时根据实际情况进行修订。

三、会计凭证的保管

会计凭证的保管是指会计凭证记账后的整理、装订、归档和存查工作。

会计凭证的保管方式和要求是：

（1）定期装订成册。每月记账完毕，要将本月的记账凭证按编号顺序整理，检查有无缺号、附件是否齐全，然后加上封面封底，装订成册，以防散失。为了防止任意拆装，在装订处要贴上封签，并由会计主管人员盖章。最后，要将凭证按封面大小折叠整齐，在封面上写明年度、月份、共计册数，每册记账凭证的起止号数等。

（2）原始凭证较多可以单独装订。某些数量过多的原始凭证（收料单、发料单、工资单等）和某些今后仍要利用的重要原始凭证（合同、存出保证金收据等），也可另行装订或单独保管，但应在记账凭证中注明。

（3）会计凭证不得外借，已装订成册的不得抽出。其他单位和个人经单位领导批准调阅会计凭证的，要填写会计档案调阅表，详细填写借阅的会计凭证名称、调阅日期、调阅人姓名和工作单位、调阅理由、归还日期。调阅人一般不得将会计凭证携带外出。如有贪污盗窃等经济犯罪案件，需要以某些原始凭证作证时，也只能复制，不得抽取。

（4）每年装订成册的会计凭证，在年度终了时可暂时由单位会计机构保管一年，期满后应当移交本单位档案机构统一保管，未设立档案机构的，应当由会计机构内部指定专人保管。出纳人员不得兼管会计档案。

（5）会计凭证要按照有关会计法规制度规定的期限进行保管。原始凭证和记账凭证保管期限为30年，其中涉及外事的永久保管；银行存款余额调节表保管10年，期满前不得任意销毁。保管期间要防止虫蛀鼠咬等毁损事故的发生。保管期满，报经上级主管部门批准后，方能销毁。

素养园地　　　　　　　　　　**埃森哲助力锦江酒店开启财务共享时代**

锦江之星、麗枫、希尔顿欢朋、维也纳酒店……这些大街小巷随处可见的酒店品牌，相信你并不陌生。它们都隶属于锦江国际集团。随着业务的稳步拓展，锦江国际集团如今已跃居成为亚洲第一、世界第二大酒店集团。

多品牌下多样化的品牌调性、各自的目标客户、不同的经营模式，给锦江国际集团后端的一体化运营带来了不小的挑战，尤其是在财务领域。此外，云大物移等数字化手段也为财务共享服务模式的迭代升级带来了更多可能。

面对集团收购整合的深入推进、酒店降本增效和智能运营的迫切需求，以及会计准则的变更和人工成本的持续增长，如何更好地利用数字化技术，借助平台优势，为酒店经营赋能、价值创造助力，是锦江国际集团财务共享平台数字化和智能化转型面临的课题。

锦江国际集团找到了埃森哲。依托长期在数字化转型、智能化运营，以及财务共享领域的深耕实践，埃森哲与锦江项目团队一起，花费一年的时间，在集团原有财务共享平台的基础上，成功搭建上线财务中台，助力锦江国际集团的数字化战略，为酒店开展自动化、智能化和数字化的服务提供有力支撑。2021年，锦江酒店财务中台系统上线仪式在上海、广州、深圳和大连四地同步举行。

小中台，大力量

锦江酒店财务中台是业务与财务之间的重要桥梁，链接着几千家酒店每日各色纷繁的业务与严谨细致的财务管理。锦江酒店财务中台包括报账平台和运营平台两大核心平台，能够有效衔接系统前、后台的业务需求和技术数据，既满足前台对于快速迭代的要求，又符合后台对于稳定性、安全性的需求，帮助大型企业实现智能化运营，进而降本增效。

报账平台

覆盖员工费用报销、采购到付款，订单到收款、总账及报表等各核算板块。

对业务管理系统高度集成，提高业财一体化水平，减少人工干预，增强财务核算及时性与准确性。

预算控制、风险控制固化，落实业务管理要求，填平多样化业务形态与稳定财务核算之间的差距。

运营平台

对接财务共享服务核心业务系统，驱动效率和服务体验的提升。

建立新运营模型，实现任务管理、档案管理、客服管理、质量管理和绩效管理。

打通报账单分配、审核、问题处理、质量抽检及报告出具全流程，并建立完善的保障机制。

财务中台通过对接预算系统、OA系统、酒店前台系统、租赁系统、资金系统、影像系统、采购平台、预订系统等异构系统，实现了采购到付款、销售到收款、总账到报表等流程的信息化管理。

对内，以质量效率为抓手提升自身服务水准，不断优化流程运营水平，实现智能便捷的查询、报销、对账服务，支持多准则、多语言、多币种、多架构的核算和报告功能，并结合预算、营收数据客制化增值报表及管理层专属驾驶舱等。

对外，全面支持酒店业务灵活拓展和数字化运营，将财务服务同市场营销、品牌孵化、会员服务、运营管理、供应链管理有机结合，为酒店提供一站式可配置的分层财务服务，同时驱动业务平台流程自动化和人工成本下降，并让酒店"零财务"变为可能。

一个团队，能力全面

锦江酒店财务共享平台的搭建，可不只是程序员们的事儿。它包含中国区酒店财务系统升级、财务标准化内容的落地、功能强大的财务中台的建设、大量既有系统的解耦和对接，以及新老共享中心的高效运营。通过组织职能重构、人员能力规划、财务流程再造整合前端业务，通过财务中台赋能财务管理。

资料来源：佚名.埃森哲助力锦江酒店开启财务共享时代.［EB/OL］.［2023-03-25］. http://news.sohu.com/a/658834811_121656002.

思政关键词：财务共享　财务创新　财务数智化

■ 本章小结

• 会计凭证是记录经济业务、明确经济责任，并作为记账依据的书面证明。会计凭证按其填制的程序和作用不同，可分为原始凭证和记账凭证。

• 原始凭证是在经济业务发生时取得或填制的，用以记录经济业务的发生或完成情况的书面证明，它是进行会计核算的原始资料和重要依据。原始凭证按其来源不同可分为自制原始凭证和外来原始凭证；按其填制的次数不同可分为一次凭证和累计凭证；按其填制的方式不同可分为手工凭证和机制凭证。

• 记账凭证，俗称传票，是会计人员根据审核无误的原始凭证或原始凭证汇总表编制的，用以确定会计分录，作为记账直接依据的书面证明。

• 记账凭证通常可根据其所反映经济业务与货币资金的收付关系分为收款凭证、付款凭证和转账凭证三类。在使用收款凭证和付款凭证时，对于货币资金之间相互转换的业务，例如从银行提取现金或将现金存入银行，一般只编制付款凭证而不编制收款凭证，以免重复记账。

• 原始凭证填制的总体要求：必须符合国家有关政策、制度的要求，内容完整，记录真实，书写清楚，填制及时。

•原始凭证审核的内容包括真实性审核、完整性审核、合理性审核、合法性审核和正确性审核。

•会计凭证的传递是指从会计凭证的取得或填制时起至归档保管为止的过程中，在单位内部有关部门和人员之间按规定的时间和线路进行传送的程序。

■ 主要概念

会计凭证　原始凭证　记账凭证

■ 基本训练

一、选择题

（一）单项选择题

1.下列单据属于会计档案但不属于原始凭证的是（　　）。

A.进账单　　　　　　B.工资发放汇总表　　C.提货单　　　　　　　D.银行对账单

2.会计人员对真实合法但小写金额错误的原始凭证应（　　）。

A.直接据以编制记账凭证　　　　　　B.将金额更正后据以编制记账凭证

C.退回出具单位重新开具　　　　　　D.不予受理，并向单位负责人报告

3.记账凭证按反映的经济内容可分为（　　）。

A.收款凭证、付款凭证和转账凭证　　B.一次凭证、累计凭证和汇总凭证

C.复式凭证和单式凭证　　　　　　　D.通用记账凭证和专用记账凭证

4.记账凭证中能够概括反映经济业务内容的项目是（　　）。

A.会计科目　　　　B.金额　　　　　　C.摘要　　　　　　D.记账方向

5.从银行提取现金应编制（　　）。

A.库存现金收款凭证　　　　　　　　B.库存现金付款凭证

C.银行存款收款凭证　　　　　　　　D.银行存款付款凭证

6.会计凭证经本单位负责人批准，其他单位可以（　　）。

A.外借　　　　　　B.抽换　　　　　　C.复制　　　　　　D.销毁

7.下列项目属于外来原始凭证的是（　　）。

A.领料单　　　　　　　　　　　　　B.差旅费报销单

C.入库单　　　　　　　　　　　　　D.购货发票

8.会计凭证按其（　　）不同，可以分为原始凭证和记账凭证。

A.填制方式　　　　　　　　　　　　B.取得来源

C.填制的程序和用途　　　　　　　　D.反映经济业务的次数

9.填制原始凭证时应做到大小写数字符合规范，填写正确。如大写金额人民币"壹仟贰佰元伍角整"，其小写应为（　　）。

A.1 200.50　　　　B.1 200.5　　　　C.￥1 200.50　　　D.￥1 200.50元

（二）多项选择题

1.在下列凭证中，不能证明经济业务发生或完成的凭证有（　　）。

A.增值税专用发票及各种缴税发票

B.各种购货申请及购销合同

C.银行对账单及银行存款余额调节表

D.款项收付及商品、材料出入库业务凭证

2.对原始凭证审核应考虑（　　　）。

A.凭证日期、业务内容、数据是否真实

B.所记录的经济业务是否符合法律规定

C.各项目填写是否齐全

D.金额的计算和填写是否正确

3.下列经济业务中，应填制转账凭证的有（　　　）。

A.国家以厂房对企业投资

B.外商以货币资金对企业投资

C.购买材料未付款

D.销售商品收到商业汇票一张

4.记账凭证按其反映的经济内容可分为（　　　）。

A.通用记账凭证　　　　B.付款凭证　　　　　C.收款凭证　　　　　　D.转账凭证

5.下列记账凭证中可以不附原始凭证的有（　　　）。

A.收款凭证　　　　　　　　　　　　B.付款凭证

C.结账的记账凭证　　　　　　　　　D.更正错账的记账凭证

6.为保证会计账簿记录的正确性和对经济业务进行监督，除填制人员要对已填制完毕的记账凭证进行自审外，还应由有关稽核人员对记账凭证进行严格审核。其审核的主要内容有（　　　）。

A.内容、项目是否真实齐全

B.科目应用、金额填写是否正确

C.是否按规定程序传递

D.是否建立会计凭证交接签收制度

7.对于（　　　），各单位不得自行设计和印刷。

A.发票　　　　　　B.支票　　　　　　C.领料单　　　　　　D.入库单

8.如果某一笔经济业务需填制两张记账凭证，该凭证顺序号为15号，则此两张记账凭证的编号应为（　　　）。

A.15号　　　　　　B.16号　　　　　　C.$15\frac{1}{2}$　　　　　　D.$15\frac{2}{2}$

9.在借贷记账法下一般不能编制（　　　）的会计分录。

A.一借一贷　　　　B.有贷无借　　　　C.有借无贷　　　　D.多借多贷

10.库存现金与银行存款之间划转业务应编制的记账凭证有（　　　）。

A.库存现金收款凭证　　　　　　　　B.库存现金付款凭证

C.银行存款收款凭证　　　　　　　　D.银行存款付款凭证

二、实训题

实训题一 练习原始凭证的填制

资料1：2023年12月6日出纳员李娟到银行提取现金3 000元，以备零用。

单位名称：东方旅游公司；开户行名称：工行中山支行；开户行账号：4100029509200003635；法人代表：张强。

要求：根据资料1填制现金支票（如图4-11所示）。

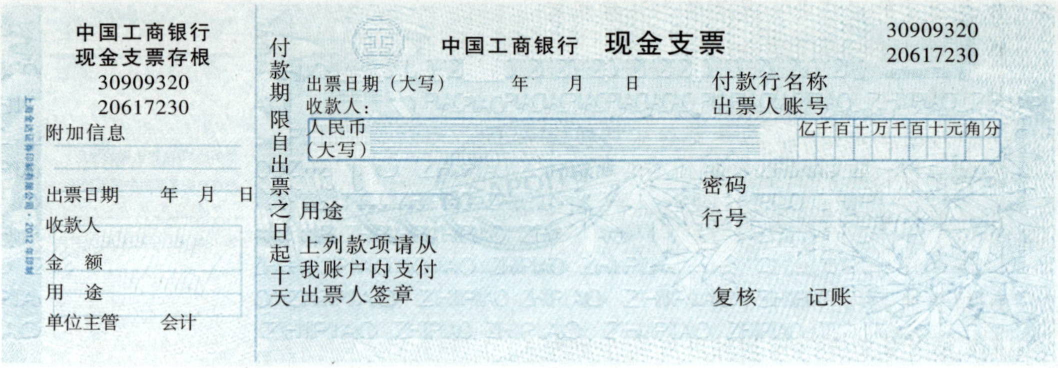
中国工商银行
现金支票存根
30909320
20617230
附加信息

出票日期 年 月 日
收款人
金 额
用 途
单位主管 会计

付款期限自出票之日起十天

中国工商银行 现金支票 30909320 20617230

出票日期（大写） 年 月 日 付款行名称
收款人： 出票人账号
人民币（大写） 亿 千 百 十 万 千 百 十 元 角 分
用途 密码
上列款项请从我账户内支付 行号
出票人签章 复核 记账

图4-11 现金支票

资料2：2023年12月15日，东方旅游公司出纳员李娟收到王丹出差预支差旅费的余款500元现金，并开具收据。

要求：根据资料2填制收据，以收据第二联为例填制，如图4-12所示。（收据一式三联，第一联为存根联，第二联为客户联，第三联为记账联）

收款收据 NO. 0049002

年 月 日

今收到__________交来__________

金额（大写）___拾___万___仟___佰___拾___元___角___分

¥________ □现金 □支票 □信用卡 □其他 收款单位(盖章)

第二联客户联

核准： 会计： 记账： 出纳： 经手人：

图4-12 收款收据

实训题二 练习记账凭证的填制

资料3：2023年12月10日，东方旅游公司采购员李强采购大米等食品原材料2 000元（不含税）已验收入库，增值税税额180元，款项尚未支付，会计李京根据验收入库单和发票编制记账凭证。（供应商名称：龙胜食品公司）

要求：根据资料1编制银行存款付款凭证，如图4-13所示；根据资料2编制库存现金收款凭证，如图4-14所示；根据资料3编制转账凭证，如图4-15所示。

付 款 凭 证

付 字第 号

贷方科目： 年 月 日

摘 要	对方科目		借或贷	金 额	√
	总账科目	明细科目		千百十万千百十元角分	
					☐
					☐
					☐
					☐
					☐
合 计					☐

附单据 张

会计主管： 记账： 出纳： 复核： 制单： 收款人：

图 4-13 付款凭证

收 款 凭 证

收 字第 号

借方科目： 年 月 日

摘 要	对方科目		借或贷	金 额	√
	总账科目	明细科目		千百十万千百十元角分	
					☐
					☐
					☐
					☐
					☐
合 计					☐

附单据 张

会计主管： 记账： 出纳： 复核： 制单： 收款人：

图 4-14 收款凭证

转 账 凭 证

转 字第 号

年 月 日

摘 要	总账科目	明细科目	借方金额	贷方金额	√
			亿千百十万千百十元角分	亿千百十万千百十元角分	
					☐
					☐
					☐
					☐
					☐
					☐
					☐
合 计					

附单据 张

会计主管： 记账： 出纳： 复核： 制单：

图 4-15 转账凭证

第五章   会计账簿及账务处理程序

■ 学习目标

通过本章学习，你应该达到以下目标：

知识目标：了解会计账簿的作用、启用保管知识；理解会计账簿及账务处理程序的概念、种类。

技能目标：掌握会计账簿中各种账簿的登记方法，错账更正方法和账务处理程序的应用。

素养目标：养成爱岗敬业、诚实守信、坚持准则的职业道德；提升理实交融的能力；增强对会计职业服务意识的认知。

第一节　会计账簿的概念和种类

一、会计账簿的概念和作用

会计账簿是指由一定格式账页组成的，以经过审核的会计凭证为依据，全面、系统、连续地记录各项经济业务的簿籍。设置和登记账簿是编制财务报表的基础，是连接会计凭证与财务报表的中间环节。设置和登记账簿具有以下作用：

（1）可以全面、连续、系统地记录、反映各项经济业务的发生情况。

（2）可以为计算成本、费用、利润提供详细资料。

（3）可为编制财务报表提供资料。

（4）可为分析和检查企业经济活动提供依据。

（5）可以监督财产物资的安全完整。

二、会计账簿与账户的关系

账户存在于账簿之中，账簿中的每一账页就是账户的存在形式和载体。没有账簿，账户就无法存在；账簿序时、分类地记载经济业务，是在个别账户中完成的。账簿只是一个外在形式，账户才是它的真实内容。账簿与账户的关系是形式和内容的关系。

三、会计账簿的种类

（一）会计账簿按其用途分类

在实际工作中，会计账簿按其用途不同可分为日记账、分类账和备查账。

1. 日记账

日记账又称序时账，是按照经济业务发生或完成时间的先后顺序逐日逐笔进行登记的账簿。按其记录内容的不同又分为普通日记账和特种日记账两种。普通日记账是用来登记各单位全部经济业务的账簿；特种日记账是登记各单位某一特定项目经济业务发生情况的日记账，如库存现金日记账、银行存款日记账等。在我国，大多数单位一般只设库存现金日记账和银行存款日记账（此处及本书以后章节提到的日记账，无特殊说明的情况下，均指特种日记账）。

2. 分类账

分类账是对全部经济业务事项按照会计要素的具体类别而设置分类账户进行登记的账簿。按分类账簿提供指标的详细程度不同，又分为总分类账和明细分类账两种。总分类账，简称总账，是按照总分类账户分类登记经济业务事项的账簿。明细分类账，简称明细账，是按照明细分类账户分类登记经济业务事项的账簿。分类账簿提供的核算信息是编制财务报表的主要依据。

3. 备查账

备查账也称备查账簿，或称辅助账簿，是对某些在序时账和分类账等主要账簿中都不予登记或登记不够详细的经济业务事项进行补充登记时使用的账簿，如经营租赁方式租入固定资产的登记簿、受托加工材料登记簿等。备查账簿不是必设账簿，应根据各单位的实际需要确定是否设置备查账簿。

备查账簿与日记账和分类账不同，其区别主要表现为：日记账和分类账均根据相关记账凭证登记，账簿数据之间存在勾稽关系；备查账簿不根据记账凭证登记，账簿数据之间无勾稽关系。

（二）会计账簿按其外表形式分类

会计账簿按其外表形式不同分为订本账、活页账和卡片账。账簿的外表形式如图5-1所示。

图 5-1 账簿的外表形式

1.订本账

订本账是在启用前就把若干账页按顺序装订成册的账簿。其优点是可以防止账页的散失和抽换，比较安全，缺点是不便于记账工作的分工协作，账页不好掌握。订本账适用于库存现金日记账、银行存款日记账和总分类账。

2.活页账

活页账是指可以随时取放，并由装在账夹中的账页所组成的账簿。其优点是可以根据需要增减并重新排列账页，并且可以组织同时分工记账；其缺点是比较容易造成账页的散失和任意抽换。活页账适用于各种明细分类账。

3.卡片账

卡片账是指由许多分散的印有一定格式的卡片装在卡片盒（箱）内保管的账簿。它可以随时取放，实质上也是一种活页式账簿，因此它具有一般活页账的优缺点。它不需每年更换，可以跨年度使用。在账卡启用之前就必须连续编号，并由有关人员签章，然后装在卡片盒内。这些账卡一旦登记使用完毕，便要装订成册妥善保管。卡片账可以单独存放，并可随着核算对象的转移而转移，如固定资产卡片账的存放与转移等。卡片式账簿主要适用于实物资产明细账，如原材料卡片账、固定资产卡片账等。在我国，各单位一般只对固定资产的核算采用卡片账形式。

（三）会计账簿按其账页格式分类

会计账簿按其账页格式可分为三栏账、多栏账和数量金额账。

1.三栏账

三栏账是指账页中具有借方、贷方和余额三个基本栏目的账簿。库存现金日记账、银行存款日记账、总分类账以及资产、债权、债务明细账都可采用三栏式账簿。三栏式明细账账页格式如图5-2所示。

应收账款明细账

分页　　总页

一级科目：华夏旅行社　　　二级科目：

2023年		凭证		摘　要	√	借　方	贷　方	借或贷	余　额
月	日	种类	号数			百十万千百十元角分	百十万千百十元角分		百十万千百十元角分
12	1			期初余额					3 0 0 0 0 0
	5	记	10	收到前欠营业款			3 0 0 0 0 0		0
	16	记	12	实现收入		5 0 0 0 0 0			5 0 0 0 0 0
				本月合计		5 0 0 0 0 0	3 0 0 0 0 0		
				本年合计					
				结转下年					

图 5-2　三栏式明细账账页格式

2.多栏账

多栏账是指账页中的借方和贷方还分设若干专栏的账簿。收入、成本、费用、利润和利润分配明细账一般采用这种格式的账簿。多栏式明细账账页格式如图5-3所示。

管理费用明细账

分页　　总页

　　级科目：

　　级科目：

2023年		凭证号数	摘要	借方				贷方	余额
月	日			折旧费	办公费	工资及福利费	计提坏账准备		
				十千百十元角分	十千百十元角分	十千百十元角分	十千百十元角分	十千百十元角分	十千百十元角分
12	18	付11	以现金支付公司总经理手机话费		7 0 0 0				7 0 0 0
12	31	转6	计提折旧	1 0 0 0 0 0					1 0 7 0 0 0
12	31	转7	分配本月工资费用			1 3 8 9 7 7 4			1 4 9 6 7 7 4
12	31	转15	结转成本费用类账户					1 4 9 6 7 7 4	0
12	31		本月合计	1 0 0 0 0 0	7 0 0 0	1 3 8 9 7 7 4		1 4 9 6 7 7 4	

图 5-3　多栏式明细账账页格式（部分）

3.数量金额账

数量金额账是指账页中借方、贷方和余额三个栏目内都分设数量、单价和金额三小栏，借以反映财产物资的实物数量和价值量。原材料、库存商品、产成品等明细账一般都采用数量金额式账簿。数量金额式明细账账页格式如图5-4所示。

原材料明细账

分页　　总页

最高存量＿＿＿＿＿　编号、名称　大米　　　　　　　　　　　　　　　　　　
最低存量＿＿＿＿＿　储备天数＿＿＿　存放地点＿＿＿＿　计量单位　千克　　规格＿＿＿＿　类别＿＿＿＿

2023年		凭证号数	摘要	收入										付出										结存									
月	日			数量	单价	金额									数量	单价	金额									数量	单价	金额							
						百	十	万	千	百	十	元	角	分	数量	单价	百	十	万	千	百	十	元	角	分	数量	单价	百	十	万	千	百	十	元	角	分
12	1		期初余额																							300	4.00				1	2	0	0	0	0
	3	3	购入大米	500	4.00				2	0	0	0	0	0												800	4.00				3	2	0	0	0	0
	10	9	厨房领用大米												100	4.00				4	0	0	0	0		700	4.00				2	8	0	0	0	0

图 5-4　数量金额式明细账账页格式

会计账簿体系，如图5-5所示。

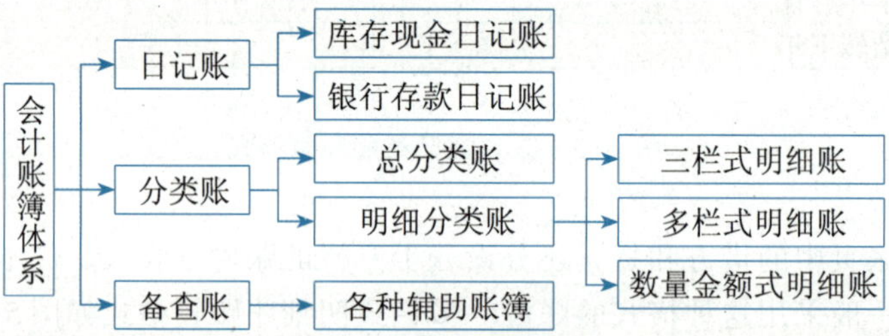

图 5-5　会计账簿体系图

第二节　会计账簿的启用和登记

一、会计账簿的基本内容

（一）封面

会计账簿封面上应写明账簿名称和记账单位名称。

（二）扉页

扉页上填列会计账簿的启用日期、截止日期、页数、册数，会计账簿启用和经管人员一览表及签章，账户目录。

（三）账页

账页是会计账簿用来记录经济业务事项的载体，其主要内容为：账户名称，包括一级、二级或明细科目；登记账户的日期栏；凭证种类和号数栏；摘要栏；金额栏，包括借、贷方发生额及相应的余额栏；总页次和分户页次。

二、会计账簿的启用

启用会计账簿时，应在扉页上填列账簿启用表，填列的具体内容为：①单位名称和账簿名称；②账簿编号和账簿页数；③启用日期；④经管人员一览表，包括会计机构负责人、会计主管人员、记账人员和复核人员的姓名，并加盖私章和单位财务专用章；⑤交接记录表，即会计主管人员调动工作时，应注明交接日期、接办人员或监交人员姓名，并由交接双方人员签名或盖章；⑥采用购买印花税票方式缴纳印花税的单位，对应缴纳印花税的账簿，将印花税票粘贴在账簿启用表的背面或其他部位，并划线予以注销。

印花税的计算：对记录资金的账簿，按"实收资本"和"资本公积"总额或增加额的万分之二点五计算贴花。

账簿启用及交接表，如图5-6所示；贴印花税示范，如图5-7所示。

账簿启用及交接表

机构名称									印 鉴	
账簿名称	（第　册）									
账簿编号										
账簿页数	本账簿共计　　页（本账簿页数检点人盖章　　　）									
启用日期	公元　　年　　月　　日									
经管人员	负责人		主办会计		复核			记账			
	姓名	盖章	姓名	盖章	姓名		盖章	姓名		盖章
接交记录	经管人员		接管			交出					
	职别	姓名	年	月	日	盖章	年	月	日	盖章	

图 5-6　账簿启用及交接表

印花税票粘贴处

图 5-7　贴印花税示范

三、会计账簿的记账规则

登记会计账簿时，必须遵守以下规则：

（1）登记会计账簿时，应当将会计凭证日期、编号、经济业务内容摘要、金额和其他有关资料逐项记入账簿内，做到数字准确、摘要清楚、登记及时、字迹工整。

（2）登记完毕后，要在记账凭证上签名或者盖章，并注明已记账的符号"√"，表示已经记账。

（3）会计账簿书写的文字和数字上面要留有适当空白，不要写满格，一般应占格距的二分之一。

（4）登记会计账簿要用蓝黑墨水笔或者碳素墨水笔书写，不得使用圆珠笔（银行的复写账簿除外）或者铅笔书写。

（5）若发生下列情况，可以用红色墨水笔记账：①按照红字冲账的记账凭证，冲销错误记录；②在不设借、贷等栏的多栏式账页中，登记减少数；③在三栏式账户的余额栏前，如未印明余额方向，在余额栏内登记负数余额；④根据国家统一的会计制度的规定可以用红字登记的其他会计记录。

（6）各种会计账簿应当按照页次顺序连续登记，不得跳行、隔页。如果发生跳行、隔页，应当将空行、空页划线注销或者注明"此行空白""此页空白"字样，并由记账人员签名或者盖章，示范如图 5-8 所示。

（7）凡需要结出余额的账户，结出余额后，应当在"借或贷"栏内写明"借"或"贷"字样。没有余额的账户，应当在"借或贷"栏内写"平"字，并在余额栏用"0"表示。

（8）每一账页登记完毕结转下页时，应当结出本页合计数及余额，写在本页最后一行和下页第一行有关栏内，并在摘要栏内注明"过次页"和"承前页"字样；也可以将本页合计数及余额只写在下页第一行有关栏内，并在摘要栏内注明"承前页"字样。

总　账

会计科目：原材料　　　　　　　　　　　　　　　　　　　　　　空行的处理

2023年		凭证		摘要	借方	贷方	借或贷	余额
月	日	种类	号数					
2	5			承前页			借	20 000
2	5	转	25	入库	10 000		借	30 000
				此行注销				
	7	转	30	出库		5 000	借	25 000

总　账

会计科目：原材料　　　　　　　　　　　　　　　　　　　　　　空页的处理

2023年		凭证		摘要	借方	贷方	借或贷	余额
月	日	种类	号数					
				此页注销				

图 5-8　空行、空页处理示范

四、会计账簿的格式和登记方法

（一）日记账的格式和登记方法

1. 库存现金日记账的格式和登记方法

（1）库存现金日记账的概念及格式。库存现金日记账是根据与库存现金有关的收款凭证、付款凭证，按时间先后顺序由出纳人员逐笔登记的。库存现金日记账通常使用订本式账簿，采用设有"借方（收入）""贷方（支出）""余额（结余）"三栏式结构的账页。三栏式库存现金日记账的格式如图5-9所示。

库存现金日记账

2023年		凭证		票据号数	摘要	借方									贷方									余额									核对
月	日	种类	号数			百	十	万	千	百	十	元	角	分	百	十	万	千	百	十	元	角	分	百	十	万	千	百	十	元	角	分	
12	1				承前页																					5	8	9	8	0	0	☐
	5	记	2		营业收入			5	0	0	0	0	0											1	0	8	9	8	0	0	☐
	8	记	5		现金存银行												3	0	0	0	0	0			7	8	9	8	0	0	☐
	10	记	8		提取现金			2	0	0	0	0	0												9	8	9	8	0	0	☐
					本月合计																											☐
					结转下年																											☐
																																☐

图 5-9　三栏式库存现金日记账的格式

（2）库存现金日记账的登记方法。库存现金日记账由出纳人员根据与库存现金收付有关的记账凭证，按时间顺序逐日逐笔进行登记，并根据"上日结余+本日收入-本日支出=本日余额"的公式，逐日结出库存现金余额，与库存现金实存数核对，以检查每日库存现金收付是否有误。

① 日期栏：记账凭证的填制日期，应当与库存现金实际收付日期一致。

② 凭证种类和号数栏：登记入账的收付款业务的凭证种类和编号。

③ 票据号数栏：结算凭证的号码，如库存现金支票号码。

④ 摘要栏：摘要说明登记入账的经济业务的内容，文字应简练，但要能说明问题。

⑤ 借方（收入）、贷方（支出）栏：库存现金实际收付的金额。

⑥ 余额栏：根据公式"上日结余+本日收入-本日支出=本日余额"得出。

每日终了应分别计算库存现金收入和支出的合计数，结出余额，并将账面余额数与库存现金实存数进行核对，以检查账实是否相符，如账款不符应查明原因，并记录备案，做到日清日结。

2.银行存款日记账的格式和登记方法

银行存款日记账是用来核算和监督银行存款每日的收入、支出和结余情况的账户。银行存款日记账通常使用订本式账簿和三栏式账页。

银行存款日记账的格式和登记方法与库存现金日记账基本相同，不再单独陈述。有一点值得注意的是，由于银行存款的收付都是根据银行规定的结算凭证办理的，为了便于同银行对账，可考虑增设"支票号数栏"，即如果所记录的经济业务是以支票付款结算的，应在该栏内填写相应的支票号数。

三栏式银行存款日记账的格式，如图5-10所示。

银行存款日记账

第 1 页

开户行	工行中山支行
账 号	0295 0920 0003 6351

2023年		凭证		支票		摘要	借方								核对	贷方								核对	余额								
月	日	种类	号数	类别	号数		百	十	万	千	百	十	元	角	分	百	十	万	千	百	十	元	角	分	百	十	万	千	百	十	元	角	分
12	1					承前页																					1	8	1	0	0	0	0	0
	3	记	3			收到前欠营业款				8	0	0	0	0	0											1	8	9	0	0	0	0	0
	8	记	5			现金存银行				3	0	0	0	0	0											1	9	2	0	0	0	0	0
	10	记	8			提取现金													2	0	0	0	0	0		1	9	0	0	0	0	0	0

图 5-10　三栏式银行存款日记账的格式

（二）总分类账的格式和登记方法

1.总分类账的格式

总分类账是按总分类科目设置的，它一般采用由借方、贷方和余额三栏组成的三栏式账页。总分类账是企业最重要的账簿，因此它采用订本式账簿，其格式如图5-8所示。

2.总分类账的登记方法

总分类账登记的依据和方法，主要取决于所采用的账户处理程序，它可以直接根据记账凭证逐笔登记，也可以把各种记账凭证汇总编制成科目汇总表和汇总记账凭证，再据以登记。月终，在全部经济业务登记入账后，结出各账户的本期发生额和期末余额。

（三）明细分类账的格式与登记方法

1.明细分类账的格式

明细分类账可以采用三栏式、多栏式、数量金额式三种格式。具体格式见本章第一节。

2.明细分类账的登记方法

明细分类账的登记一般有三种方法：一是根据原始凭证直接登记明细账；二是根据汇总原始凭证登记明细分类账；三是根据记账凭证登记明细分类账。

固定资产、债权、债务等明细分类账应逐日逐笔登记；库存商品、原材料、产成品收发明细账以及收入、费用明细账可以逐笔登记，也可以定期汇总登记。

对于借方多栏式明细账，由于只在借方设多栏，平时借方登记成本、费用的发生额，贷方登记月末将借方发生额一次转出的数额，登记示范如图5-3所示。贷方多栏式明细账同理。

第三节　对账与结账

一、对账的具体内容

对账就是核对账目，是对账簿记录的正确与否进行核对的工作。对账工作主要包括以下三个方面的内容。

（一）账证核对

账证核对是指核对会计账簿记录与原始凭证、记账凭证的时间、凭证号、内容、金额是否一致，记账方向是否相符。

（二）账账核对

账账核对是指核对不同会计账簿之间的账簿记录是否相符。具体内容包括：总分类账簿有关账户的余额核对；总分类账簿与所属明细分类账簿核对；总分类账簿与序时账簿核对；明细分类账簿之间的核对。

（三）账实核对

账实核对是指各项财产物资、债权债务等账面余额与实有数额之间的核对。其主要内容包括以下几点：①库存现金日记账账面余额与库存现金实有数额是否相符；②银行存款日记账账面余额与银行对账单的余额是否相符；③各项财产物资明细账账面余额与财产物资的实有数额是否相符；④有关债权债务明细账账面余额与对方单位的账面记录是否相符。

在会计核算工作中，账实核对一般是通过财产清查进行的，其基本方法见本书财产清查章节。

二、错账更正的方法及应用

在会计实际工作中，常见的错账更正方法有划线更正法、红字冲销法和补充登记法。

（一）划线更正法

在结账前发现账簿记录有文字或数字错误，而记账凭证没有错误，采用划线更正法。

具体更正方法：在错误的文字或数字上划一条红线，在红线的上方填写正确的文字或数字，并由记账及相关人员在更正处签章；对于错误的数字，应全部划红线更正，不得只更正其中的错误数字；对于文字错误，可只划去错误的部分。划线更正示范，如图 5-11 所示。

库存现金日记账

2023 年		凭证		票据号数	摘要	借方								贷方								余额								核对
月	日	种类	号数			百	十	万	千	百	十	元	角	分	百	十	万	千	百	十	元	角	分	百	十	万	千	百	十	元	角	分	
12	1	记	1		提现 提出			1	0	0	0	0	0	0																			□
								1	0	0	0	0	0	0																			□

图 5-11　划线更正示范

（二）红字冲销法

红字冲销法适用于账簿记录依据的记账凭证错误且在记账后发现时的错误更正。这种方法应用较广泛，适用于记账凭证中会计科目错误、借贷方向错误、多记金额等导致的账簿登记错误。

具体更正方法：先用红字填制一张与原错误记账凭证相同内容的记账凭证，但在"摘要"栏中应写明"冲销错账"以及错误凭证的号数和日期；然后据以登记入账，用来冲销账中原来的错误记录；最后用蓝字填制一张正确的记账凭证，在"摘要"栏中写明"更正错误"以及冲销凭证的号数和日期，并据以登记入账。

【例 5-1】东方旅游企业办公室张军出差预借差旅费 1 500 元，以现金付讫。在填制记账凭证时，财务人员误将其借方科目写为"应收账款"，并据以登记入账。会计分录如下：

（1）错误的记账凭证。

借：应收账款　　　　　　　　　　　　　　　　　　　　　　　　　1 500

贷：库存现金　　　　　　　　　　　　　　　　　　　　　　　　　1 500

（2）红字冲销更正，即以红字金额填制一张与原来错误记账凭证相同内容的记账凭证，并据以登记入账。

借：应收账款　　　　　　　　　　　　　　　　　　　　　　　　　1 500

　　　　贷：库存现金　　　　　　　　　　　　　　　　　　　　　　　1 500

　　（3）用蓝字填制一张正确的记账凭证，并据以登记入账。

　　借：其他应收款　　　　　　　　　　　　　　　　　　　　　1 500

　　　　贷：库存现金　　　　　　　　　　　　　　　　　　　　　　　1 500

（三）补充登记法

　　补充登记法是在记账后发现记账凭证填写的会计科目无误，只是所记金额小于应记金额时所采用的一种更正方法。

　　具体更正方法：将少记的金额用蓝字填制一张与原错误记账凭证所记载的借贷方向、应借应贷会计科目相同的记账凭证，在摘要栏内写明"补记×月×日第×号记账凭证少记金额"，并据以登记入账，以补记少记的金额，反映正确金额。

　　【例5-2】东方旅游企业结转已验收入库的原材料大米的实际成本为5 000元。在填制记账凭证时，财务人员误将其金额写为500元，并已登记入账。会计分录如下：

　　（1）错误的记账凭证。

　　借：原材料——大米　　　　　　　　　　　　　　　　　　　　500

　　　　贷：在途物资　　　　　　　　　　　　　　　　　　　　　　　500

　　（2）补充登记，即用蓝字填制一张与原来错误记账凭证账户对应关系相同而金额为4 500元的记账凭证，补记原来少记的金额，并据以登记入账。

　　借：原材料——大米　　　　　　　　　　　　　　　　　　　4 500

　　　　贷：在途物资　　　　　　　　　　　　　　　　　　　　　4 500

三、结账

　　结账是指按照规定把一定时期（月份、季度、年度）内所发生的经济业务登记入账，并将各账簿结算清楚，以便进一步根据账簿记录编制财务报表。另外，企业因撤销、合并而办理账务交接时，也需要办理结账。

（一）结账的程序及内容

　　结账的程序及内容如下：

　　（1）将本期发生的经济业务事项全部登记入账，并保证其正确性。

　　（2）根据权责发生制的要求，调整有关账项，合理确定本期应计的收入和应计的费用。

　　（3）将损益类科目转入"本年利润"科目，结平所有损益类科目。

　　（4）结算出资产、负债和所有者权益类科目的本期发生额和余额，并结转至下期。

（二）结账的方法

　　结账工作是在月份、季度和年度终了时进行的，因此有月结、季结和年结。一般采用划线结账法。

　　（1）对不需要按月结计本期发生额的账户，每次记账以后，都要随时结出余额，月末结账时，只需要在最后一笔经济业务事项记录之下通栏划单红线。

　　（2）库存现金日记账、银行存款日记账和需要按月结计发生额的收入、费用等明细账，每月结账时，要结出本月发生额和余额，在摘要栏内注明"本月合计"字样，并在下面通栏划单红线，若账户期末无余额，则通栏划双红线，表示账户期末无余额。

（3）需要结计本年累计发生额的明细账户，每月结账时，应在"本月合计"行下结出自年初起至本月末止的累计发生额，登记在月份发生额下面，在摘要栏内注明"本年累计"字样，并在下面通栏划单红线。12月末的"本年累计"就是全年累计发生额，全年累计发生额下通栏划双红线。

（4）总分类账户平时只需要结出月末余额。年终结账时，将所有总分类账户结出全年发生额和年末余额，在摘要栏内注明"本年合计"字样，并在合计数下通栏划双红线。

（5）年度终了结账时，有余额的账户，要将其余额结转至下年，并在摘要栏注明"结转下年"字样；在下一会计年度新建有关会计账户的第一行余额栏内填写上年结转的余额，并在摘要栏注明"上年结转"字样。

新旧账之间的转记金额，无须编制记账凭证。

第四节 账务处理程序

一、账务处理的概念

账务处理是指会计凭证、会计账簿、财务报表相结合的方式，即从审核原始凭证开始，经过编制记账凭证、登记账簿，直到编制财务报告的方法和步骤。

二、账务处理的一般程序

逐笔记录经济业务的发生额，分类汇总发生额和余额，结出发生额和余额。具体程序如图5-12所示。

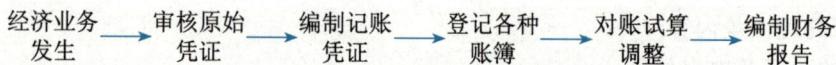

经济业务发生 → 审核原始凭证 → 编制记账凭证 → 登记各种账簿 → 对账试算调整 → 编制财务报告

图5-12 账务处理的一般程序

三、账务处理程序的种类

根据登记总分类账的依据不同，较常用的账务处理程序有记账凭证账务处理程序、科目汇总表账务处理程序、汇总记账凭证账务处理程序。

（一）记账凭证账务处理程序

1.记账凭证账务处理程序的概念

记账凭证账务处理程序是指对发生的经济业务，都要根据原始凭证或汇总原始凭证编制记账凭证，然后根据记账凭证直接登记总分类账的一种账务处理程序。

记账凭证账务处理程序体现了会计核算的基本原理和基本程序，它是最基本的账务处理程序。

2.记账凭证账务处理的一般程序

记账凭证账务处理的一般程序，如图5-13所示。

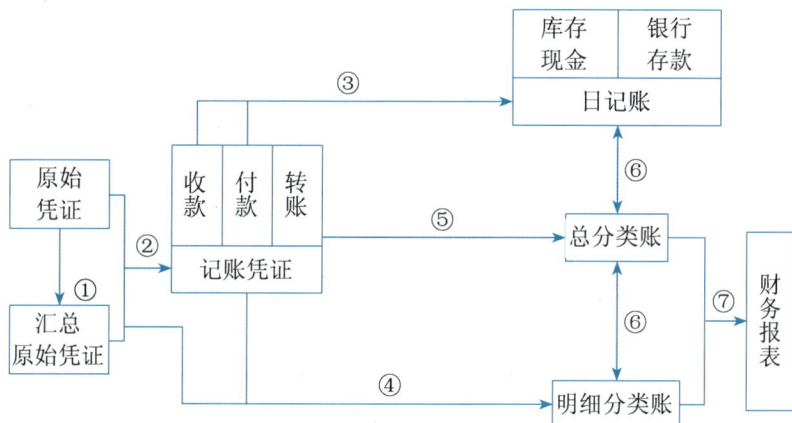

图5-13　记账凭证账务处理的一般程序

① 根据原始凭证编制汇总原始凭证。

② 根据原始凭证或汇总原始凭证编制记账凭证。

③ 根据收、付款凭证逐笔登记库存现金日记账和银行存款日记账。

④ 根据原始凭证、汇总原始凭证和记账凭证，登记各种明细分类账。

⑤ 根据记账凭证逐笔登记总分类账。

⑥ 期末，根据对账的要求，将库存现金日记账、银行存款日记账和明细分类账的余额与总分类账有关账户的余额核对。

⑦期末，根据总分类账和明细分类账的记录编制财务报表。

3.记账凭证账务处理程序的优缺点及适用范围

记账凭证账务处理程序的优点是程序简单明了，易于理解，总分类账可以较详细地反映经济业务的内容；其缺点是登记总分类账的工作量比较大。记账凭证账务处理程序一般只适用于规模小、业务量少、凭证不多的单位。

(二)科目汇总表账务处理程序

1.科目汇总表账务处理程序的概念

科目汇总表账务处理程序又称为记账凭证汇总表账务处理程序，它是根据记账凭证定期编制科目汇总表，再根据科目汇总表登记总分类账的一种账务处理程序。其特点是编制科目汇总表据以登记总分类账。其记账凭证和账簿的设置与记账凭证账务处理程序基本相同。

2.科目汇总表账务处理的一般程序

科目汇总表账务处理的一般程序，如图5-14所示。

①根据原始凭证编制汇总原始凭证。

②根据原始凭证或汇总原始凭证编制记账凭证。

③根据收、付款凭证逐笔登记库存现金日记账和银行存款日记账。

④根据原始凭证、汇总原始凭证和记账凭证，登记各种明细分类账。

⑤根据各种记账凭证编制科目汇总表。

⑥根据科目汇总表登记总分类账。

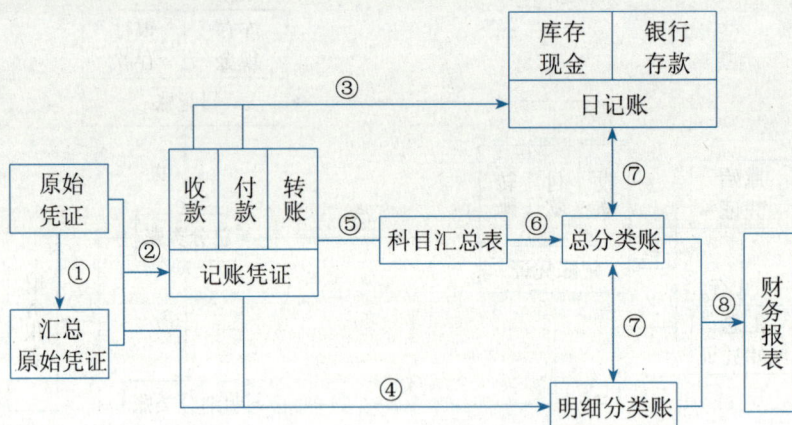

图5-14 科目汇总表账务处理的一般程序

⑦期末，将库存现金日记账、银行存款日记账和明细分类账的余额同总分类账的余额核对相符。

⑧期末，根据总分类账和明细分类账的记录编制财务报表。

3.科目汇总表账务处理程序的优缺点及适用范围

科目汇总表账务处理程序的优点是减轻了登记总分类账的工作量，并可做到试算平衡；其缺点是总账中不反映科目对应关系，不便于分析经济业务的来龙去脉，不便于查对账目。科目汇总表账务处理程序一般适用于经济业务较多的单位。

（三）汇总记账凭证账务处理程序

1.汇总记账凭证账务处理程序的概念

汇总记账凭证账务处理程序是根据原始凭证或汇总原始凭证编制记账凭证，再根据记账凭证编制汇总记账凭证，然后据以登记总分类账的一种账务处理程序。

其特点是定期根据记账凭证分类编制汇总收款凭证、汇总付款凭证、汇总转账凭证，再根据汇总记账凭证登记总分类账。在这一程序中，账簿的设置与记账凭证账务处理程序基本相同。企业除设置收款凭证、付款凭证和转账凭证外，还应设置汇总收款凭证、汇总付款凭证和汇总转账凭证。

2.汇总记账凭证账务处理的一般程序

汇总记账凭证账务处理的一般程序，如图5-15所示。

①根据原始凭证编制汇总原始凭证。

②根据原始凭证或汇总原始凭证编制记账凭证。

③根据收、付款凭证逐笔登记库存现金日记账和银行存款日记账。

④根据原始凭证、汇总原始凭证和记账凭证，登记各种明细分类账。

⑤根据各种记账凭证分别编制汇总收款凭证、汇总付款凭证和汇总转账凭证。

⑥根据各种汇总记账凭证登记总分类账。

⑦期末，将库存现金日记账、银行存款日记账和明细分类账的余额同总分类账户的余额核对相符。

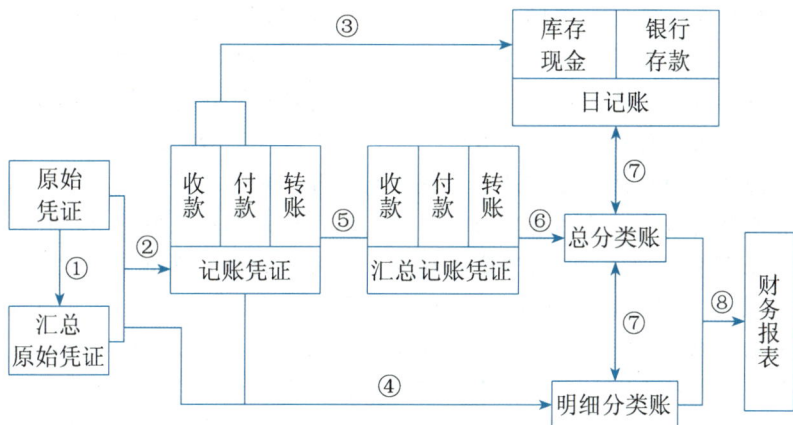

图5-15　汇总记账凭证账务处理程序的一般程序

⑧期末，根据总分类账和明细分类账的记录编制财务报表。

3.汇总记账凭证账务处理程序的优缺点及适用范围

汇总记账凭证账务处理程序的优点是在汇总记账凭证上能够清晰地反映账户之间的对应关系，并可以大大减少登记总分类账的工作量；其缺点是定期编制汇总记账凭证的工作量比较大，难以发现汇总过程中可能存在的错误。汇总记账凭证账务处理程序一般只适用于规模较大、经济业务量较多、专用记账凭证也比较多的会计主体。

素养园地　　　　　　　　　　　　**新时代会计工匠精神**

会计作为一项专业性较强的职业，在社会经济正常运转中发挥着不可替代的作用。早在2 000多年前，孔子就提出了"会计当而已矣"的观点，这既是"会计"这个职业名称的由来，"当"字也精辟概括出了会计的本质、内涵和应遵循的原则，是对会计职业精神最早的阐述。新时代"会计工匠精神"具体表现在以下几个方面：

（1）对职业技能的追求。对技艺孜孜不倦的极致追求，是每位"会计工匠"应具备的基本素质。处于社会经济飞速发展背景下的中国，各类财经政策日新月异，会计人员无论就职于以企业价值最大化为目标的企业，还是保障财政资金合法合规使用的行政事业单位，或是提供审计咨询等服务的中介机构，须时时保持学习状态，熟练掌握政治经济动向，熟悉会计制度及政策变化，真实合规地核算，剥茧抽丝地分析和运用好财务数据，灵活运用财务技能解决工作问题，为服务的单位和社会创造价值。财务人员应以高层次财务人才为自身发展目标，紧跟时代发展，做到与时俱进，勤奋钻研，持之以恒，不断积累操作经验，实现知识更新迭代，将新思维、新方法创造性地应用于财务管理实践，发挥"智慧"会计工匠的作用。

（2）对职业道同的认可。中国古话讲，"三百六十行，行行出状元"，每个行业都能有所建树，每个行业都有各自的"道同"。对专业技艺的不断追求，不只是纯技法的盲目崇

拜，而是提升自身修养的不懈努力，更是深层次探索理解世界和生活本原的实现途径，因此，最高境界的工匠精神是"道技合一"的。日本管理大师稻盛和夫提倡"在工作中修行"，个人自我价值的实现，实际上是通过日常工作积累而成的。财务工作较具体、烦琐，需财务人员区别"饭碗"和"天职"的本质差异，心怀职业理想，勇担职业责任，不辱时代使命，不忘初心，敢于担当，认真负责，爱岗敬业，执着坚持，淡泊名利，追求本真，在平凡的岗位上践行社会主义核心价值观，实现从"匠心"到"匠魂"的精神升华。

（3）对职业尊严的忠诚。会计是一项技术型工作，对职业声誉、尊严、品德的自觉维护，需要财务人员发自内心地热爱职业、尊重天职，这是职业荣誉感的精神源泉，具体表现为：一是职业操守的自我约束，"依法理财"是每个财务人员须遵守的职业行为底线，他律的同时须具有自律的道德准绳，严格遵守国家各类法规政策，自觉抵制徇私舞弊；二是专业精神的自我约束，财务人员应克服马虎粗心和随意倦怠的不良心态，戒骄戒躁，保持积极向上的精神状态，一以贯之谨慎性原则，形成一丝不苟的职业态度、细致严谨的职业作风、专注精准的职业习惯；三是职业纪律的自我约束，财务人员应秉承正直、诚实、廉洁的职业品格，以过硬的技能和热情周到的服务精神，提供专业的技术服务，塑造可靠的职业形象。

"会计工匠精神"，是新的时代背景下对传统匠人精神的继承和创新，是专业技能、职业品格和精神追求多维度上的精益求精。培育"会计工匠精神"，对个人而言是提升财会人员素质的内在要求，对单位而言是提高财务管理水平的重要抓手，对国家而言是铸就文化软实力的有效途径。

资料来源：许宁宁."会计工匠精神"培育路径构想［J］.交通财会，2022（2）.

思政关键词：会计工匠精神　爱岗敬业　诚实守信　廉洁自律　客观公正　提高技能　强化服务　参与管理

■ 本章小结

•会计账簿是指由一定格式账页组成的，以经过审核的会计凭证为依据，全面、系统、连续地记录各项经济业务的簿籍。

•会计账簿按其用途不同可分为日记账、分类账和备查账；按其外表形式不同可分为订本账、活页账和卡片账；按其账页格式不同可分为三栏账、多栏账和数量金额账。

•对账就是核对账目，是对账簿记录的正确与否进行核对的工作。对账工作主要包括账证核对、账账核对和账实核对三个方面的内容。

•错账更正方法有划线更正法、红字冲销法和补充登记法。

•结账是指按照规定把一定时期（月份、季度、年度）内所发生的经济业务登记入账，并将各账簿结算清楚，以便进一步根据账簿记录编制财务报表。结账时，若为"本月合计"且账户有余额的，则在"本月合计"字样下面通栏划单红线；若本月合计后账户期末无余额或为"本年合计"时，则在"本月合计"或"本年合计"字样下通栏划双红线。

•账务处理程序是指会计凭证、会计账簿、财务报表相结合的方式。根据登记总分类账的依据不同，较常用的账务处理程序有记账凭证账务处理程序、科目汇总表账务处理程序、汇总记账凭证账务处理程序。

■ 主要概念

会计账簿　对账　结账　账务处理程序

■ 基本训练

一、选择题

（一）单项选择题

1.库存现金日记账的外表形式一般为（　　）。

A.订本式　　　　　　B.活页式　　　　　　C.卡片式　　　　　　D.多栏式

2.年终结账时，要在总账摘要栏内注明"本年合计"字样，结出全年发生额和年末余额，并在合计数（　　）。

A.上方通栏划单红线　　　　　　　　B.下方通栏划单红线

C.上方通栏划双红线　　　　　　　　D.下方通栏划双红线

3.收入、成本、费用明细账一般采用（　　）。

A.两栏式　　　　　　B.三栏式　　　　　　C.多栏式　　　　　　D.数量金额式

4.应收账款明细账应采用（　　）账簿。

A.两栏式　　　　　　B.三栏式　　　　　　C.多栏式　　　　　　D.数量金额式

5.库存现金日记账和银行存款日记账必须采用（　　）。

A.订本式账簿　　　　　　　　　　　B.活页式账簿

C.卡片式账簿　　　　　　　　　　　D.备查账簿

6.下列各项中，不属于账实核对内容的是（　　）。

A.库存现金日记账账面余额与库存现金实有数额核对

B.银行存款日记账账面余额与银行进账单余额核对

C.库存商品明细账账面余额与库存商品盘存单余额核对

D.各种财产物资实有数与相应明细账核对

7.记账后发现记账凭证会计科目无误，但所记金额小于应记金额产生的错账，应采用（　　）更正。

A.划线更正法　　　　　　　　　　　B.平行登记法

C.红字更正法　　　　　　　　　　　D.补充登记法

8.记账后在当年内发现记账凭证中所记的会计科目错误，从而引起记账错误，可采用（　　）进行更正。

A.划线更正法　　　B.补充登记法　　　C.红字更正法　　　D.技术推算法

9.补充登记法主要适用于（　　）。

A.记账文字或数字有误，所用科目无误

B.记账后在年内发现所记金额无误，所用科目有误

C.记账后在年内发现所记金额大于应记金额，所用科目无误

D.记账后发现所记金额小于应记金额，所用科目无误

10.每月结账时，要结出本月发生额和余额，在摘要栏内注明"本月合计"字样，并在合计数（　　），若账户期末无余额，则通栏划双红线，表示账户期末无余额。

A.上方通栏划单红线　　　　　　　　B.下方通栏划单红线

C.上方通栏划双红线　　　　　　　　D.下方通栏划双红线

11.记账凭证账务处理程序适用于（　　）的单位。

A.规模较小、业务量较少　　　　　　B.规模较小、业务量较多

C.规模较大、业务量较少　　　　　　D.规模较大、业务量较多

12.科目汇总表账务处理程序的优点是（　　）。

A.详细反映经济业务的发生情况

B.可以做到试算平衡

C.便于了解账户之间的对应关系

D.便于查对账目

13.汇总记账凭证账务处理程序的适用范围是（　　）。

A.规模较大，经济业务比较少的会计主体

B.规模小，经济业务量少，使用会计科目不多的会计主体

C.规模较大，经济业务量比较多，专用记账凭证也比较多的会计主体

D.规模不是很大，但收付款业务比较多的会计主体

14.在科目汇总表账务处理程序中，一般采用的记账凭证为（　　）。

A.一借多贷　　　　B.多借多贷　　　　C.一借一贷　　　　D.一贷多借

15.科目汇总表账务处理程序与记账凭证账务处理程序的主要不同点在于（　　）。

A.登记总账的依据不同

B.库存现金日记账、银行存款日记账的格式设置不同

C.登记库存现金日记账和银行存款日记账的依据不同

D.登记各种明细分类账的依据不同

16.能够保留科目间对应关系的账务处理程序是（　　）账务处理程序。

A.科目汇总表　　　　　　　　　　　B.汇总记账凭证

C.多栏式日记账　　　　　　　　　　D.电算会计

17.期末无余额的账户，应在"借或贷"栏内填写（　　）。

A.0　　　　　　B.零　　　　　　C.平　　　　　　D.0或零

18.各种账务处理程序的根本区别是（　　）。

A.登记总账的依据不同　　　　　　　B.登记日记账的依据不同

C.登记明细账的依据不同　　　　　　D.编制财务报表的依据不同

19.科目汇总表账务处理程序的缺点是（　　）。

A.不利于会计核算分工　　　　　　　B.不能进行试算平衡

C.反映不出账户的对应关系　　　　　D.会计科目数量受限制

20.科目汇总表账务处理程序的特点是（　　）。

A.根据记账凭证直接登记总分类账　　B.根据科目汇总表登记总分类账

C.根据汇总记账凭证登记总分类账　　　　D.根据记账凭证逐笔登记日记总账

(二) 多项选择题

1.以下各项中属于备查账的有（　　　）。

A.租入固定资产登记簿　　　　　　　　B.代销商品登记簿

C.受托加工材料登记簿　　　　　　　　D.材料采购明细账

2.以下明细账宜采用数量金额式的有（　　　）。

A.库存商品——酒水类　　　　　　　　B.原材料——粮食类

C.应收账款——M公司　　　　　　　　D.固定资产——小轿车

3.对账的主要内容包括（　　　）。

A.账证核对　　　　B.账账核对　　　　C.账实核对　　　　D.账表核对

4.账簿根据其外表形式的不同，分为订本式账簿、活页式账簿和卡片式账簿。活页式账簿主要适用于（　　　）。

A.库存现金日记账和银行存款日记账

B.库存商品明细账

C.原材料明细账

D.应收账款明细账

5.为保证账账相符应做的工作有（　　　）。

A.总分类账各账户的期末借方余额合计数与贷方余额合计数核对

B.总分类账各账户的期末余额与其所属明细分类账账户的期末余额之和核对

C.总账各账户的期末余额与对应财务报表项目金额核对

D.各明细账期末余额与盘点表、对账单、询证函核对

6.下列各项中，属于账实核对的工作内容的有（　　　）。

A.库存现金日记账的账面余额与实际库存数核对

B.银行存款日记账账面余额与银行对账单核对

C.各种债权、债务明细账账面余额与有关单位（或个人）核对

D.各种财产物资实有数与相应明细账核对

7.下列有关记账凭证会计处理程序的叙述中，正确的有（　　　）。

A.直接根据各种记账凭证逐笔登记总分类账

B.体现会计核算的基本原理和基本程序，是最基本的账务处理程序

C.记账凭证只能采用收款、付款、转账三种凭证，不能采用通用记账凭证

D.优点是简单明了，易于理解，在总分类账中能具体反映经济业务的内容，便于查账

8.汇总记账凭证账务处理程序的优点包括（　　　）。

A.增加了登记总分类账的工作量　　　　B.便于了解账户之间的对应关系

C.减轻了登记总分类账的工作量　　　　D.便于试算平衡

9.汇总收款凭证的编制方法包括（　　　）。

A.按库存现金、银行存款科目的借方设置

B.按库存现金、银行存款科目的贷方设置

C.按与设置科目相对应的贷方科目加以归类、汇总

D.按与设置科目相对应的借方科目加以归类、汇总

10.下列关于账务处理程序的说法中，正确的有（　　　）。

A.记账凭证账务处理程序的缺点是登记总分类账的工作量比较大

B.采用科目汇总表账务处理程序，由于其在科目汇总表中不反映科目对应关系，因而不便于分析经济业务的来龙去脉，不便于查账

C.采用汇总记账凭证账务处理程序可以大大减少登记总分类账的工作量

D.汇总记账凭证账务处理程序一般只适用于规模较大、经济业务量较多、专用记账凭证也比较多的会计主体

11.记账凭证账务处理程序与汇总记账凭证账务处理程序的相同之处在于（　　　）。

A.根据原始凭证或汇总原始凭证编制记账凭证

B.根据收、付款凭证逐笔登记库存现金日记账和银行存款日记账

C.根据各种记账凭证和有关原始凭证或原始凭证汇总表登记明细账

D.根据记账凭证逐笔登记总分类账

12.科目汇总表账务处理程序的优点有（　　　）。

A.科目汇总表的编制和使用比较简便

B.可大大减少登记总分类账的工作量

C.科目汇总表能起到试算平衡的作用，从而保证总账登记的准确性

D.能明确反映科目对应关系，便于分析经济业务的来龙去脉

二、实训题

实训题一　练习日记账的登记

资料1：甲旅游企业2023年12月8日发生如下库存现金收付业务：

1.从银行提取现金15 000元；

2.餐饮部采购员张军预借差旅费1 800元；

3.支付采购材料货款8 500元；

4.购买办公用品支付950元。

要求：根据资料1编制记账凭证，并据以登记库存现金日记账（见表5-1）。

表5-1　　　　　　　　　　　　库存现金日记账

2023年		凭证		票据号数	摘要	借方									贷方									余额									核对
月	日	种类	号数			百	十	万	千	百	十	元	角	分	百	十	万	千	百	十	元	角	分	百	十	万	千	百	十	元	角	分	
12	1				期初余额																					1	0	0	0	0	0		☐
																																		☐
																																		☐
																																		☐
																																		☐
																																		☐
					本日合计																													☐

实训题二　练习错账更正

资料2：甲旅游企业会计在登账以后发现如下错账：

1.从银行提取现金350元，在编制记账凭证时，误将金额填写为530元，并已登记入账。

2.管理人员出差预借差旅费3000元，以现金付讫。会计人员在编制记账凭证时，误将"其他应收款"记为"应收账款"，并已登记入账。

3.以银行存款6500元归还前欠的购货款，在编制记账凭证时，误将金额填为5600元，并据以登记入账。

4.从银行提取现金3500元，过账后，原记账凭证没错，登账时将金额记为5300元。

要求：按正确的方法更正资料2中的错账（写明错在哪里，采用什么方法和具体更正过程）。

实训题三　练习记账凭证账务处理程序的应用

根据本书综合实训章节业务内容练习。

第六章 财产清查

■ 学习目标

通过本章学习,你应该达到以下目标:

知识目标:了解财产清查的意义、工作组织,财产物资清查的步骤。理解财产清查的概念、种类和方法,财产清查结果处理的步骤。

技能目标:掌握银行存款余额调节表的编制,财产清查结果的处理。

素养目标:养成"廉洁自律"的会计职业道德意识;提升"公私分明,不贪不占"的会计职业素养;增强生财有道、合理理财、开源节流、理性消费的财务理念。

第一节　财产清查的意义和种类

一、财产清查的概念

所谓财产清查，就是通过对财产物资、库存现金的实地盘点和对银行存款、债权债务的查对，来确定财产物资、货币资金和债权债务的实存数，并查明账面结存数与实存数是否相符的一种专门方法。财产清查的意义有以下三点：

（1）可以提高会计资料的质量，保证会计资料的真实性；

（2）能够促进企业改善经营管理，挖掘各项财产的潜力，加速资金周转；

（3）能够促使保管人员加强责任感，保证各项财产的安全完整。

二、财产清查的种类

（一）按财产清查的对象和范围分为全面清查和局部清查

1.全面清查

全面清查是指对全部财产进行盘点和核对。全面清查的对象有货币资金、存货、实物资产、债权债务、应收应付款项等。全面清查的情况有以下几种：

（1）在年终决算前，需要进行全面清查。

（2）单位撤销、合并或改变隶属关系，需要进行全面清查。

（3）中外合资、国内联营，需要进行全面清查。

（4）开展清产核资，需要进行全面清查。

（5）单位主要负责人调动，需要进行全面清查。

2.局部清查

局部清查是指根据需要对某一部分特定的财产物资进行的清查，局部清查的对象主要是流动性比较大、比较容易出现问题的财产。局部清查的情况主要有以下几种：

（1）现金应该由出纳员日清月结。

（2）银行存款和银行借款应该由出纳员每月同银行核对一次。

（3）材料、在产品和产成品除年度清查外，应有计划地每月重点抽查，对于贵重的财产物资，应每月清查盘点一次。

（4）对于债权债务，应在年度内至少核对一至二次，有问题应及时核对，及时解决。

（二）按财产清查的时间分为定期清查和不定期清查

1.定期清查

定期清查是根据会计制度的规定预先计划安排时间对财产进行清查。定期清查一般是在年末、季末和月末结账前进行，可以是全面清查，也可以是局部清查。

2.不定期清查

不定期清查是指根据需要进行的临时清查，故也称为临时清查。不定期清查可以是全面清查，也可以是局部清查。不定期清查的情况包括：在更换出纳人员时对库存现金、银行存款所进行的清查；更换仓库保管员时对其所保管的财产进行的清查；发生非常灾害或意外损失，为了确定毁损情况进行的清查；上级主管、审计、财政、银行等部门对本单位进行会计检查或审计，在验证会计资料可靠性时进行的清查等。

三、财产清查工作组织

（一）财产清查的程序

财产清查的一般程序如下：

（1）建立财产清查组织。

（2）组织清查人员学习有关的政策规定。

（3）确定清查对象、范围，明确清查任务。

（4）制订清查方案，具体安排清查内容、时间、步骤、方法，以及必要的清查前准备。

（5）清查时本着先清查数量、核对有关账簿记录等，后认定质量的原则进行。

（6）填制盘存清单。

（7）根据盘存清单填制实物、往来款项清查结果报告表。

（二）财产清查的准备

财产清查的准备包括人员准备、资料准备、相关部门前期配合。

（三）财产清查的实施

财产清查实施阶段的主要工作是对财产物资、库存现金进行实地盘点，对银行存款、债权债务进行查对，以确定财产物资、货币资金和债权债务的实存数与账存数是否相符。

（四）财产清查的总结

财产清查结束后，要对清查结果进行分析总结，具体处理如下：

（1）分析产生差异的原因和性质，提出处理建议。

（2）积极处理多余积压财产，清查往来款项。

（3）总结经验教训，建立健全各项管理制度。

（4）及时调整账簿记录，保证账实相符。

第二节　财产清查的方法

一、货币资金的清查

（一）库存现金的清查

库存现金的清查采用实地盘点法，确定库存现金的实存数，再与库存现金日记账的账面余额核对，以查明盈亏情况。库存现金盘点后，应填制"库存现金盘点报告表"。库存现金盘点报告表也是重要的原始凭证，见表6-1。

表 6-1　　　　　　　　　　　库存现金盘点报告表
单位名称：　　　　　　　　　　　年　月　日

实存金额	账存金额	实存与账存对比		备注
		盘盈（长款）	盘亏（短款）	

盘点人签章：　　　　　　　　　　　出纳员签章：

（二）银行存款的清查

银行存款清查的方法主要是将企业的银行存款日记账和银行转来的对账单逐条核对。核对的结果可能一致，也可能不一致。在实际工作中，两者往往不一致。造成不一致的原因有两种：一种是双方记账错误；另一种是未达账项的存在。

所谓未达账项，是指企业和银行双方之间由于对同一项业务的记账时间不一致而发生的一方已经入账而另一方尚未入账的款项。未达账项有四种基本情况：

（1）企业已收，银行未收，即企业已收款入账，银行尚未收款入账。

（2）企业已付，银行未付，即企业已付款入账，银行尚未付款入账。

（3）银行已收，企业未收，即银行已收款入账，企业尚未收款入账。

（4）银行已付，企业未付，即银行已付款入账，企业尚未付款入账。

任何一种未达账项的存在，都会使银行存款日记账余额与银行对账单余额不符，其中，第（1）、第（4）两种情况会使银行对账单余额小于银行存款日记账余额，第（2）、第（3）两种情况会使银行存款日记账余额小于银行对账单余额。企业产生的未达账项可采用一定的方法进行调整，即编制"银行存款余额调节表"。

银行存款余额调节表的编制方法是：根据查明的未达账项，在企业与银行双方账面余额的基础上，各自补记对方已入账而本身未入账的未达账项金额，求出双方调整后的余额。其计算公式如下：

$$\frac{企业银行存款}{日记账余额} + \frac{银行已收}{企业未收} - \frac{银行已付}{企业未付} = \frac{银行对账}{单余额} + \frac{企业已收}{银行未收} - \frac{企业已付}{银行未付}$$

如果调节后的双方余额相等，一般则说明双方记账没有差错；若不相等，则表明记账有差错，应进一步核对，以查明原因，予以更正。

在实际工作中，由于各企业都采用网上银行进行电子对账以及打印电子回单，银行存款基本不存在未达账项，当然也就无须编制银行存款余额调节表。

现举例说明"银行存款余额调节表"的编制。

【例 6-1】东方旅游企业 2023 年 9 月 30 日银行存款日记账余额为 179 500 元，银行对账单余额为 184 850 元。经逐笔核对，发现有以下未达账项：

（1）企业已收款入账，银行尚未收款入账的企业转账支票 16 000 元；

（2）企业购大米等材料开出转账支票 13 000 元，银行尚未入账；

（3）银行支付水电费 1 000 元，企业还未收到付款回单；

（4）银行已入账，企业未入账的银行代收营业款 9 000 元；

（5）银行已入账，企业未入账的银行存款利息收入 350 元。

根据以上资料编制银行存款余额调节表，见表 6-2。

表 6-2   银行存款余额调节表

2023 年 9 月 30 日   单位：元

项目	金额	项目	金额
银行存款日记账余额	179 500	银行对账单余额	184 850
加：银行已收，企业未收	9 000	加：企业已收，银行未收	16 000
	350		
减：银行已付，企业未付	1 000	减：企业已付，银行未付	13 000
调节后的余额	187 850	调节后的余额	187 850

银行对账单和银行存款余额调节表都只起对账的作用，不能作为登记银行存款日记账的凭证。对于银行已经入账而企业尚未入账的未达账项，应在有关结算凭证到达后再据以记账。此外，对于长期存在的未达账项应及时查明原因并予以解决。

二、财产物资的清查

财产物资的清查是指对各种存货和固定资产等具有实物形态的物资进行盘点和查对，确定实存数，并查明其账实是否相符。财产物资的盘存制度有两种：一种是永续盘存制，另一种是实地盘存制。财产物资账面结存数的具体确定过程见第三章第三节旅游企业存货的核算部分，在此不再阐述。

（一）财产物资的清查方法

财产物资一般可采用实地盘点法和技术推算盘点法进行清查。

（1）实地盘点法，是指在财产物资堆放现场逐一清点数量或用计量仪器确定实存数的一种方法。

（2）技术推算盘点法，是利用技术方法对财产物资的实存数进行推算的一种方法。该方法适用于大量成堆，难以逐一清点的财产物资。

（二）财产物资清查的步骤

财产物资清查的步骤如下：

（1）确定实物资产的账面结存数。

（2）进行财产物资的盘点（有关财产物资的保管人员必须在现场）。

（3）对各项财产物资的盘点进行总结，应逐一如实地登记在"盘存单"上。盘存单是记录盘点日各项财产物资实存数量的书面证明，也是财产清查工作的原始凭证之一。盘存单格式见表6-3。

表 6-3　　　　　　　　　　　　　　　　　　　盘存单

单位名称：　　　　　　　　　盘点时间：　　年　月　日　　　　　存放地点：

财产类别：　　　　　　　　　　　　　　　　　　　　　　　　　编号：

编号	名称	单位	数量	单价	金　额	备注

盘点人签章：　　　　　　　　　实物保管人签章：

（4）盘点完毕，将盘存单中所记录的实存数额与账面结存数额相核对，发现某些财产物资账实不符时，需填制"实存账存对比表"，确定财产物资盘盈或盘亏的数额。"实存账存对比表"是财产清查的重要报表，是调整账面记录的原始凭证，同时也是分析盘亏原因，明确经济责任的重要依据。其格式见表6-4。

表 6-4　　　　　　　　　　　　　　实存账存对比表

单位名称：　　　　　　　　　　年　　月　　日　　　　　　　　类别：

编号	名称规格	计量单位	单价	实存		账存		对比结果				备注
								盘盈		盘亏		
				数量	金额	数量	金额	数量	金额	数量	金额	

复核人：　　　　　编制人：

三、往来结算款项的清查

往来结算款项一般采取询证核对法进行清查，也就是由企业编制往来款项对账单，然后送达或者寄到各经济往来单位进行核对。询证核对法的具体步骤如下：

（1）发询证函。企业按经济往来单位编制"往来款项对账单（询证函）"（一式两联，其中一联为回单联）送往各经济往来单位。"往来款项对账单"的格式见表6-5。

（2）对方经过核对，确定相符后，在回单联上加盖公章退回，表示已经核对。如果核对后发现数字不相符，对方应在回单联上注明情况。

（3）进一步查明原因，再行核对，直到相符为止。

（4）根据清查结果编制"往来款项清查表"，对于有争议的款项以及无法收回或支付的款项，应当将其情况在清查表上详细注明。"往来款项清查表"的一般格式见表6-6。

表 6-5 　　　　　　　　　　　　往来款项对账单（询证函）

_____单位：

你单位20××年11月份到我单位消费5 000元，尚有2 000元款项未付，请核对后将回单联寄回。

××单位：（盖章）

20××年11月30日

沿此虚线裁开，将以下回单联寄回!

往来款项对账单（回单联）

_____单位：

你单位寄来的"往来款项对账单"已收到，经核对相符无误。

××单位：（盖章）

年　月　日

表 6-6 　　　　　　　　　　　　　往来款项清查表

总分类账		明细分类账		清查结果		核对不符金额及原因					备注
名称	金额	名称	金额	核对相符金额	核对不符金额	核对不符单位	未达账项金额	争执款项金额	无法收回金额	其他	

记账人员签章：　　　　　　　清查人员签章：

第三节　财产清查结果的处理

进行财产清查时，如果各种财产的账存数与实存数相符，则不必进行账务处理；如果账存数与实存数之间存在差异，账实不符，则会计部门应进行账务处理，调整账面记录，及时在账簿中反映实际差异，做到账实相符。各项财产的账实不符有两种情况：当实存数大于账存数时，称为盘盈，二者的差额即为盘盈数；当实存数小于账存数时，称为盘亏，二者的差额即为盘亏数。

一、财产清查结果处理的步骤

（一）审批之前的处理

（1）根据"往来款项清查表""库存现金盘点报告表""实存账存对比表"等已经查实的数据资料，编制记账凭证，记入有关账簿，使账簿记录与实际盘存数相符。

（2）在做好账簿调整工作后，根据企业的管理权限，将财产清查结果及处理建议报送股东大会或董事会或经理会议或类似机构批准。

（3）对于应收而收不回来的应收款项，应付而无法支付的应付款项，批准前不做账簿记录。

（二）审批之后的处理

根据审批的意见，进行差异处理，编制记账凭证，据以登记入账，予以核销。

二、财产清查盘盈或盘亏的账务处理

为了记录、反映财产的盘盈、盘亏和毁损情况，应设置"待处理财产损溢"账户。

"待处理财产损溢"账户属于资产类账户，用于核算企业在清查财产过程中查明的各种财产盘盈、盘亏和毁损的价值，借方登记盘亏、毁损的各种材料、产成品、商品，贷方登记盘盈的各种材料、产成品、商品，企业的财产损溢在期末结账前处理完毕，处理后本科目应无余额。该账户可设置"待处理固定资产损溢"和"待处理流动资产损溢"两个明细科目，分别核算固定资产和流动资产的待处理损溢。

"待处理财产损溢"账户的结构用T形账户列示如下：

借方	待处理财产损溢	贷方
盘亏、毁损的各种材料、产成品、商品	盘盈的各种材料、产成品、商品	

（一）库存现金清查结果的处理

企业在对库存现金进行清查时，发现库存现金长款、短款等情况，应及时查明原因，并根据审批权限，在期末结账前进行处理。

发现库存现金长款，借记"库存现金"账户，贷记"待处理财产损溢"账户。经批准后，借记"待处理财产损溢"账户，贷方视情况而定，属于应付未付款的，贷记"其他应付款"账户；属于无法查明原因的，贷记"营业外收入"账户。

发现库存现金短款，借记"待处理财产损溢"账户，贷记"库存现金"账户；经批准后，属于出纳员责任的，借记"其他应收款"账户；属于无法查明原因的，借记"管理费用"账户，贷记"待处理财产损溢"账户。

【例6-2】东方旅游企业2023年11月30日进行库存现金清查，发现长款150元；经反复核查，未查明原因，报经批准转作营业外收入处理。编制会计分录如下：

（1）批准前：

借：库存现金　　　　　　　　　　　　　　　　　　　　　　　　　　150

　　贷：待处理财产损溢——待处理流动资产损溢　　　　　　　　　　　　150

（2）批准后：

借：待处理财产损溢——待处理流动资产损溢　　　　　　　　　　　　150

　　贷：营业外收入　　　　　　　　　　　　　　　　　　　　　　　　150

【例6-3】东方旅游企业2023年12月31日进行库存现金清查，发现短款500元；经查，该短款属于出纳员李娟的责任，应由出纳员赔偿。编制会计分录如下：

（1）批准前：

借：待处理财产损溢——待处理流动资产损溢　　　　　　　　　　　　500

        贷：库存现金   500
    （2）批准后：
    借：其他应收款——李娟   500
        贷：待处理财产损溢——待处理流动资产损溢   500

（二）银行存款清查结果的处理

对银行存款清查中出现的账实不符，属于企业记账错误的，企业应运用规定的错账更正方法进行更正；属于银行记账错误的，企业应通知银行加以更正；由未达账项造成的，企业应通过编制"银行存款余额调节表"进行调节，使双方余额相等。对于银行已入账而企业尚未入账的未达款项，应在有关结算凭证到达后再据以记账。

（三）存货清查结果的处理

企业在对存货进行清查时，发现存货盘盈、盘亏或毁损等情况，应及时查明原因，并根据审批权限，在期末结账前进行处理。

发现存货盘盈，借记"原材料""库存商品"等账户，贷记"待处理财产损溢"账户；经批准后，冲减管理费用，借记"待处理财产损溢"账户，贷记"管理费用"账户。

发现存货盘亏或毁损，借记"待处理财产损溢"账户，贷记"原材料""库存商品"等账户。待查明原因并经批准后分情况进行处理：（1）属自然损耗产生的定额内合理损耗或无法确定责任人的，借记"管理费用"账户；（2）应由保险公司和过失人支付赔款的，借记"其他应收款"账户；（3）对于入库的残料价值，借记"原材料"等账户；（4）扣除残料价值和应由保险公司、过失人赔款后的净损失，属于一般经营损失的部分，借记"管理费用"账户，属于非常损失的部分，借记"营业外支出"账户。以上（1）至（4）情况，均贷记"待处理财产损溢"账户。

【例 6-4】东方旅游企业 2023 年 11 月 30 日材料清查中发现大米溢余 10 千克，价值 40 元；经批准，记入"管理费用"账户。编制会计分录如下：
（1）批准前：
借：原材料——大米   40
    贷：待处理财产损溢——待处理流动资产损溢   40
（2）批准后：
借：待处理财产损溢——待处理流动资产损溢   40
    贷：管理费用   40

【例 6-5】东方旅游企业 2023 年 11 月 30 日盘亏面粉 50 千克，价值 250 元，经查，系保管员李某责任所致。根据相关制度规定，由责任人赔偿 20% 的损失，其余部分作为管理费用处理。编制会计分录如下：
（1）批准前：
借：待处理财产损溢——待处理流动资产损溢   250
    贷：原材料——面粉   250

（2）批准后：

借：其他应收款——李某 50

　　管理费用 200

　　贷：待处理财产损溢——待处理流动资产损溢 250

【例6-6】东方旅游企业2023年11月30日由于仓库进水食品材料被淹，损失5 000元。残余部分出售，收得现金700元；保险公司同意赔偿4 000元，款项尚未收到；净损失作为非常损失处理。

（1）仓库进水食品材料被淹时：

借：待处理财产损溢——待处理流动资产损溢 5 000

　　贷：原材料——食品材料 5 000

（2）批准后确认损失时：

借：库存现金 700

　　其他应收款——应收保险赔款 4 000

　　营业外支出——非常损失 300

　　贷：待处理财产损溢——待处理流动资产损溢 5 000

（四）固定资产清查结果的处理

企业在对固定资产进行清查时，发现固定资产盘盈、盘亏等情况，应及时查明原因，并根据审批权限，在期末结账前进行处理。

对于盘盈的固定资产，不通过"待处理财产损溢"账户核算，而作为前期差错调整，通过"以前年度损益调整"账户进行核算，即借记"固定资产"账户，贷记"以前年度损益调整"账户。

发现固定资产盘亏，将盘亏固定资产的折余价值记入"待处理财产损溢"账户的借方，已计提的折旧记入"累计折旧"账户的借方，贷记"固定资产"账户。经批准后，应由保险公司和过失人支付赔款的，借记"其他应收款"账户；对于入库或变卖的残料价值，借记"原材料"或"库存现金"等账户；扣除残料价值和应由保险公司、过失人赔款后的净损失部分，区分不同情况借记"管理费用""营业外支出"等账户，贷记"待处理财产损溢"账户。

【例6-7】东方旅游企业2023年12月份在财产清查中发现账外机器一台，同类资产市场上该款机器全新价为40 000元，估计该机器五成新。编制如下会计分录：

借：固定资产 20 000

　　贷：以前年度损益调整 20 000

【例6-8】东方旅游企业2023年12月份在财产清查中盘亏设备一台，账面原值20 000元，已提折旧14 000元，向保险公司索赔，保险公司同意赔偿4 000元。编制如下会计分录：

（1）发现设备盘亏时：

借：待处理财产损溢——待处理固定资产损溢 6 000

　　累计折旧 14 000

贷：固定资产 20 000

（2）确认索赔金额，差额计入营业外支出时：

借：其他应收款——应收保险赔款 4 000

营业外支出 2 000

贷：待处理财产损溢——待处理固定资产损溢 6 000

（五）往来结算款项清查结果的处理

对被长期拖欠但还有可能收回的应收账款应加紧催收，尽快收回；对该偿还的账款也应尽快偿还；对长期未达账项应查明原因，检查是否存在被贪污、挪用的情况。

对财产清查中查明的确实无法收回的应收款项和无法支付的应付账款，不通过"待处理财产损溢"账户进行核算，在批准处理前不进行账务处理，待按照有关程序报经批准后，直接编制记账凭证，登记账簿，进行转账冲销。

对因债务单位破产等原因无法收回的应收账款，应作为坏账在确认时予以核销，冲减坏账准备（管理费用）和应收账款。对确实无法支付的应付账款，经批准后作营业外收入处理。

【例6-9】东方旅游企业2023年12月份在往来款项清查中查明，应收甲公司账款5 000元，因甲公司破产，确实无法收回，报经有关部门批准后予以核销。编制如下会计分录：

借：坏账准备 5 000

贷：应收账款——甲公司 5 000

【例6-10】东方旅游企业2023年12月份在往来款项的清查中查明，应付乙公司购货款3 000元，因乙公司已经破产，确实无法支付，经批准作为营业外收入处理。编制如下会计分录：

借：应付账款——乙公司 3 000

贷：营业外收入 3 000

素养园地　　　财务人员廉洁自律警示录

2021年以来，中央纪委国家监委网站累计发布了14起出纳、会计等岗位财务人员违纪违法问题的案例剖析类报道。梳理这类案件发现，其中暴露出的财务人员岗位廉政风险及相关单位财务管理混乱、财务监督流于形式等问题，值得警惕。

买奢侈品 搞微整形 公家账户成了提款机

一件衣服6.4万元，一个包超过20万元……1990年出生的王雪，是北京市东城区某离退休干部休养所原出纳员。仅一年多的时间，她利用职务便利，侵吞、骗取公款720余万元，全部用于个人奢侈消费。

与王雪相似，江苏省溧阳市残疾人联合会、市残疾人劳动服务所原出纳会计张敬宜为了在朋友圈"比拼实力"，同样是90后的她，挪用129万公款用于微整形、购买奢侈品、出国旅游消费，以维持自己在同事眼中"白富美"的人设。

"觉得自己好可怕，我的虚荣心让我失去控制，那个看到钱就迷失的我，我再也不想看到了。"为了还网贷，广西壮族自治区三江县文学艺术界联合会、三江县科学技术协会原临聘财务人员唐嘉彤上班第三天便打起了公款的主意，两年时间从单位的4个账户挪用公款819笔，共计169.3万余元，最多的一次仅一天内就挪用了19笔款项。

此外，还有一些财务人员内心空虚，沉迷于虚幻的网络世界，为了给网络游戏购买装备、打赏网络主播、帮网络游戏中的"爱人"在现实中投资，不惜铤而走险，挪用公款。

记者在梳理相关案例时发现，年纪轻、职务低、犯罪时间短但涉案金额大，是此类违纪违法案件的主要特点。

强化监督管理 把制度刚性立起来

从14起财务人员违纪违法问题典型案例中可以看出，他们能屡次得逞却未被察觉，暴露出监管失职失责、制度流于形式等共性问题。

案例中，大多数违纪违法的财务人员并不在领导岗位，有的甚至是"编外人员""临时出纳"，案发单位或出于信任，或疏于监管，致使他们利用手中的财务管理权力，钻制度漏洞大肆敛财。一些违纪者提到，自己一开始的时候很害怕，但是后来却发现根本没有人注意，胆子就越来越大，导致变本加厉。张敬宜在接受调查时提到，其任职单位主办会计是外聘的，平时不点保险柜里的现金，自己只要把账面做平就能蒙混过关。

常州市纪委监委党风政风监督室副主任张文伟表示："履行全面从严治党主体责任不能只喊在口上，教育管理监督也不能只浮在面上。党员领导干部要强化责任担当，在财务人员队伍管理、制度执行等方面加大日常监管力度，紧盯重点人、重点事、重点岗位和重要制度执行，推动监督于问题未发生之时。"

加强自我约束 严守财务岗位职业道德

财务人员违纪违法问题的发生，也与个别财务人员放松对自我的要求、对法纪毫无敬畏之心有关。无论是跟钱打交道，还是跟账打交道，爱岗敬业、廉洁自律都是财务人员必须遵守的职业操守。值得注意的是，一些像唐嘉彤这样的年轻财务人员，由于经受考验少、意志力薄弱，加之受到享乐主义、急功近利等不良风气影响，面对诱惑往往败下阵来。

多位受访的纪检监察干部表示，财务人员身处资金密集岗位，面临较高的廉政风险，有关单位要切实加强对他们的廉洁从政教育和警示教育，使其自觉提升思想认识，树立正确的世界观、人生观和价值观，主动抵制不劳而获、贪图享受等不良思想的侵蚀，筑牢拒腐防变的思想防线。

"会计职业道德贯穿会计工作的所有领域和整个过程，体现了社会要求与个人发展的统一。"中国社会科学院大学经济学院副教授刘泉军建议，职业道德教育要从学校抓起，兼顾在校学生的职业道德教育和会计从业人员的后续职业道德教育，使其充分认知到自己所承担的社会责任和历史担当，始终坚持准则、诚实守信、廉洁自律、服务社会。

资料来源：于露.管好公家钱袋子 14起财务人员违纪违法问题案例分析［EB/OL］.［2021-05-28］.https://www.ccdi.gov.cn/yaowen/202105/t20210528_242759.html.有删减.

思政关键词：监督管理　坚持准则　诚实守信　廉洁自律　服务社会

■ 本章小结

•财产清查，就是通过对财产物资、库存现金的实地盘点和对银行存款、债权债务的查对，来确定财产物资、货币资金和债权债务的实存数，并查明账面结存数与实存数是否相符的一种专门方法。

•财产清查按财产清查的对象和范围分为全面清查和局部清查；按财产清查的时间分为定期清查和不定期清查。

•对库存现金、存货、固定资产等实物资产的清查主要采用实地盘点法；对银行存款的清查要采取与银行核对账目的方法，核对后如不符，就需要编制银行存款余额调节表；对应收和应付等往来款项的清查主要通过询证核对的方法。

•为了记录、反映财产的盘盈、盘亏和毁损情况，应设置"待处理财产损溢"账户。财产清查的会计处理一般应在期末结账前处理完毕。

■ 主要概念

财产清查　未达账项　待处理财产损溢

■ 基本训练

一、选择题

（一）单项选择题

1.一般而言，单位撤销、合并或改变隶属关系，要进行（　　）。

A.实地盘点　　　　　　　　　　B.全面清查

C.局部清查　　　　　　　　　　D.技术推算

2.银行存款清查的方法是（　　）。

A.定期盘存法　　　　　　　　　B.和往来单位核对账目的方法

C.实地盘存法　　　　　　　　　D.与银行核对账目的方法

3.一般情况下，企业流动资产盘亏净损失应记入当期（　　）。

A.营业外支出　　　　　　　　　B.管理费用

C.其他应收款　　　　　　　　　D.待处理财产损溢

4.在财产清查中，通过"实存账存对比表"发现：账存甲材料100 000元，实存甲材料110 000元，溢缺原因待查，在未批准处理前，财会人员应编制的会计分录是（　　）。

A.借：原材料——甲材料　　　　　　　　　　　　　　　　　10 000

　　贷：待处理财产损溢——待处理流动资产损溢　　　　　　　　　10 000

B.借：原材料——甲材料　　　　　　　　　　　　　　　　　10 000

　　贷：营业外收入　　　　　　　　　　　　　　　　　　　　　10 000

C.借：固定资产——甲材料　　　　　　　　　　　　　　　　10 000

　　贷：待处理财产损溢——待处理固定资产损溢　　　　　　　　　10 000

D.借：待处理财产损溢——待处理流动资产损溢　　　　　　　　　　　　10 000

　　贷：原材料——甲材料　　　　　　　　　　　　　　　　　　　　　　　　10 000

5.对库存现金的清查采用的方法是（　　）。

A.实地盘点法　　　　　　　　　　　　B.检查库存现金日记账

C.倒挤法　　　　　　　　　　　　　　D.抽查库存现金

6.在银行与企业双方记账无误的情况下，造成银行对账单和银行存款日记账不一致的原因是（　　）。

A.未达账项　　　　　　　　　　　　　B.应收账款

C.应付账款　　　　　　　　　　　　　D.外埠存款

7.企业在遭受自然灾害后，对其受损的财产物资进行的清查，属于（　　）。

A.局部清查和定期清查　　　　　　　　B.全面清查和定期清查

C.局部清查和不定期清查　　　　　　　D.全面清查和不定期清查

8.往来款项的清查方法是（　　）。

A.实地盘点法　　　　　　　　　　　　B.询证核对法

C.技术推算法　　　　　　　　　　　　D.抽查法

9."待处理财产损溢"账户借方余额表示（　　）。

A.待处理的盘盈数　　　　　　　　　　B.已处理的盘盈数

C.尚待处理的盘亏和毁损数　　　　　　D.已处理的盘亏和毁损数

10.对于盘盈的固定资产应贷记（　　）。

A.营业外收入　　　　　　　　　　　　B.以前年度损益调整

C.管理费用　　　　　　　　　　　　　D.待处理财产损溢

（二）多项选择题

1.实物资产的清查是对各种具有实物形态的财产物资进行盘点和查对，确定实存数。确定实物资产账面结存数的主要方法（盘存制度）有（　　）。

A.永续盘存制　　　　　　　　　　　　B.抽样计算法

C.分类调查法　　　　　　　　　　　　D.实地盘存制

2.在财产清查的过程中，应编制并据以调整账面记录的原始凭证有（　　）。

A.库存现金盘点报告表　　　　　　　　B.银行存款余额调节表

C.财产物资清查报告表　　　　　　　　D.实存账存对比表

3.下列项目中，属于不定期并且全面清查的有（　　）。

A.因单位合并、撤销以及改变隶属关系进行的清查

B.年终决算之前进行的清查

C.企业股份制改制前进行的清查

D.单位主要领导调离时进行的清查

4.造成账实不符的原因主要有（　　）。

A.财产物资的自然损耗　　　　　　　　B.财产物资收发计量错误

C.未达账项　　　　　　　　　　　　　D.会计账簿漏记、重记、错记

5.在银行存款对账中，未达账项包括（　　）。

A.银行已收款入账，企业未收款入账

B.企业未付款入账，银行已付款入账

C.企业未付款入账，银行也未付款入账

D.银行已收款入账，企业也已收款入账

6.财产清查是对（　　）进行盘点和核对，确定其实存数，并查明其账存数与实存数是否相符的一种专门方法。

A.存货　　　　　　　B.固定资产　　　　　C.货币资金　　　　　D.往来款项

二、实训题

实训题一　练习银行存款余额调节表的编制

资料1：甲旅游企业2023年12月31日银行存款日记账账面余额为465 000元，银行对账单上企业存款余额为468 500元，经逐笔核对，发现以下未达账项：

1.企业开出支票2 000元，持票人尚未到银行办理转账。

2.企业送存支票6 400元，银行尚未入账。

3.银行划转企业银行借款利息600元，尚未通知企业。

4.企业委托银行代收款项10 000元，银行已收款入账，但尚未通知企业。

5.银行代企业支付电话费1 500元，尚未通知企业。

要求：根据资料1编制银行存款余额调节表，见表6-7。

表6-7

银行存款余额调节表

年　月　日

单位：元

项　目	金　额	项　目	金　额
银行存款日记账余额		银行对账单余额	
加：银行已收企业未收		加：企业已收银行未收	
减：银行已付企业未付		减：企业已付银行未付	
调节后的余额		调节后的余额	

实训题二　练习财产清查结果的处理

资料2：假设甲旅游企业2023年发生如下有关财产清查的业务

1.6月20日在库存现金清查中，发现现金溢余300元；因无法查明原因，经批准于6月30日，转入"营业外收入"账户。

2.6月30日在库存现金清查中，发现短缺400元；经查，系出纳员李某粗心所致。经相关部门讨论决定，短缺款由李某个人赔偿。

3.6月30日在财产清查中，大米盘盈30千克，每千克4元；面粉盘亏20千克，每千克5元。经查，大米盘盈无法查明原因，面粉盘亏属管理员张某管理不善所致，由其个人承担全部责任。

4. 8 月 10 日仓库发生火灾，所放材料损失 10 000 元。保险公司同意赔偿 8 000 元，款项尚未收到；残余部分出售，收得现金 1 000 元；净损失作非常损失处理。

5. 9 月 30 日在财产清查中，发现账外设备 1 台，同类资产市场上该款设备全新价为 80 000 元，估计该设备五成新。

6. 10 月 30 日在财产清查中，盘亏设备 1 台，其原价为 200 000 元，累计折旧 50 000 元。上述盘亏设备，按规定程序批准后转入"营业外支出"账户。

7. 应收某单位货款 50 000 元，经清查，确属无法收回，经批准转作坏账损失。

8. 应付某单位货款 20 000 元，由于对方单位已撤销，确实无法支付，经批准转作营业外收入。

要求：根据资料 2 编制财产清查的相关会计分录。

第七章　旅游企业财务报告的编制

■ 学习目标

通过本章学习，你应该达到以下目标：

知识目标：了解财务报告的构成内容，现金流量表的编制
方法；理解财务报表的列报要求，财务报表的
种类，三大报表的概念及作用。

技能目标：掌握资产负债表、利润表的编制方法。

素养目标：养成"参与管理"的会计职业道德意识；提升
"钻研业务、协助决策"的会计职业素养；提高
应变能力、创新能力和职业判断能力。

第一节　财务报告概述

财务报告是企业财务会计工作的最终结果。根据财务报告的信息，决策者能够预测未来的发展趋势，为其经营提供决策依据。

一、财务报告的构成

(一)财务报告的概念

财务报告是指企业对外提供的反映企业某一特定日期的财务状况和某一会计期间的经营成果、现金流量等会计信息的文件。

(二)财务报告的构成

财务报告包括财务报表和其他应当在财务报告中披露的相关信息和资料。根据《企业财务会计报告条例》的规定，年度、半年度的财务报告主要由财务报表、财务报表附注、财务情况说明书三部分内容构成。财务报表是对企业财务状况、经营成果和现金流量的结构性表述。一套完整的财务报表至少应当包括"四表一注"，即资产负债表、利润表、现金流量表、所有者权益变动表和附注。

(三)财务报表的种类

财务报表按照不同的标准可以分为不同的类别，比较常见的分类标准及类别有四种。

1.按反映内容分类

按反映内容的不同，财务报表可分为静态报表和动态报表。静态报表，是指综合反映企业某一特定日期资产、负债和所有者权益状况的报表，一般根据各个账户的期末余额填列，如资产负债表；动态报表，是指综合反映企业在一定时期的经营情况和现金流动情况的报表，一般根据有关账户的实际发生额填列，如利润表、现金流量表和所有者权益(或股东权益)变动表。

2.按编报时间分类

按编报时间的不同，财务报表可以分为中期财务报表和年度财务报表。年度财务报表是指年度终了时编制的财务报表，它所涵盖的会计期间为一个完整的会计年度。根据《中华人民共和国会计法》的规定，会计年度自公历1月1日起至12月31日止。中期财务报表是以短于一个完整会计年度的报告期间为基础编制的财务报表，包括月报、季报和半年报等。中期财务报表至少应当包括资产负债表、利润表、现金流量表和附注，其中，中期资产负债表、中期利润表和中期现金流量表应当是完整报表，其格式和内容应当与年度财务报表相一致。与年度财务报表相比，中期财务报表中的附注披露可适当简略。

3.按编制单位分类

按编制单位的不同，财务报表可以分为个别财务报表和合并财务报表。个别财务报表是指仅仅反映一个会计主体的财务状况、经营成果和现金流量情况的报表；合并财务报表是根据多个具有控股关系的会计主体的财务状况、经营成果和现金流量情况合并编制的财务报表，该报表由母公司进行编制，包括母公司和所有子公司财务报表的数字。

4.按服务对象分类

按服务对象的不同，财务报表可分为外部报表和内部报表。外部报表是指企业为满足国家宏观经济管理部门、投资者、债权人及其他有关会计信息使用者对会计信息的需求而编制的对外提供服务的财务报表，它要求有统一的报表格式、指标体系和编制时间等，如资产负债表、利润表、现金流量表、所有者权益（或股东权益）变动表等属于外部报表；内部报表是指为企业内部经营管理服务而编制的不对外公开的财务报表，它不要求统一格式，没有统一指标体系，如成本报表属于内部报表。本书所述的财务报表均指外部财务报表。

二、财务报表附注

财务报表附注是以文字的形式，针对财务报表不能包括的内容或披露不详尽的内容所作的进一步解释、补充和说明，以便于报表使用者更好地理解和使用会计信息。财务报表附注是会计报告的重要组成部分，应当按照一定的方式披露，有关信息应当与财务报表项目相互参照。

财务报表附注提供的信息十分广泛，我国企业会计准则规定，年度财务报表附注至少应当披露以下信息：

（1）不符合会计核算前提的说明。

（2）重要会计政策与会计估计的说明。

（3）重要会计政策与会计估计变更的说明。

（4）或有事项和承诺事项的说明。

（5）资产负债表日后事项的说明。

（6）关联方关系及其交易的说明。

（7）重要资产转让及其出售的说明。

（8）企业合并、分立的说明。

（9）财务报表重要项目的说明。

（10）所得税会计处理方法的说明。

（11）合并报表的说明。

三、财务情况说明书

财务情况说明书是对企业一定会计期间内生产经营情况、资金周转情况和利润实现及分配情况等，以书面文字报告的形式所作的综合性说明，是会计报告的重要组成部分。

财务情况说明书全面扼要地提供企业生产经营、财务活动情况，分析总结经营业绩和存在的不足，是会计信息使用者了解和考核企业生产经营和业务活动开展情况的重要资料。财务情况说明书一般包括以下内容：

（1）企业生产经营的基本情况。

（2）利润实现和分配情况。

（3）资金增减和周转情况。

（4）税金缴纳情况。

（5）各项财产物资的变动情况。

（6）对本期或者下期财务状况发生重大影响的事项。

（7）资产负债表日后至报出会计报告前发生的对企业财务状况有重大影响的事项。

（8）需要说明的其他事项。

综上所述，财务报告的构成如图7-1所示。

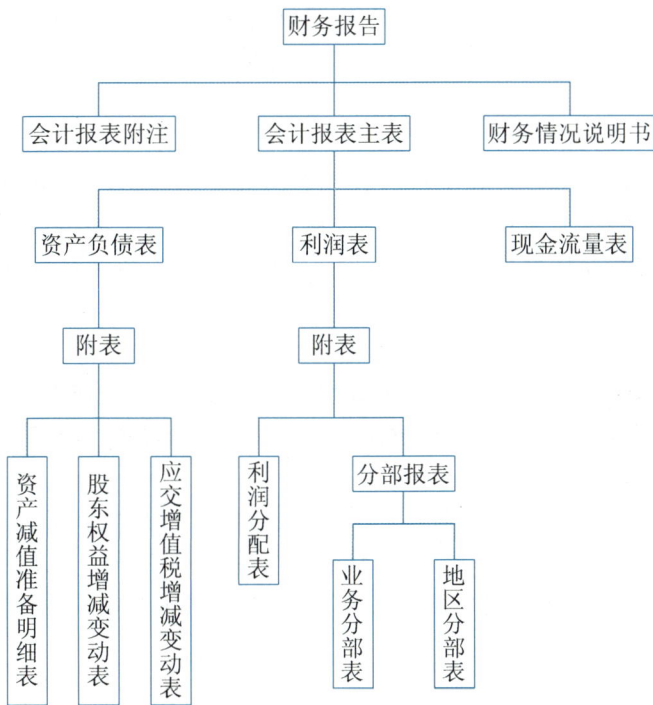

图7-1　财务报告构成图

第二节　资产负债表

一、资产负债表的概念及其作用

资产负债表是企业对外提供的主要财务报表之一。它是根据"资产=负债+所有者权益"这一会计等式，依照一定的分类标准和顺序，将企业一定日期的全部资产、负债和所有者权益项目进行适当分类汇总，排列后编制而成的。它是反映企业在某一特定日期（如月末、季末、年末等）财务状况的财务报表。

资产负债表主要提供有关企业财务状况方面的信息，具体有以下作用：

（1）可以反映企业在某一特定日期所拥有的经济资源及其分布情况，分析企业资产的构成及其状况。

（2）可以反映企业某一特定日期的负债总额及其结构，分析企业目前与未来需要偿还的债务数额。

（3）可以反映所有者权益的情况，表明投资者在企业资产中所占有的份额，了解权益的结构情况。

（4）可以反映企业的财务弹性。通过资产负债表，财务报表使用者可以了解企业资产、负债的构成以及企业的资本结构，并借助利润表，评价企业的财务弹性。

总之，通过资产负债表，报表使用者能够扼要地了解企业在报表日的财务状况，长期、短期和即期偿债能力，资产负债和权益结构等重要信息。

二、资产负债表的格式和内容

我国资产负债表采用账户式结构，分左右两部分。左边列示资产，右边列示负债和所有者权益，从整体上体现了"资产=负债+所有者权益"的会计等式。资产和负债项下各项目均按其流动性顺序依次排列，所有者权益项下各项目按其形成的先后顺序排列。

（一）资产

资产项目在资产负债表上按照资产流动性大小，即资产的变现能力进行排列，流动性强的，即变现能力强的排在前面，流动性弱的，即变现能力差的排在后面。自上而下，主要包括流动资产和非流动资产。

流动资产项目通常包括：货币资金、交易性金融资产、应收票据、应收账款、预付款项、其他应收款、存货等。非流动资产项目通常包括：债权投资、其他债权投资、长期应收款、投资性房地产、固定资产、在建工程、生产性生物资产、无形资产、递延所得税资产、其他非流动资产等。

（二）负债

负债项目在资产负债表上也是按照流动性进行排列的，即根据负债的偿付时间的长短来排列。需要在一年内或超过一年的一个营业周期内偿还的流动负债排在最前面，而偿付期超过一年或一个营业周期的长期负债排在后面。流动负债项目通常包括：短期借款、交易性金融负债、应付票据、应付账款、预收款项、应付职工薪酬、应交税费、其他应付款、其他流动负债等。非流动负债项目通常包括：长期借款、应付债券、长期应付款、递延所得税负债、其他非流动负债等。

（三）所有者权益

负债需要按期偿还，而所有者权益则由企业永久占有，是企业永久性资本。所有者权益项下各项目按其形成的先后顺序排列，即按实收资本、资本公积和盈余公积的顺序分项列示。旅游企业资产负债表样本见表7-1。

表 7-1   资产负债表   会企 01 表

编制单位：甲旅游企业   2023 年 12 月 31 日   单位：元

资　产	期末余额	期初余额	负债和所有者权益（或股东权益）	期末余额	期初余额
流动资产：			流动负债：		
货币资金	772 921.49	549 849.82	短期借款	50 000.00	0
交易性金融资产	0	34 098.00	交易性金融负债	0	45 690.00
衍生金融资产	0	0	衍生金融负债	0	0
应收票据	0	0	应付票据	0	0
应收账款	25 280.68	38 678.05	应付账款	146 010.57	37 806.69
应收款项融资	0	0	预收款项	0	0
预付款项	0	0	合同负债	0	0
其他应收款	8 447.99	9 125.40	应付职工薪酬	0	0
存货	79 147.18	76 552.97	应交税费	2 950.46	1 718.06
合同资产	0	0	其他应付款	42 613.24	18 826.29
持有待售资产	0	0	持有待售负债	0	0
一年内到期的非流动资产	56 050.00	56 050.00	一年内到期的非流动负债	0	56 230.00
其他流动资产	0	19 215.00	其他流动负债	6 547.73	35 738.00
流动资产合计	941 847.34	783 569.24	流动负债合计	248 122.00	196 009.04
非流动资产：			非流动负债：		
债权投资	0	0	长期借款	100 000.00	100 000.00
其他债权投资	0	0	应付债券	0	0
长期应收款	0	0	其中：优先股	0	0
长期股权投资	0	0	永续债	0	0
其他权益工具投资	0	0	租赁负债	0	0
其他非流动金融资产	0	0	长期应付款	0	0
投资性房地产	0	0	预计负债	0	0
固定资产	29 680.00	23 440.40	递延收益	0	0
在建工程	0	10 725.00	递延所得税负债	0	0
生产性生物资产	0	0	其他非流动负债	0	0
油气资产	0	0	非流动负债合计	100 000.00	100 000.00
使用权资产	0	0	负债合计	348 122.00	296 009.04
无形资产	0	36 000.00	所有者权益（或股东权益）：		
开发支出	0	54 000.00	实收资本（或股本）	500 000.00	500 000.00
商誉	0	0	其他权益工具	0	0

资　产	期末余额	年初余额	负债和所有者权益 （或股东权益）	期末余额	年初余额
长期待摊费用	40 924.46	12 343.23	其中：优先股	0	0
递延所得税资产	0	0	永续债	0	0
其他非流动资产	0	789.00	资本公积	0	0
非流动资产合计	70 604.46	137 297.63	减：库存股	0	0
			其他综合收益	0	0
			专项储备	0	0
			盈余公积	0	0
			未分配利润	164 329.80	124 857.83
			所有者权益（或 股东权益）合计	664 329.80	624 857.83
资产总计	1 012 451.80	920 866.87	负债和所有者权益 （或股东权益）总计	1 012 451.80	920 866.87

三、资产负债表的填列方法

资产负债表的各项目均须填列"期初余额"和"期末余额"两栏。其中"期初余额"栏内各项数字，应根据上年末资产负债表的"期末余额"栏内所列数字填列。本表"期末余额"栏一般应根据资产负债和所有者权益类科目的期末余额填列。其填列方法有以下几类：

（1）根据总账科目余额填列。根据总账科目的余额直接填列，如"短期借款""资本公积"等项目，根据"短期借款""资本公积"各总账科目的余额直接填列。有些项目则需根据几个总账科目的期末余额计算填列，如"货币资金"项目，需要根据"库存现金""银行存款""其他货币资金"三个总账科目的期末余额的合计数填列；"其他应付款"项目，需要根据"其他应付款""应付利息""应付股利"三个总账账户期末余额合计数填列。

（2）根据明细账科目余额计算填列。如"应付账款"项目，需要根据"应付账款"科目和"预付账款"科目所属的相关明细科目的期末贷方余额计算填列；"预付款项"项目，需要根据"应付账款"科目和"预付账款"科目所属的相关明细科目的期末借方余额减去与"预付账款"有关的坏账准备贷方余额计算填列；"预收款项"项目，需要根据"应收账款"科目和"预收账款"科目所属相关明细科目的期末贷方金额合计填列；"开发支出"项目，需要根据"研发支出"科目所属的"资本化支出"明细科目期末余额计算填列；"应付职工薪酬"项目，需要根据"应付职工薪酬"科目的明细科目期末余额计算填列；"一年内到期的非流动资产""一年内到期的非流动负债"项目，需要根据相关非流动资产和非流动负债项目的明细科目余额计算填列。

（3）根据总账科目和明细账科目余额分析计算填列。如"长期借款"项目，需要根据

"长期借款"总账科目余额扣除"长期借款"科目所属的明细科目中将在一年内到期且企业不能自主地将清偿义务展期的长期借款后的金额计算填列；"长期待摊费用"项目，应根据"长期待摊费用"科目的期末余额减去将于一年内（含一年）摊销的数额后的金额计算填列；"其他非流动资产"项目，应根据有关科目的期末余额减去将于一年内（含一年）收回数后的金额计算填列；"其他非流动负债"项目，应根据有关科目的期末余额减去将于一年内（含一年）到期偿还数后的金额计算填列。

（4）根据有关科目余额减去其备抵科目余额后的净额填列。资产负债表中"应收票据""应收账款""长期股权投资""在建工程"等项目，应当根据"应收票据""应收账款""长期股权投资""在建工程"等科目的期末余额减去"坏账准备""长期股权投资减值准备""在建工程减值准备"等备抵科目余额后的净额填列。"投资性房地产"（采用成本模式计量）、"固定资产"项目，应当根据"投资性房地产""固定资产"科目的期末余额，减去"投资性房地产累计折旧""投资性房地产减值准备""累计折旧""固定资产减值准备"等备抵科目的期末余额，以及"固定资产清理"科目期末余额后的净额填列；"无形资产"项目，应当根据"无形资产"科目的期末余额，减去"累计摊销""无形资产减值准备"等备抵科目余额后的净额填列。

（5）综合运用上述填列方法分析填列。如资产负债表中的"存货"项目，需要根据"原材料""库存商品""委托加工物资""周转材料""材料采购""在途物资""发出商品""材料成本差异"等总账科目期末余额的分析汇总数，减去"存货跌价准备"科目余额后的净额填列。

第三节　利润表

一、利润表的概念及作用

利润表是反映企业在一定会计期间的经营成果的报表。

利润表的列报应当充分反映企业经营业绩的主要来源和构成，有助于使用者判断净利润的质量及其风险，有助于使用者预测净利润的持续性，从而做出正确的决策。利润表可以反映企业一定会计期间的收入实现情况，如实现的营业收入、实现的投资收益、实现的营业外收入各有多少；可以反映一定会计期间的费用耗费情况，如耗费的营业成本、税金及附加、销售费用、管理费用、研发费用、财务费用、营业外支出各有多少；可以反映企业生产经营活动的成果，即净利润的实现情况，据以判断资本保值、增值情况；等等。

二、利润表的格式和内容

（一）利润表的格式

常见的利润表结构主要有单步式和多步式两种。在我国，企业利润表基本上采用的是多步式结构，即通过对当期的收入、费用、支出项目按性质加以归类，按利润形成的主要环节列示一些中间性利润指标，分步计算当期净损益，便于使用者理解企业经营成果的不同来源。

(二) 利润表的内容

利润表主要反映以下几方面的内容:

(1) 营业收入,由主营业务收入和其他业务收入组成。

(2) 营业利润,营业收入减去营业成本(主营业务成本、其他业务成本)、税金及附加、销售费用、管理费用、研发费用、财务费用、加上其他收益、投资收益、净敞口套期收益、公允价值变动收益、信用减值损失、资产减值损失、资产处置收益,即为营业利润。

(3) 利润总额,营业利润加上营业外收入,减去营业外支出,即为利润总额。

(4) 净利润,利润总额减去所得税费用,即为净利润,按照经营可持续性具体分为"持续经营净利润"和"终止经营净利润"两项。

(5) 其他综合收益,是指企业根据其他会计准则规定未在当期损益中确认的各项利得和损失。

(6) 综合收益总额,净利润加上其他综合收益税后净额,即为综合收益总额。

(7) 每股收益,包括基本每股收益和稀释每股收益两项指标。

此外,为了使报表使用者通过比较不同期间利润的实现情况,判断企业经营成果的未来发展趋势,企业需要提供比较利润表,利润表将各项目再分为"本期金额"和"上期金额"两栏分别填列。

旅游企业利润表样本见表7-2。

表 7-2 　　　　　　　　　　　　 利润表 　　　　　　　　　　　 会企 02 表

编制单位:乙旅游企业 　　　　　　　　 2023 年度 　　　　　　　　　　 单位:元

项　目	本期金额	上期金额
一、营业收入	16 556 000	14 171 000
减:营业成本	12 596 250	11 926 250
税金及附加	475 750	325 870
销售费用	75 000	68 000
管理费用	67 000	6 751
研发费用		
财务费用	53 000	47 000
其中:利息费用	52 000	46 000
利息收入	500	400
加:其他收益(损失以"-"号填列)		
投资收益(损失以"-"号填列)	120 000	130 000
其中:对联营企业和合营企业的投资收益		
以摊余成本计量的金融资产终止确认收益(损失以"-"号填列)		
净敞口套期收益(损失以"-"号填列)		
公允价值变动收益(损失以"-"号填列)		
信用减值损失(损失以"-"号填列)		

续表

项　　目	本期金额	上期金额
资产减值损失（损失以"-"号填列）		
资产处置收益（损失以"-"号填列）		
二、营业利润（亏损以"-"号填列）	3 409 000	1 927 129
加：营业外收入	32 000	21 000
减：营业外支出	51 000	19 000
三、利润总额（亏损总额以"-"号填列）	3 390 000	1 929 129
减：所得税费用	847 500	482 282.25
四、净利润（净亏损以"-"号填列）	2 542 500	1 446 846.75
（一）持续经营净利润（净亏损以"-"号填列）		
（二）终止经营净利润（净亏损以"-"号填列）		
五、其他综合收益的税后净额		
（一）不能重分类进损益的其他综合收益		
1.重新计量设定受益计划变动额		
2.权益法下不能转损益的其他综合收益		
3.其他权益工具投资公允价值变动		
4.企业自身信用风险公允价值变动		
…		
（二）将重分类进损益的其他综合收益		
1.权益法下可转损益的其他综合收益		
2.其他债权投资公允价值变动		
3.金融资产重分类计入其他综合收益的金额		
4.其他债权投资信用减值准备		
5.现金流量套期储备		
6.外币财务报表折算差额		
…		
六、综合收益总额		
七、每股收益		
（一）基本每股收益		
（二）稀释每股收益		

三、利润表的填列方法

1.利润表"本期金额"栏的填列方法

利润表"本期金额"栏一般应根据损益类科目和所有者权益类有关科目的发生额填列。

（1）"营业收入"项目，反映企业经营主要业务和其他业务所确认的收入总额。本项目应根据"主营业务收入"和"其他业务收入"科目的发生额分析填列。

（2）"营业成本"项目，反映企业经营主要业务和其他业务所发生的成本总额。本项目应根据"主营业务成本"和"其他业务成本"科目的发生额分析填列。

（3）"税金及附加"项目，反映企业经营业务应负担的消费税、城市维护建设税、教育费附加、资源税、土地增值税、房产税、车船税、城镇土地使用税、印花税、环境保护税等相关税费。本项目应根据"税金及附加"科目的发生额分析填列。

（4）"销售费用"项目反映企业在销售商品过程中发生的包装费、广告费等费用和为销售本企业商品而专设的销售机构的职工薪酬、业务费等经营费用。本项目应根据"销售费用"科目的发生额分析填列。

（5）"管理费用"项目，反映企业为组织和管理生产经营发生的管理费用。本项目应根据"管理费用"科目的发生额分析填列。

（6）"研发费用"项目，反映企业进行研究与开发过程中发生的费用化支出以及计入管理费用的自行开发无形资产的摊销。本项目应根据"管理费用"科目下的"研发费用"明细科目的发生额以及"管理费用"科目下"无形资产摊销"明细科目的发生额分析填列。

（7）"财务费用"项目，反映企业为筹集生产经营所需资金等而发生的应予费用化的利息支出。本项目应根据"财务费用"科目的相关明细科目发生额分析填列。"利息费用"项目，反映企业为筹集生产经营所需资金等而发生的应予费用化的利息支出，本项目应根据"财务费用"科目的相关明细科目的发生额分析填列。"利息收入"项目，反映企业应冲减财务费用的利息收入，本项目应根据"财务费用"科目的相关明细科目的发生额分析填列。

（8）"其他收益"项目，反映计入其他收益的政府补助，以及其他与日常活动相关且计入其他收益的项目。本项目应根据"其他收益"科目的发生额分析填列。企业作为个人所得税的扣缴义务人，根据《中华人民共和国个人所得税法》收到的扣缴税款手续费，应作为其他与日常活动相关的收益在本项目中填列。

（9）"投资收益"项目，反映企业以各种方式对外投资所取得的收益。本项目应根据"投资收益"科目的发生额分析填列。如为投资损失，本项目以"－"号填列。

（10）"净敞口套期收益"项目，反映净敞口套期下被套期项目累计公允价值变动转入当期损益的金额或现金流量套期储备转入当期损益的金额。本项目应根据"净敞口套期损益"科目的发生额分析填列。如为套期损失，本项目以"－"号填列。

（11）"公允价值变动收益"项目，反映企业应当计入当期损益的资产或负债公允价值变动收益。本项目应根据"公允价值变动损益"科目的发生额分析填列，如为净损失，本项目以"－"号填列。

（12）"信用减值损失"项目，反映企业按照《企业会计准则第 22 号——金融工具确认和计量》（2018）的要求计提的各项金融工具信用减值准备所确认的信用损失。本项目应根据"信用减值损失"科目的发生额分析填列。

（13）"资产减值损失"项目，反映企业有关资产发生的减值损失。本项目应根据"资产减值损失"科目的发生额分析填列。

（14）"资产处置收益"项目，反映企业出售划分为持有待售的非流动资产（金融工具、长期股权投资和投资性房地产除外）或处置组（子公司和业务除外）时确认的处置利得或损失，以及处置未划分为持有待售的固定资产、在建工程、生产性生物资产及无形资产而产生的处置利得或损失。债务重组中因处置非流动资产（金融工具、长期股权投资和投资性房地产除外）产生的利得或损失和非货币性资产交换中换出非流动资产（金融工具、长期股权投资和投资性房地产除外）产生的利得或损失也包括在本项目内，本项目应根据"资产处置损益"科目的发生额分析填列。如为处置损失，本项目以"-"号填列。

（15）"营业利润"项目，反映企业实现的营业利润。如为亏损，本项目以"-"号填列。

（16）"营业外收入"项目，反映企业发生的除营业利润以外的收益，主要包括非流动资产毁损报废收益、与企业日常活动无关的政府补助、盘盈利得、捐赠利得（企业接受股东或股东的子公司直接或间接的捐赠，经济实质属于股东对企业的资本性投入的除外）等。本项目应根据"营业外收入"科目的发生额分析填列。

（17）"营业外支出"项目，反映企业发生的除营业利润以外的支出，主要包括公益性捐赠支出、非常损失、盘亏损失、非流动资产毁损报废损失等。本项目应根据"营业外支出"科目的发生额分析填列。

（18）"利润总额"项目，反映企业实现的利润。如为亏损，本项目以"-"号填列。

（19）"所得税费用"项目，反映企业应从当期利润总额中扣除的所得税费用。本项目应根据"所得税费用"科目的发生额分析填列。

（20）"净利润"项目，反映企业实现的净利润。如为亏损，本项目以"-"号填列。

（21）"其他综合收益的税后净额"项目，反映企业根据企业会计准则规定未在损益中确认的各项利得和损失扣除所得税影响后的净额。

（22）"综合收益总额"项目，反映企业净利润与其他综合收益（税后净额）的合计金额。

（23）"每股收益"项目，包括基本每股收益和稀释每股收益两项指标，反映普通股或潜在普通股已公开交易的企业，以及正处在公开发行普通股或潜在普通股过程中的企业的每股收益信息。

2. 月份报表"本年累计数"栏各项目的填列方法

利润表"本年累计数"栏反映各项目自年初起至本月末止的累计实际发生数。根据上月利润表的"本年累计数"栏的数字，加上本月利润表的"本月数"栏的数字，可以得出各项目的本月的"本年累计数"，然后填入相应的项目内。

3. 年度利润表有关栏目的填列方法

在编制年度利润表时，应将"本年累计数"栏改为"上期金额"栏，填列上期全年累计实际发生数，从而与"本年累计数"栏各项目进行比较。如果上年度利润表与本年度利润表的项目名称和内容不相一致，应对上年度报表项目的名称和数字按本年度的规定进行调整，填入"上期金额"栏内。

12月份利润表的"本年累计数"，就是年度利润表的"本年累计数"，可直接转抄。由于年终结账时，全年的收入和支出已全部转入"本年利润"科目，并且通过收支对比结出本年净利润的数额。因此，应将年报中的"净利润"数字，与"本年利润"科目结转到"利润分配——未分配利润"科目的数字相核对，检查报表编制和账簿记录的正确性。

第四节　现金流量表

一、现金流量表的概念及作用

（一）现金流量表的概念

现金流量表是反映企业一定会计期间经营活动、筹资活动、投资活动引起的现金流入和流出情况的财务报表，它是一种动态报表，表明企业获得现金及现金等价物的能力。

（二）现金流量表的作用

报表使用者利用现金流量表，可以估量企业现金及现金等价物的生产能力和使用方向，现金流量表可以反映现金在流动中增减变动状况，从现金流量的角度提示企业财务状况。具体来说，现金流量表的作用主要表现在：

（1）现金流量表可以提供企业的现金流量信息，从而帮助报表使用者对企业整体财务状况做客观评价。报表使用者借助现金流量表可以分析本期净利润与经营活动现金净流量差异的原因，从侧面评价企业利润的质量。现金流量表以收付实现制为基础，弥补了损益表以权责发生制为基础的不足。因此，有时利润表中本期的净利润与经营活动的现金流量相差甚远。有时利润表中反映出来的利润很大，但这样的利润仅是账面上的数字。现金流量表可以反映出利润的"含金量"。

（2）现金流量表有助于评价企业偿还债务、支付股利以及对外筹资的能力。

（3）现金流量表有助于评价企业在将来产生现金净流入量的能力。

（三）与现金流量表相关的重要概念

1.现金

现金流量表是以现金和现金等价物为基础编制的，这里的现金是指企业库存现金、可以随时用于支付的银行存款及其他货币资金。

库存现金是指企业持有可随时用于支付的现金余额，即与会计核算中"库存现金"科目所包括的内容一致。

银行存款是指企业存在金融企业随时可以用于支付的存款，即与会计核算"银行存款"科目所包括的内容基本一致。区别在于：存在金融企业的款项中不能随时用于支付的存款，不作为现金流量表中的现金，但提前通知金融企业便可支取的定期存款，则包括在现金流量表中的现金范围内。

其他货币资金是指企业存在金融企业的有特定用途的资金，如外埠存款、银行汇票存款、银行本票存款等。

2.现金等价物

现金等价物是指企业持有的从购买之日起，在三个月内到期或可转换为现金的投资。现金等价物虽然不是现金，但其期限短、流动性强、易于转换为已知金额的现金，而且价值变动风险很小。企业应根据经营特点等具体情况，确定现金等价物的范围，并在财务报表附注中披露确定现金等价物的会计政策，并一贯性地保持这种划分标准。

3.现金净流量

现金净流量是指现金流入量与流出量的差量。现金净流量可能是正数，也可能是负数。如果是正数，则为净流入；如果是负数，则为净流出。现金流量反映了企业各类活动形成的现金流量的最终结果。一般来说，流入大于流出反映了企业现金流量的积极现象和趋势。

二、现金流量的分类

现金流量表通常将企业一定期间内产生的现金流量归为经营活动产生的现金流量、投资活动产生的现金流量和筹资活动产生的现金流量三类。

（一）经营活动产生的现金流量

经营活动是指企业除投资活动和筹资活动以外的所有交易和事项。各类企业由于行业特点不同，对经营活动的认定存在一定差异。对于工商企业而言，经营活动主要包括销售商品、提供劳务、购买商品、接受劳务、支付职工薪酬、支付税费等。通过现金流量表中所列示的经营活动产生的现金流量，可以说明企业经营活动对现金流入和现金流出净额的影响程度。

（二）投资活动产生的现金流量

投资活动是指企业长期资产的购建和不包括在现金等价物范围内的投资及其他处置活动。长期资产是指固定资产、无形资产、在建工程、其他资产等持有期限在一年或一个营业周期以上的资产。这里所讲的投资活动，既包括实物资产投资，也包括金融资产投资。这里之所以将"包括在现金等价物范围内的投资"排除在外，是因为已经将包括在现金等价物范围内的投资视同现金。不同企业由于行业特点不同，对投资活动的认定也存在差异。例如，交易性金融资产所产生的现金流量，对于工商企业而言，属于投资活动现金流量，而对于证券公司而言，属于经营活动现金流量。通过现金流量表所反映的投资活动所产生的现金流量，可以反映企业通过投资获取现金流量的能力，以及投资产生的现金流量对企业现金流量净额的影响程度。

（三）筹资活动产生的现金流量

筹资活动是指导致企业资本及债务规模和构成发生变化的活动。这里所说的资本，既包括实收资本（股本），也包括资本溢价（股本溢价）；这里所说的债务，指对外举债，包括向银行借款、发行债券以及偿还债务等。通常情况下，应付票据及应付账款等商业应付款属于经营活动，不属于筹资活动。

三、现金流量表的结构

现金流量表由主表和补充资料两部分构成。主表将企业现金流量分为三类；补充资料则说明将净利润调节为经营活动的现金流量、企业内不涉及现金收支的投资和筹资活动，以及现金及现金等价物净增加额等内容。现金流量表样本见表7-3。

表7-3 　　　　　　　　　　　　　现金流量表　　　　　　　　　　　　　会企03表

编制单位：丙旅游企业　　　　　　　　2023年度　　　　　　　　　　　　单位：元

项　目	本期金额	上期金额
一、经营活动产生的现金流量		
销售商品、提供劳务收到的现金	5 800 229	
收到的税费返还		
收到其他与经营活动有关的现金	7 470.03	
经营活动现金流入小计	5 807 699.03	
购买商品、接受劳务支付的现金	2 580 476.93	
支付给职工以及为职工支付的现金	740 941.24	
支付的各项税费	255 260.99	
支付其他与经营活动有关的现金	501 264.2	
经营活动现金流出小计	4 077 943.36	
经营活动产生的现金流量净额	1 729 755.67	
二、投资活动产生的现金流量		
收回投资收到的现金	62 337.6	
取得投资收益收到的现金		
处置固定资产、无形资产和其他长期资产收回的现金净额	2 418.4	
处置子公司及其他营业单位收到的现金净额		
收到其他与投资活动有关的现金		
投资活动现金流入小计	64 756	
购建固定资产、无形资产和其他长期资产支付的现金	310 850	
投资支付的现金		
取得子公司及其他营业单位支付的现金净额		
支付其他与投资活动有关的现金		
投资活动现金流出小计	310 850	
投资活动产生的现金流量净额	-246 094	
三、筹资活动产生的现金流量		
吸收投资收到的现金		
取得借款收到的现金		

项　目	本期金额	上期金额
收到其他与筹资活动有关的现金		
筹资活动现金流入小计		
偿还债务支付的现金		
分配股利、利润或偿付利息支付的现金	12 000	
支付其他与筹资活动有关的现金		
筹资活动现金流出小计	12 000	
筹资活动产生的现金流量净额	−12 000	
四、汇率变动对现金及现金等价物的影响		
五、现金及现金等价物净增加额	1 471 661.67	
加：期初现金及现金等价物余额	2 929 066.06	
六、期末现金及现金等价物余额	4 400 727.73	
补充资料	本期金额	上期金额
1.将净利润调节为经营活动的现金流量：		
净利润		
加：资产减值准备		
信用损失准备		
固定资产折旧、油气资产折耗、生产性生物资产折旧		
无形资产摊销		
长期待摊费用摊销		
处置固定资产、无形资产和其他长期资产的损失（收益以"−"号填列）		
固定资产报废损失（收益以"−"号填列）		
净敞口套期损失（收益以"−"号填列）		
公允价值变动损失（收益以"−"号填列）		
财务费用（收益以"−"号填列）		
投资损失（收益以"−"号填列）		
递延所得税资产减少（增加以"−"号填列）		
递延所得税资产增加（减少以"−"号填列）		
存货的减少（增加以"−"号填列）		
经营性应收项目的减少（增加以"−"号填列）		
经营性应付项目的增加（减少以"−"号填列）		
其他		
经营活动产生的现金流量净额		
2.不涉及现金收支的重大投资和筹资活动：		
债务转为资本		
一年内到期的可转换公司债券		
融资租入固定资产		

续表

项　目	本期金额	上期金额
3.现金及现金等价物净变动情况：		
现金的期末余额		
减：现金的期初余额		
加：现金等价物的期末余额		
减：现金等价物的期初余额		
现金及现金等价物净增加额		

四、现金流量表的编制方法

企业应当采用直接法列示经营活动产生的现金流量。直接法，是指通过现金收入和现金支出的主要类别列示经营活动的现金流量。采用直接法编制经营活动的现金流量时，一般以利润表中的营业收入为起算点，调整与经营活动有关的项目的增减变动，然后计算出经营活动的现金流量。采用直接法具体编制现金流量表时，可以采用工作底稿法或T形账户法，也可以根据有关科目记录分析填列。

（一）经营活动产生的现金流量

（1）"销售商品、提供劳务收到的现金"项目，反映企业本年销售商品、提供劳务收到的现金，以及以前年度销售商品、提供劳务本年收到的现金（包括应向购买者收取的增值税销项税额）和本年预收的款项，减去本年销售本年退回商品和以前年度销售本年退回商品支付的现金。企业销售材料和代购代销业务收到的现金，也在本项目反映。

（2）"收到的税费返还"项目，反映企业收到返还的所得税、增值税、消费税、关税和教育费附加等各种税费返还款。

（3）"收到其他与经营活动有关的现金"项目，反映企业经营租赁收到的租金等其他与经营活动有关的现金流入，金额较大的应当单独列示。

（4）"购买商品、接受劳务支付的现金"项目，反映企业本年购买商品、接受劳务实际支付的现金（包括增值税进项税额），以及本年支付以前年度购买商品、接受劳务的未付款项和本年预付款项，减去本年发生的购货退回收到的现金。企业购买材料和代购代销业务支付的现金，也在本项目反映。

（5）"支付给职工以及为职工支付的现金"项目，反映企业本年实际支付给职工的工资、奖金、各种津贴和补贴等职工薪酬（包括代扣代缴的职工个人所得税）。

（6）"支付的各项税费"项目，反映企业本年发生并支付、以前各年发生本年支付以及预交的各项税费，包括所得税、增值税、消费税、印花税、房产税、土地增值税、车船税、教育费附加等。

（7）"支付其他与经营活动有关的现金"项目，反映企业经营租赁支付的租金、支付的差旅费、业务招待费、保险费、罚款支出等其他与经营活动有关的现金流出，金额较大的应当单独列示。

（二）投资活动产生的现金流量

（1）"收回投资收到的现金"项目，反映企业出售、转让或到期收回除现金等价物以外的对其他企业的短期投资和长期股权投资而收到的现金，但处置子公司及其他营业单位收到的现金净额除外。

（2）"取得投资收益收到的现金"项目，反映企业除现金等价物以外的对其他企业的长期股权投资等分得的现金股利和利息等。

（3）"处置固定资产、无形资产和其他长期资产收回的现金净额"项目，反映企业出售、报废固定资产、无形资产和其他长期资产所取得的现金（包括因资产毁损而收到的保险赔偿收入），减去为处置这些资产而支付的有关费用后的净额。

（4）"处置子公司及其他营业单位收到的现金净额"项目，反映企业处置子公司及其他营业单位所取得的现金，减去相关处置费用以及子公司及其他营业单位持有的现金和现金等价物后的净额。

（5）"购建固定资产、无形资产和其他长期资产支付的现金"项目，反映企业购买、建造固定资产、取得无形资产和其他长期资产所支付的现金（含增值税款等），以及用现金支付的应由在建工程和无形资产负担的职工薪酬。

（6）"投资支付的现金"项目，反映企业取得除现金等价物以外的对其他企业的长期股权投资所支付的现金以及支付的佣金、手续费等附加费用，但取得子公司及其他营业单位支付的现金净额除外。

（7）"取得子公司及其他营业单位支付的现金净额"项目，反映企业购买子公司及其他营业单位购买出价中以现金支付的部分，减去子公司及其他营业单位持有的现金和现金等价物后的净额。

（8）"收到其他与投资活动有关的现金""支付其他与投资活动有关的现金"项目，反映企业除上述（1）至（7）项目外收到或支付的其他与投资活动有关的现金，金额较大的，应当单独列示。

（三）筹资活动产生的现金流量

（1）"吸收投资收到的现金"项目，反映企业以发行股票、债券等方式筹集资金实际收到的款项（发行收入减去支付的佣金等发行费用后的净额）。

（2）"取得借款收到的现金"项目，反映企业举借各种短期、长期借款而收到的现金。

（3）"偿还债务支付的现金"项目，反映企业为偿还债务本金而支付的现金。

（4）"分配股利、利润或偿付利息支付的现金"项目，反映企业实际支付的现金股利、支付给其他投资单位的利润或用现金支付的借款利息、债券利息。

（5）"收到其他与筹资活动有关的现金""支付其他与筹资活动有关的现金"项目，反映企业除上述（1）至（4）项目外收到或支付的其他与筹资活动有关的现金，金额较大的，应当单独列示。

（四）汇率变动对现金及现金等价物的影响

编制现金流量表时，应当将企业外币现金流量以及境外子公司的现金流量折算成记账本位币。外币现金流量以及境外子公司的现金流量，应当采用现金流量发生日的即期汇率或按照系统合理的方法确定的、与现金流量发生日即期汇率近似的汇率折算。

"汇率变动对现金及现金等价物的影响"项目，反映下列项目之间的差额：

（1）企业外币现金流量折算为记账本位币时，采用现金流量发生日的即期汇率或按照系统合理的方法确定的、与现金流量发生日即期汇率近似的汇率折算的金额（编制合并现金流量表时折算境外子公司的现金流量，应当比照处理）。

（2）企业外币现金及现金等价物净增加额按资产负债表日即期汇率折算的金额。

素养园地　　　　　　　　　　倡导"三坚三守"　推进会计人员诚信建设

为推进会计诚信体系建设、提高会计人员职业道德水平，2023年1月财政部制定印发了《会计人员职业道德规范》（财会〔2023〕1号）。这是我国首次制定全国性的会计人员职业道德规范。规范出台有何意义？对会计人员提出了哪些要求？财政部会计司有关负责人指出：

会计人员承担着生成和提供会计信息、维护国家财经纪律和经济秩序的重要职责。党的十八大以来，党中央、国务院部署加快社会信用体系建设、构筑诚实守信的经济社会环境，将会计人员作为职业信用建设的重点人群，引导其职业道德建设。

加强会计人员职业道德建设，对长期以来会计职业活动实践中形成的职业道德要求进行总结提炼和大力宣传，引导会计人员形成正确的价值追求和行为规范，对于提高会计工作水平和会计信息质量，加强社会信用体系建设，推动经济社会高质量发展具有重要意义。

此次制定的规范，将新时代会计人员职业道德要求总结提炼为三条核心表述，即"坚持诚信，守法奉公""坚持准则，守责敬业""坚持学习，守正创新"。三条要求逻辑清晰、层层递进：第一条"坚持诚信，守法奉公"是对会计人员的自律要求；第二条"坚持准则，守责敬业"是对会计人员的履职要求；第三条"坚持学习，守正创新"是对会计人员的发展要求。规范提出"三坚三守"，强调会计人员"坚"和"守"的职业特性和价值追求，是对会计人员职业道德要求的集中表达。

各相关单位应将规范作为会计人才培养教育的重要内容，在会计人员继续教育、会计人才培养培训项目中加强职业道德课程建设，引导会计人员深入学习和认真践行规范；推动高校财会类专业加强职业道德教育；指导用人单位加强会计人员职业道德教育，将遵守职业道德情况作为评价、选用会计人员的重要标准；依法成立的会计人员自律组织可以根据规范制定职业道德准则。

资料来源：申铖，梁晓纯.倡导"三坚三守"推进诚信建设——我国首次制定会计人员职业道德规范［EB/OL］.［2023-01-12］. https://www.gov.cn/zhengce/2023-01/31/content_5739420.htm.

思政关键词：坚持诚信　守法奉公　坚持准则　守责敬业　坚持学习　守正创新

■ **本章小结**

•财务报告是财务会计工作的最终结果，包括财务报表、财务报表附注和财务情况说明书三项内容。财务报表由主表及相关附表组成，其中主表包括资产负债表、利润表和现金流量表，附表包括所有者权益变动表、利润分配表等。

· 财务报表按反映内容的不同，可以分为静态报表和动态报表；按编报时间的不同，可以分为中期财务报表和年度财务报表；按编制单位的不同，可以分为个别财务报表和合并财务报表；按照服务对象的不同，可以分为外部报表和内部报表。

· 资产负债表是综合反映企业某一特定日期资产、负债和所有者权益及其结构情况的财务报表；利润表是反映企业在一定会计期间的经营成果的财务报表；现金流量表是反映企业一定会计期间经营活动、筹资活动、投资活动引起的现金流入和流出情况的财务报表。

■ 主要概念

财务报告　财务报表　资产负债表　利润表　现金流量表

■ 基本训练

一、选择题

（一）单项选择题

1.下列属于静态报表的是（　　　）。

A.资产负债表　　　　　　　　　　B.现金流量表

C.利润表　　　　　　　　　　　　D.所有者权益变动表

2.资产负债表中的"存货"项目，是指（　　　）的期末余额。

A.在途物资、原材料　　　　　　　B.库存商品、在途物资和原材料

C.低值易耗品　　　　　　　　　　D.以上全部

3.填列资产负债表中的"应付票据及应付账款"项目时，应考虑（　　　）的期末贷方余额。

A."应付账款"总账户

B."应付票据"总账户

C."应付账款"各明细账户及"预付账款"各明细账户

D."预付账款"总账户

4.以"收入−费用=利润"这一会计等式作为编制依据的财务报表是（　　　）。

A.所有者权益变动表　　　　　　　B.现金流量表

C.资产负债表　　　　　　　　　　D.利润表

5.下列项目中，不符合现金流量表中现金概念的是（　　　）。

A.企业银行本票存款　　　　　　　B.不能随时用于支付的存款

C.企业购入3个月内到期的国债　　D.企业银行汇票存款

6.甲旅游企业2023年度利润总额8万元，年末结账后资产总额22万元，负债总额8万元，资本公积2万元，盈余公积1万元，未分配利润1万元，则实收资本为（　　　）万元。

A.8　　　　　　　　B.12　　　　　　　　C.42　　　　　　　　D.10

7.资产负债表反映资产、负债和所有者权益各项目的（　　）。

A.年初数、期末数　　　　　　　　　B.上年数、本年数

C.年初数、本年数　　　　　　　　　D.上年数、年末数

8.甲旅游企业"应收账款"账户所属A、B、C三个明细账户的期末余额分别为：A明细账户借方余额500元，B明细账户贷方余额1 200元，C明细账户借方余额4 000元。按照平行登记原则，"应收账款"总账账户期末余额应为（　　）元。

A.5 700　　　　　　B.4 500　　　　　　C.3 300　　　　　　D.1 200

（二）多项选择题

1.财务报表使用者一般包括（　　）。

A.企业管理人员　　B.政府有关部门　　C.投资者　　　　　　D.债权人

2.（　　）属于企业资产负债表的项目内容。

A.管理费用　　　　　　　　　　　　B.应交税费

C.未分配利润　　　　　　　　　　　D.所得税

3.在资产负债表中，资产和负债的项目分类不是按（　　）划分的。

A.数额大小　　　　　　　　　　　　B.发生时间顺序

C.流动性强弱　　　　　　　　　　　D.经济业务的不同

4.在编制资产负债表的过程中，下列项目中应根据总账科目的期末借方余额直接进行填列的有（　　）。

A.固定资产原价　　　　　　　　　　B.短期借款

C.坏账准备　　　　　　　　　　　　D.累计折旧

5.在利润表中，应列入"税金及附加"项目中的税金及附加有（　　）。

A.增值税　　　　　　　　　　　　　B.消费税

C.城市维护建设税　　　　　　　　　D.教育费附加

6.下列各项中，属于应计入经营活动产生的现金流入的经济业务有（　　）。

A.销售商品收到的现金　　　　　　　B.投资收到的现金

C.提供劳务收到的现金　　　　　　　D.收到的税费返还

二、实训题

实训题一　练习资产负债表的编制

资料1：甲旅游企业2023年12月31日企业总账和有关明细账余额见表7-4。

表7-4

甲旅游企业总账和明细账余额

2023年10月31日

单位：元

总账	明细账户	借方余额	贷方余额	总账	明细账户	借方余额	贷方余额
库存现金		6 000		短期借款			360 000
银行存款		90 000		应付账款			60 000
交易性金融资产		84 000			F企业		42 000
应收账款		138 000			H企业	30 000	
	A企业	60 000			I企业		48 000

总账	明细账户	借方余额	贷方余额	总账	明细账户	借方余额	贷方余额
	B企业		12 000	预收账款			6 000
	C企业	90 000			M企业		24 000
预付账款		28 200			N企业	18 000	
	D企业	30 000		其他应付款			54 000
	E企业		1 800	应付职工薪酬			208 200
其他应收款		60 000		应交税费			360 000
原材料		162 000		应付利润			120 000
生产成本		48 000		应付利息			18 000
库存商品		120 000		长期借款			384 000
长期股权投资		1 362 000		实收资本			1 680 000
固定资产		2 400 000		盈余公积			132 480
累计折旧			360 000	利润分配	未分配利润		959 520
无形资产		180 000					
长期待摊费用		24 000					

要求：根据资料1，编制甲旅游企业2023年12月31日的资产负债表（各账户期初余额略）。

实训题二　练习利润表的编制

资料2：乙旅游企业2023年12月份有关损益类科目的发生额见表7-5。

表7-5　　　　　　　　　　　损益类科目发生额　　　　　　　　　　　单位：元

科目名称	借方发生额	贷方发生额
营业收入		1 250 000
营业成本	750 000	
税金及附加	2 000	
销售费用	20 000	
管理费用	158 000	
财务费用	41 500	
投资收益		31 500
营业外收入		50 000
营业外支出	19 700	
所得税费用	102 399	

要求：根据资料2，编制乙旅游企业2023年12月份的利润表（上期金额略）。

第八章　旅游企业财务分析

■ 学习目标

通过本章学习，你应该达到以下目标：

知识目标：了解财务分析的目的和依据；理解财务分析的概念、基本方法和基本内容。

技能目标：掌握财务分析方法的具体运用。

素养目标：养成良好的业务素质和身心素质；提升"参与管理"的职业能力；提高发现问题、分析问题和解决实际问题的能力。

第一节 财务分析的目的

财务分析是指以企业财务报告反映的财务指标为主要依据，采用专门方法，对企业过去的财务状况和经营成果及未来前景所进行的剖析和评价。本节主要介绍分析财务报表的目的和分析依据。

一、财务分析的目的

不同的企业利益主体，其财务分析的目的也不相同。

（一）企业经营管理人员进行财务分析的目的

企业的经营者主要指受所有者委托对企业法人财产进行经营管理的企业管理者（包括董事会和总经理阶层），及其下属各分厂、部门、车间等中层管理人员。他们所承担的经营管理责任需要他们全面分析企业财务报表，故他们进行财务报表分析的目的也是综合的、多方面的。从对企业所有者负责的角度，他们也关心盈利能力，但这只是他们的总体目标；在分析过程中，他们关心的不仅仅是盈利结果的多少，更关注盈利的原因及过程，即要进行资产结构分析、营运状况与效率分析、经营风险与财务风险分析、支付能力与偿债能力分析以及企业发展前景预测等。其目的是及时发现生产经营中存在的问题与不足，并采取有效措施解决这些问题，以充分利用有限的资源，不断提高管理水平，使企业不仅能用现有资源更多地盈利，而且要使企业的这种盈利能力保持稳定持续的增长。

（二）企业投资者进行财务分析的目的

投资者既包括企业现有的出资者，也包括资本市场上潜在的投资者，他们进行财务报表分析的最根本目的是衡量企业的盈利能力状况，因为盈利能力是保证其投入资本保值与增值的关键所在。但是投资者不会只关心当前的盈利能力，尤其对那些想长期投资、拥有股份较多的投资者而言，为了确保其资本保值增值的长远利益，他们还要研究企业的权益结构、支付能力及营运状况等。只有投资者认为企业有着良好的发展前景，企业所有者才会保持或增加投资，潜在投资者也才会踊跃地把大量资金放心地投入该企业；否则，企业所有者将会尽可能地抛售股权、收回投资，潜在投资者也不会选择该企业作为投资对象。另外，对企业所有者而言，财务报表分析也可以评价企业经营者的经营业绩，发现经营过程中存在的问题，从而通过行使股东权力，及时纠正偏差，为企业未来发展指明方向。

（三）企业债权人进行财务分析的目的

企业债权人包括贷款给企业的银行、其他金融机构或企业，以及购买企业债券的单位与个人等。债权人进行财务报表分析的目的与投资者、经营者都有所不同，其分析的重点是企业长、短期偿债能力，并会从正反两方面对企业进行考察。银行等债权人一方面从各自经营或收益的目的出发，愿意将资金贷给某企业；另一方面又要非常谨慎地观察和分析该企业有无违约或破产清算的可能性，考虑企业拖欠或破产的不良后果。一般来说，银行等金融机构与其他债权人不仅要求本金的及时收回，而且要得到相应的报酬或收益，而这个收益的大小又与其承担的风险程度相适应，通常偿还期越长，风险越大，所要求的收益也就越高。因此，从债权人角度进行财务报表分析的主要目的，一是评估其对企业的借款或其他债权是否能及时、足额地收回，即研究企业偿债能力的大小，二是评估其收益状况与风险程度是否能相适应，为此，还应将偿债能力分析与盈利能力分析相结合，由此做出是否借款以及对该企业借款额度、付款条件、利率水平、保障条款等决策。

（四）其他利益主体进行财务分析的目的

其他利益主体包括企业员工、客户、供应商等，其分析财务报表的目的各不相同。员工最关心的是能否获得公平工资，其劳动报酬是否与企业收益一同成长；客户为企业提供订单，其关心企业的营业状况、成长状况、产品质量和交货情况；供应商关心企业偿付货款的能力；税务、财政等政府部门关心企业的纳税情况和吸纳就业者的情况；竞争者关心对手产品的市场占有率、盈利情况、发展前景等。

二、财务分析的依据

旅游企业财务分析的依据一般为旅游企业的会计核算资料，主要包括旅游企业的各种财务报表，财务分析结果取决于会计核算资料的真实性和相关性。最主要的会计核算资料是资产负债表、利润表和现金流量表，它们构成旅游企业财务分析的基本资料；管理会计核算资料也是财务分析的重要数据来源，表现为向旅游企业管理者提供的有关成本、业务量等方面信息的各种内部资料。

现列举东方旅游企业 2023 年 12 月 31 日的资产负债表（简表）和 2023 年度的利润表（简表），见表 8-1、表 8-2（本章例题数据均以表 8-1 和表 8-2 为依据）。

表 8-1 　　　　　　　　　　　资产负债表（简表）　　　　　　　　　会企 01 表

编制单位：东方旅游企业　　　　　　　2023 年 12 月 31 日　　　　　　　　单位：元

资 产	期末余额	期初余额	负债和所有者权益	期末余额	期初余额
流动资产：			流动负债：		
货币资金	228 971.49	139 849.82	短期借款	50 000.00	
应收票据及应收账款	25 280.68	38 678.05	应付票据及应付账款	146 010.57	44 595.69
预付款项		4 098.00	预收款项		45 690.00
其他应收款	8 447.99	18 340.40	应付职工薪酬		
存货	79 147.18	76 552.97	应交税费	2 950.46	1 718.06
一年内到期的非流动资产	50 000.00	56 050.00	其他应付款	49 160.97	32 315.29
流动资产合计	391 847.34	333 569.24	其他流动负债		71 690.00
非流动资产：			流动负债合计	248 122.00	196 009.04
债权投资			非流动负债：		
固定资产	579 680.00	523 440.40	长期借款	100 000.00	100 000.00
在建工程		11 514.00	非流动负债合计	100 000.00	100 000.00
无形资产		20 000.00	负债合计	348 122.00	296 009.04
开发支出		20 000.00	所有者权益：		
长期待摊费用	40 924.46	12 343.23	实收资本（或股本）	500 000.00	500 000.00
非流动资产合计	620 604.46	587 297.63	资本公积		
			盈余公积	29 213.33	10 394.55
			未分配利润	135 116.47	114 463.28
			所有者权益合计	664 329.80	624 857.83
资产总计	1 012 451.80	920 866.87	负债和所有者权益总计	1 012 451.80	920 866.87

表 8-2　　　　　　　　　　　利润表（简表）　　　　　　　　　　　会企 02 表

编制单位：东方旅游企业　　　　　　　　2023 年度　　　　　　　　　　单位：元

项　　目	本期金额	上期金额
一、营业收入	1 655 600.00	1 171 000.00
减：营业成本	259 625.00	226 250.00
税金及附加	91 058.00	64 405.00
销售费用	875 000.00	620 000.00
管理费用	107 000.00	76 751.00
财务费用	53 000.00	47 000.00
其中：利息费用	52 000.00	46 000.00
利息收入	-500.00	-400.00
二、营业利润（亏损以 "-" 号填列）	269 917.00	136 594.00
加：营业外收入	32 000.00	21 000.00
减：营业外支出	51 000.00	19 000.00
三、利润总额（亏损总额以 "-" 号填列）	250 917.00	138 594.00
减：所得税费用	62 729.25	34 648.50
四、净利润（净亏损以 "-" 号填列）	188 187.75	103 945.50

第二节　财务分析的基本方法

进行财务分析，需要运用一定的方法。财务分析的方法有很多，如比较分析法、趋势分析法、比率分析法等。

一、比较分析法

比较分析法是通过某项财务指标与性质相同的指标评价标准进行对比，揭示企业财务状况和经营成果的一种分析方法，比较的结果有相对数和绝对数两种形式。通常，科学合理的对比标准有：

1. 预定标准

预定标准即企业为改进经营活动和管理工作而预先确定的指标比率。如预算指标、设计指标、定额指标、理论指标等。这种指标可以由企业内部制定，或者由其主管部门规定，主要目的在于强化对有关经济活动的管理和监督。预定标准是否先进合理，对分析有直接的影响。当企业的实际财务指标达不到预定标准时，应进一步分析原因，以便改进财务管理工作。

2.历史标准

历史标准即根据企业过去实际历史资料而产生的连续性财务比率标准，如上期实际、上年同期实际、历史先进水平。由于历史标准基于企业实际情况，因而在运用时有较强的可比性。通过现时指标与过去指标的比较，从中判断企业经营业绩。另外，根据时间序列所整理的历史标准，可以预计现在和未来的变化趋势。

【例 8-1】 东方旅游企业 2023 年度的营业收入为 1 655 600 元，2022 年度的营业收入为 1 171 000 元。计算东方旅游企业的营业收入实际增加额，并对结果进行分析。

营业收入实际增加额（绝对数）=1 655 600−1 171 000=484 600（元）

分析：营业收入绝对数的增加，说明该企业的经营规模在扩大。

3.行业标准

行业标准即行业所规定的平均财务比率标准。这种标准一般按不同的企业规模及不同的地区详细规定，因而在比率分析中被广泛运用。与行业标准的比较，可以为企业提供重点分析的范围。

4.公认标准

公认标准即社会一般公认的标准。其特点是，不分行业、规模、时间及分析目的，标准是唯一的。在西方财务中，典型的公认标准是 2∶1 的流动比率和 1∶1 的速动比率，利用这些标准能揭示企业短期偿债能力及财务风险的一般状况。运用公认标准进行比较分析很方便，但这种完全抽象的绝对标准不可能使分析的结果完全与客观实际相符。

二、趋势分析法

趋势分析法是通过观察连续数期的财务报表，比较各期的有关项目金额，分析某些指标增减变动情况，在此基础上判断其发展趋势，从而对未来可能出现的结果做出预测的一种分析方法。

趋势分析法是企业报表分析中常用的基本方法。运用这种方法，可以了解本企业或竞争对手有关财务指标项目的基本发展趋势，判断这种变动趋势是有利还是不利，以便对企业的未来发展做出正确的预测和科学的决策。

这种方法通常是将企业历年的财务报表（至少是最近两三年，甚至是五年、十年的连续报表）并列在一起加以分析，以观察变化趋势。

【例 8-2】 接【例 8-1】，计算东方旅游企业 2023 年的营业收入增长率并对结果进行简要分析。

$$营业收入增长率=\frac{1\ 655\ 600 - 1\ 171\ 000}{1\ 171\ 000}\times100\%=41.38\%$$

分析：营业收入比上年增长 41.38%，说明该企业的营业收入增长速度快，成长能力很强。

三、比率分析法

比率分析法是利用财务报表及有关会计资料中两项相关数值的比率，揭示企业财务状况和经营成果的一种分析方法。在财务分析中，比率分析法应用比较广泛（详见本章第三节）。

在比率分析中常用的财务比率有：

（一）相关比率

相关比率是以某个项目和与其有关但又不同的项目加以对比所得到的比率，反映有关经济活动的相互关系。利用相关比率指标，可以考察有联系的相关业务安排是否合理，以保障企业运营活动能够顺利进行。这类比率包括：反映偿债能力的比率（如流动比率和速动比率）、反映营运能力的比率和反映盈利能力的比率。

（二）效率比率

效率比率是某项经济活动中投入与产出的比率，反映投入与产出的关系。利用效率指标，可以进行得失比较，考察经营成果，评价经济效益。如将利润项目与销售成本、销售收入、资本等项目加以对比，可以计算出成本利润率、销售利润率以及资本利润率等指标，可以从不同角度分析比较企业获利能力的高低及其增减变化情况。

第三节　财务分析的基本内容

财务分析的基本内容包括：偿债能力分析、营运能力分析、盈利能力分析。其中，偿债能力分析是财务目标实现的有力保证，营运能力是财务目标实现的物质基础，盈利能力是两者共同作用的结果，同时也对两者的增强起推动作用。财务报表分析过程中形成了三大类比率，即偿债能力比率、营运能力比率、获利能力比率。

一、偿债能力比率

偿债能力是指企业偿还到期债务的能力，是衡量企业财务状况好坏的标志。企业债务的增减变化直接影响投资人、债权人利益的大小。只要投资报酬率大于借款利息率，举债融资对股东就是有利的。但债务过多会增加企业的风险。举债经营可以增加普通股每股利润，从而增加企业股权的价值。但风险的增加又会在一定程度上降低股权价值。就偿债能力大小而言，中长期债务主要由企业经营过程中所获得的盈利来偿还。而短期债务的清偿主要看企业资产的流动性和资产清偿时对债权的保障。

（一）短期偿债能力比率

1.流动比率

流动比率是企业流动资产与流动负债的比率，其计算公式为：

$$流动比率 = \frac{流动资产}{流动负债}$$

根据经验，企业的流动比率一般应维持在2:1左右比较合适，旅游企业维持在1.5:1左右比较合适，主要原因是旅游企业存货相对比较少或周转较快。在这个比率下，企业既能保持必要的偿债能力，又能使流动资产得到充分利用。一般来说，流动比率越高，资产的流动性越大，短期偿债能力越强，但从投资经营的观念出发，过高的流动比率并不完全是件好事。流动比率过高，显示出企业对资金没有做最有效的利用，这可能是现金余额过多，也可能是信用条件太宽松，造成了过多的应收账款，还可能是存货超储积压，这些都是浪费资金的现象。有时，尽管企业现金流量出现赤字，但是企业可能仍然拥有一个较高的流动比率。当然，流动比率过低，企业陷入无力清偿到期债务的可能性就会过大，从而会增加企业的财务风险。

【例 8-3】根据表 8-1 中的数据，计算东方旅游企业 2023 年年末的流动比率，并对结果进行简要分析。

$$流动比率=\frac{391\,847.34}{248\,122}=1.58$$

分析：东方旅游企业 2023 年年末的流动比率为 1.58，与公认标准相比，该企业的短期偿债能力较强。

2.速动比率

速动比率是指速动资产同流动负债的比率，它反映企业短期内可变现资产偿还短期内到期债务的能力。速动比率是对流动比率的补充。其计算公式如下：

$$速动比率=\frac{速动资产}{流动负债}$$

其中：速动资产=流动资产-存货-预付账款-待摊费用-1年内到期的非流动资产及其他流动资产

速动资产是企业在短期内可变现的资产，包括货币资金、短期投资和应收账款等。存货是企业流动资产中流动性最差的一种，其变现不仅要经过销货和收款两道手续，而且存货还会发生一些损失。因此，在分析中将存货从流动资产中减去，可以更好地反映一个企业偿还短期债务的能力。

一般认为，速动比率应维持在 1∶1 左右比较理想，说明 1 元流动负债有 1 元的速动资产作保证。如果速动比率大于1，说明企业有足够的能力偿还短期债务，但同时也说明企业拥有过多的不能获利的现款和应收账款；如果速动比率小于1，说明企业将依赖出售存货或举借新债偿还到期债务，这就可能因急需售出存货而带来削价损失或举借新债形成利息负担。如同流动比率，各企业的速动比率应该根据行业特征和其他因素加以评价。在对速动比率进行分析时，还要注意对应收账款变现能力这一因素的考虑。

尽管速动比率较之流动比率更能反映出流动负债偿还的安全性和稳定性，但并不能认为速动比率较低的企业的流动负债到期绝对不能偿还。实际上，如果企业存货流动顺畅，变现能力较强，即使速动比率较低，只要流动比率较高，企业仍然有望偿还到期的债务本息。

【例 8-4】根据表 8-1 中的数据，计算东方旅游企业 2023 年年末的速动比率，并对结果进行简要分析。

速动资产=391 847.34-79 147.18-50 000=262 700.16（元）

速动比率=262 700.16÷248 122=1.06

分析：东方旅游企业 2023 年年末的速动比率为 1.06，与标准速动比率相比，该企业的短期偿债能力较强。

3.现金比率

现金比率是企业现金及现金等价物与流动资产的比率，它是最保守的短期偿债能力分析指标。现金包括库存现金、银行存款、短期有价证券、可贴现和转让票据等。它是速动资产扣除应收账款后的余额。由于应收账款存在发生坏账损失的可能，某些到期的账款也不一定能按时收回，因此，速动资产扣除应收账款后计算出来的金额，最能反映企业直接偿付流动负债的能力。其计算公式为：

$$现金比率=\frac{现金}{流动负债}$$

一般认为，现金比率维持在0.5：1左右比较理想，说明1元流动负债有0.5元的现金作保证。这项指标近几年随着现金流量信息在财务分析中受到关注而被日益重视。报表使用者可运用现金比率评估企业短期偿债能力。但需注意的是：企业不可能也没必要保留过多的现金类资产。如果现金比率过高，就意味着企业未能对流动负债进行合理的运用，经常以获利能力低的现金类资产保持着，这会导致企业机会成本增加。

【例8-5】根据表8-1中的数据，计算东方旅游企业2023年年末的现金比率，并对结果进行简要分析。

现金比率=228 971.49÷248 122=0.92

分析：东方旅游企业2023年年末的现金比率为0.92，与标准现金比率相比，该企业的短期偿债能力非常强，但由于资金没有得到最合理的利用，企业的机会成本也随之增加。

（二）长期偿债能力比率

1.资产负债率

资产负债率，也叫负债率，是指负债总额与资产总额之比，用来衡量企业利用债权人提供的资金进行经营活动的能力，同时，从债权人的角度看，其反映了债权人发放贷款的安全程度。其计算公式为：

$$资产负债率=\frac{负债总额}{资产总额}\times100\%$$

一般来讲，企业的资产总额应大于负债总额，资产负债率应小于100%，如果企业的资产负债率较低（50%以下），说明企业有较好的偿债能力和负债经营能力。

不同的权益主体对资产负债率的期望截然不同：企业所有者希望利用负债经营得到财务杠杆利益，因而希望提高资产负债率；但企业债权人希望企业的资产负债率低一些，因为债权人的利益主要表现在利益的安全方面。如果企业的资产负债率等于甚至大于100%，说明企业资不抵债，债权人为维护自己的利益可向人民法院申请企业破产。可见，企业负债经营要慎重。

【例8-6】根据表8-1中的数据，计算东方旅游企业2023年年末的资产负债率，并对结果进行简要分析。

资产负债率=348 122÷1 012 451.8×100%=34.38%

分析：东方旅游企业2023年年末的资产负债率为34.38%，说明该企业有较好的长期偿债能力。

2.产权比率

产权比率，是衡量企业长期偿债能力的指标之一。这个指标是负债总额与所有者权益总额的比率。其计算公式为：

$$产权比率=\frac{负债总额}{所有者权益总额}\times 100\%$$

这一指标反映企业在偿还债务时对债权人的保障程度，同时也反映了企业的财务结构是否稳定。该比率越低，说明企业偿债能力越强，债权人越有安全感。但从投资的角度看，如果企业经营状况良好，则过低的产权比率会影响其每股利润的扩增能力。经验表明，企业这一比率维持在1：1左右为宜。

【例8-7】根据表8-1中的数据，计算东方旅游企业2023年年末的产权比率，并对结果进行简要分析。

产权比率=348 122÷664 329.8×100%=52.40%

分析：东方旅游企业2023年年末的产权比率为52.4%，该结果说明企业的产权比率相对偏低，没有充分利用负债的财务杠杆效应。

3.已获利息倍数

已获利息倍数，又称为利息保障倍数，是指企业息税前利润与利息费用的比率。其计算公式为：

$$已获利息倍数=\frac{息税前利润}{利息费用}=\frac{利润总额 + 利息费用}{利息费用}$$

公式中利息费用是支付给债权人的全部利息。包括财务费用中的利息和计入固定资产的利息。已获利息倍数反映企业用经营所得支付债务利息的能力。已获利息倍数足够大，企业就有充足的能力偿付利息。

一般来说，已获利息倍数至少应等于1，合理的最低已获利息倍数应为3。这项指标越大，说明支付债务利息的能力越强。就一个企业某一时期的已获利息倍数来说，应与本行业该项指标的平均水平比较，或与本企业历年该项指标的平均水平比较，评价企业目前的指标水平。

【例8-8】根据表8-1、表8-2中的数据，计算东方旅游企业2023年年末的已获利息倍数，并对结果进行简要分析。（假设财务费用均为利息费用）

已获利息倍数=（250 917+53 000）÷53 000=5.73

分析：东方旅游企业2023年的已获利息倍数为5.73，该结果说明企业有充足的偿付利息的能力。

二、营运能力比率

营运能力是企业的经营运行能力，它是通过企业的资金周转状况反映出来的。资金周转状况良好，说明企业经营管理水平高，资金利用效率高。企业资金周转状况与供、产、销各个生产经营环节密切相关，任何一个环节出现问题，都会影响到企业资金的正常周转。资金只有顺利地通过各个生产经营环节，才能完成一次循环。在财务管理上，企业不仅能筹资、投资、用资，还能收回比原先投资额更多的资金。营运能力说明企业经济资源的开发、使用以及资本的有效利用程度。常用的分析营运能力的比率有应收账款周转率、存货周转率、流动资产周转率、总资产周转率和固定资产周转率等。

（一）应收账款周转率

应收账款周转率是反映应收账款周转速度的比率，一般有如下两种表示方法：

（1）应收账款周转次数，反映年度内应收账款平均变现的次数。其计算公式为：

$$应收账款周转次数=\frac{赊销收入净额}{应收账款平均余额}$$

其中：赊销收入净额=赊销收入总额-销售退回、折让、折扣

$$应收账款平均余额=\frac{期初应收账款 + 期末应收账款}{2}$$

应收账款周转次数计算公式中的分子，从理论上说应为赊销收入净额。

财务比率的分子和分母，一个来自利润表或现金流量表的流量数据，另一个来自资产负债表的存量数据时，该存量数据需要使用期初期末平均值计算（以下同）。

（2）应收账款周转天数，反映年度内应收账款平均变现一次所需要的天数（应收账款账龄）。其计算公式为：

$$应收账款周转天数=\frac{360}{应收账款周转次数}$$

应收账款周转率是分析企业资产流动情况的一项指标。应收账款周转次数多，周转天数少，表明应收账款周转快，企业信用销售严格；反之，表明应收账款周转慢，企业信用销售宽松。信用销售严格，有利于加速应收账款周转，减少坏账损失，但可能丧失销售商品的机会，减少销售收入。信用销售放宽，有利于扩大商品销售，增加销售收入，但应收账款周转会减慢，更多的营运资金会被占用在应收账款上，还可能增加坏账损失。衡量应收账款周转率的标准是企业的信用政策。如果实际收账期与标准收账期有较大的不利差异，说明企业有过多的营运资金被占用在应收账款上，而且可能发生较多的坏账损失，此时，企业应加强应收账款的管理。

【例 8-9】根据表 8-1、表 8-2 中的数据，计算东方旅游企业 2023 年年末的应收账款周转次数和应收账款周转天数，并对结果进行简要分析。

应收账款周转次数=1 655 600÷[（25 280.68+38 678.05）÷2]

=1 655 600÷31 979.37=52（次）

$$应收账款周转天数=\frac{360}{应收账款周转次数}=\frac{360}{52}\approx7（天）$$

分析：从上述结果可知，东方旅游企业 2023 年应收账款一年周转 52 次，平均 7 天周转一次，该结果一般可认为企业应收账款周转快，企业信用销售严格。

（二）存货周转率

存货周转率是反映存货周转速度的比率，一般有如下两种表示方法：

（1）存货周转次数，反映年度内存货平均周转的次数。其计算公式为：

$$存货周转次数=\frac{营业成本}{平均存货}$$

其中：$平均存货=\frac{期初存货+期末存货}{2}$

（2）存货周转天数，反映年度内存货平均周转一次所需要的天数。其计算公式为：

$$存货周转天数=\frac{360}{存货周转次数}$$

存货周转率是分析企业存货流动情况的一项指标。存货周转次数多，周转天数少，说明存货周转快，企业实现的利润会相应增加；否则，存货周转缓慢，往往会造成企业利润下降。存货周转加快，可能是由于商品适销、质量优良、价格合理，从而销售数量增加；也可能是由于企业生产和存货政策变更，致使存货库存减少，存货资金占用降低。如果存货周转速度缓慢，企业应采取必要的措施，加快存货的周转。

【例 8-10】根据表 8-1、表 8-2 中的数据，计算东方旅游企业 2023 年年末的存货周转次数和存货周转天数，并对结果进行简要分析。

存货周转次数=259 625÷〔（79 147.18+76 552.97）÷2〕=3（次）

$存货周转天数=\frac{360}{存货周转次数}$=360÷3=120（天）

分析：由于旅游企业特别是旅行社存货较少，因此采用存货周转率指标分析企业的营运能力可能不太合理，东方旅游企业就出现这种情况。

（三）总资产周转率

总资产周转率是营业收入与平均资产总额的比值。其计算公式为：

$$总资产周转率=\frac{营业收入}{平均资产总额}$$

其中：$平均资产总额=\frac{年初资产总额+年末资产总额}{2}$

该项指标反映资产总额的周转速度。周转速度越快，说明销售能力越强。企业可通过薄利多销的办法，加速资产的周转，带来利润绝对额的增加。

【例 8-11】根据表 8-1、表 8-2 中的数据，计算东方旅游企业 2023 年年末的总资产周转率，并对结果进行简要分析。

总资产周转率=1 655 600÷〔（1 012 451.8+920 866.87）÷2〕=1.71

分析：东方旅游企业 2023 年的总资产周转率为 1.71，说明 2023 年平均占用 1 元资产创造 1.71 元收入，将此结果与旅游企业公认的总资产周转率相比可知，该酒店的资产利用情况较为理想。

（四）客房出租率

客房出租率是指已出租客房与可供出租客房之比，用以衡量酒店客房的出租情况，说明酒店的营运能力。其计算公式为：

$$客房出租率=\frac{计算期实际出租客房间天数}{计算期实有客房数×计算期日历天数}×100\%$$

客房出租率越高，表示酒店客房经营成果和资产利用状况越好。

【例 8-12】假设东方旅游企业（下设酒店）有客房 300 间，2023 年度实际出租客房间天数为 75 000，计算客房出租率（1 年按 365 天计算），并对结果进行简要分析。

客房出租率＝75 000÷（300×365）×100%＝68.49%

分析：东方旅游企业客房出租率为 68.49%，与同行业相比可知，该酒店的客房出租率较为理想。

（五）桌椅利用率和翻台率

桌椅利用率和翻台率是反映酒店餐厅经营成果和资产利用效率的两个比率。桌椅利用率是指实际就餐人次数与可供用餐人次数之比，其计算公式为：

$$桌椅利用率＝\frac{计算期内实际就餐人次数}{桌椅数量 × 每日供餐次数 × 计算期日历天数}×100\%$$

$$翻台率＝\frac{翻台次数}{台位数量}×100\%$$

桌椅利用率越高，表示酒店餐厅经营成果和资产利用状况越好，同样，餐厅的翻台率越高，桌椅利用率就越高。假设一家酒店的西餐厅每天中午要接待 200 个客人，需要 200 个座位、100 个座位还是 50 个座位呢？答案有很多。翻台率的范围在 1 到 200 之间。若翻台率为 1，则每个座位只坐一次，需要 200 个座位；若翻台率为 4，则需要 50 个座位；依此类推。很明显，这个数字越大越好，翻台率越高，桌椅利用率越高，需要的空间越小，房租越便宜，当然前提是要保证服务质量。

三、获利能力比率

一个企业不但应有较好的财务结构和较强的运营能力，更重要的是要有较强的获利能力。盈利是企业最重要的经营目标，是企业生存和发展的物质基础，它不仅关系到企业所有者的利益，也是企业偿还债务的一个重要来源。获利能力分析主要分析企业赚取利润的能力及投资效益。

通常，反映获利能力的指标有：营业净利润率、成本费用利润率、资产净利润率、所有者权益报酬率、每股利润和市盈率等。

（一）营业净利润率

营业净利润率是企业净利润与营业收入净额的比率。其计算公式为：

$$营业净利润率＝\frac{净利润}{营业收入净额}×100\%$$

其中：净利润＝利润总额－所得税税额

从指标关系看，净利润与营业净利润率成正比关系，而营业收入净额与营业净利润率成反比关系。因此，企业在增加营业收入的同时，必须相应地获得更多的净利润，才能使营业净利润率保持不变或有所提高。这项指标越高说明企业从营业收入中获取利润的能力越强。通过分析营业净利率的升降变动，可以促使企业在扩大营业的同时，注意结合具体情况，改进经营管理，提高盈利水平。

【例 8-13】根据表 8-2 中的数据，计算东方旅游企业 2023 年年末的营业净利润率并对结果进行简要分析。

营业净利润率=188 187.75÷1 655 600×100%=11.37%

分析：计算结果表明，东方旅游企业2023年每100元营业收入创造了11.37元的净利润，与同行业相比，该收益水平较理想。

（二）成本费用利润率

成本费用利润率是企业净利润与成本费用总额的比率，计算公式为：

$$成本费用利润率=\frac{净利润}{成本费用总额}×100\%$$

公式中的成本费用包括企业利润表中的营业成本、税金及附加、销售费用、管理费用、财务费用5个项目，该比率反映企业生产经营过程中的投入产出水平。一般地说，企业成本费用水平越低，则盈利水平越高；反之，盈利水平越低。

【例8-14】根据表8-2中的数据，计算东方旅游企业2023年的成本费用利润率，并对结果进行简要分析。

成本费用利润率=188 187.75÷1 385 683×100%=13.58%

分析：计算结果表明，东方旅游企业2023年每消耗100元的成本费用可产出13.58元的净利润，同行业的成本费用利润率一般为10%左右，与同行业相比，该企业产出水平较理想。

（三）资产净利润率

资产净利润率是企业净利润与平均资产总额的比率。其计算公式为：

$$资产净利润率=\frac{净利润}{平均资产总额}×100\%$$

其中：
$$平均资产总额=\frac{期初资产总额 + 期末资产总额}{2}$$

资产净利润率越高，说明企业全部资产的获利能力越强。该指标与净利润成正比，与平均资产总额成反比，分析工作应从这两方面着手。

【例8-15】根据表8-1、表8-2中的数据，计算东方旅游企业2023年年末的资产净利润率，并对结果进行简要分析。

资产净利润率=188 187.75÷〔（1 012 451.8+920 866.87）÷2〕×100%
=19.47%

分析：同行业资产净利润率一般为8%左右，与同行业相比，东方旅游企业全部资产的获利能力较强。

（四）所有者权益报酬率

所有者权益报酬率反映所有者对企业投资部分的获利能力，也叫净资产收益率。其计算公式为：

$$所有者权益报酬率=\frac{净利润}{所有者权益平均余额}$$

其中：
$$所有者权益平均余额=\frac{期初所有者权益 + 期末所有者权益}{2}$$

所有者权益报酬率越高，说明企业所有者权益的获利能力越强。影响该指标的因素除了企业的获利水平以外，还有企业所有者权益的大小。对所有者来说，这个比率很重要。

该比率越大，投资者投入资本获利能力越强。在我国，该项指标既是上市公司对外必须披露的信息内容之一，也是决定上市公司能否配股的重要依据。

【例8-16】根据表8-1、表8-2中的数据，计算东方旅游企业2023年年末的所有者权益报酬率，并对结果进行简要分析。

所有者权益报酬率=188 187.75÷[（664 329.8+624 857.83）÷2]×100%

=29.19%

分析：东方旅游企业2023年的所有者权益报酬率是29.19%，与同行业相比，该企业所有者权益的获利能力较强。

（五）每股利润

每股利润是本年净利润与年末普通股股数的比值。其计算公式为：

$$每股利润=\frac{净利润}{年末普通股股数}$$

每股利润反映普通股的收益状况。公式中的分母"年末普通股股数"主要针对本年普通股股数未发生变化的情况。如果年内普通股股数发生了增减变化，则分母应调整计算为"加权平均发行在外普通股股数"：

$$加权平均发行在外普通股股数=\frac{\sum（发行在外普通股股数 \times 发行在外月份数）}{12}$$

【例8-17】假设东方旅游企业为上市公司，2023年年末的普通股股数为50万股，当年普通股未发生增减变化，计算东方旅游企业2023年年末的每股利润，并对结果进行简要分析。

每股利润=188 187.75÷500 000=0.38（元/股）

分析：东方旅游企业2023年的每股利润是0.38元，与同行业相比，该企业普通股的收益较好。

（六）市盈率

市盈率是普通股每股市价与每股净利润的比率。其计算公式为：

$$市盈率=\frac{普通股每股市场价格}{普通股每股净利润}$$

市盈率比较高，表明投资者对公司的未来充满信心，愿意为每一元盈余多付买价。一般情况下，平均市盈率在10至20之间。

【例8-18】假设东方旅游企业为上市公司，2023年的普通股每股市场价格为5元，计算东方旅游企业2023年的市盈率并对结果进行简要分析。

市盈率=5÷0.38=13.16

分析：东方旅游企业2023年的市盈率是13.16，表明投资者对该企业的未来充满信心。

上述（四）（五）（六）三类指标不是相互独立的，它们相辅相成，有一定的内在联系。企业周转能力好，获利能力就较强，则可以提高企业的偿债能力；反之亦然。

　　　　　　　　　　债务偿还能力假象

衡量一家公司的债务偿还能力，主要有两个标准：一是流动比率，二是速动比率。但是不同行业的标准也不一样，不可以一概而论。目前各种股票分析软件和各大证券网站都有专门的财务比例栏目，除了流动比率和速动比率之外，一般还包括资金周转率、存货周转率等，这些数据对于分析企业前景都有重要作用。

流动比率和速动比率与现金流量表有很密切的关系，尤其是速动比率的上升往往伴随着现金净流入，速动比率的下降则伴随着现金净流出，因为现金是最重要的速动资产。

但是，某些企业在现金缺乏的情况下，仍然能保持比较高的速动比率，因为它们的速动资产大部分是应收账款和其他应收款，这种速动资产质量是很低的。

在这种情况下，有必要考察该企业的现金与流动负债的比率，如果现金比例太小是很危险的。一些上市公司正是通过操纵应收账款和其他应收款，一方面抬高利润，一方面维持有债务偿还能力的假象，从银行手中源源不断地骗得新的贷款。作为普通投资者，应该时刻记住：只有冰冷的现金才是最真实的，如果现金的情况不好，其他的情况再好也难以信任。

如果一家企业的流动比率和速动比率良好，现金又很充裕，我们是否就能完全信任它？答案是否定的。现金固然是真实的，但也要看看现金的来源——是经营活动产生的现金，投资活动产生的现金，还是筹资活动产生的现金？

经营活动产生的现金预示着企业的长期经营能力，投资活动产生的现金反映着企业管理层的投资眼光，筹资活动产生的现金只能说明企业从外部筹集资金的能力，如贷款、增发股票等。

资料来源：佚名.十大财务造假方法，涉及会计科目深度分析（含案例解析）[EB/OL].[2023-03-04].https://roll.sohu.com/a/649267587_121124216.有删减.

思政关键词：坚持准则　客观公正　不做假账　守法奉公

■ 本章小结

·财务分析是指以企业财务报告反映的财务指标为主要依据，采用专门方法，对企业过去的财务状况和经营成果及未来前景所进行的剖析和评价。

·旅游企业财务分析的依据一般为企业的会计核算资料，主要包括旅游企业的各种财务报表，如资产负债表、利润表和现金流量表等；管理会计核算资料也是财务分析的重要数据来源，如企业有关成本、业务量等方面信息的各种内部资料。

·财务分析的基本方法有比较分析法、比率分析法、趋势分析法等。

·财务分析的基本内容包括偿债能力分析、营运能力分析、盈利能力分析。财务分析过程中形成了三大类比率：偿债能力比率、营运能力比率、获利能力比率。

·偿债能力比率主要包括流动比率、速动比率、现金比率、资产负债率、产权比率和已获利息倍数等；营运能力比率主要包括应收账款周转率、存货周转率、总资产周转率、客房出租率、桌椅利用率和翻台率等；获利能力比率主要包括营业净利润率、成本费用利润率、资产净利润率、所有者权益报酬率、每股股利、市盈率等。

■ 主要概念

财务分析　比较分析法　趋势分析法　比率分析法

■ 基本训练

一、选择题

（一）单项选择题

1.（　　）指标反映企业最保守的短期偿债能力。

A.流动比率　　　　　　　　　　　B.存货周转率

C.现金比率　　　　　　　　　　　D.市盈率

2.成本费用利润率是衡量企业（　　）的指标之一。

A.短期偿债能力　　　　　　　　　B.长期偿债能力

C.营运能力　　　　　　　　　　　D.获利能力

3.一般而言，企业的速动比率保持在（　　）左右，则认为企业的短期偿债能力是较好的。

A.1∶1　　　　　B.1∶2　　　　　C.2∶1　　　　　D.1∶3

4.利息保障倍数是指（　　）。

A.净利润/利息支出　　　　　　　　B.利润总额/利息支出

C.营业利润/利息支出　　　　　　　D.息税前利润/利息支出

（二）多项选择题

1.下列指标反映企业短期偿债能力的是（　　）。

A.流动比率　　　　　　　　　　　B.速动比率

C.现金比率　　　　　　　　　　　D.资产负债率

2.旅游企业财务报表分析的主要内容有（　　）。

A.短期偿债能力分析　　　　　　　B.长期偿债能力分析

C.营运能力分析　　　　　　　　　D.盈利能力分析

3.速动资产是企业的流动资产扣除（　　）等变现能力较差的项目后的余额。

A.存货　　　　　　　　　　　　　B.一年内到期长期待摊费用

C.货币资金　　　　　　　　　　　D.应收账款

4.衡量旅游企业营运能力的指标有（　　）。

A.应收账款周转率　　　　　　　　B.存货周转率

C.客房出租率　　　　　　　　　　D.总资产周转率

5.财务分析的数据主要提供给（　　）。

A.企业的投资者　　　　　　　　　B.企业的债权人

C.企业的经营者　　　　　　　　　D.企业的其他利害关系人

二、实训题

实训题一　练习偿债能力比率的计算

资料1：南方旅游企业2023年年末资产负债状况，见表8-3。

表8-3　　　　　　　　　　　　　资产负债表

编制单位：南方旅游企业　　　　　　2023年12月31日　　　　　　　　单位：万元

资产	金额	负债和所有者权益	金额
库存现金	100	应付票据	18 000
银行存款	67 000	应交税费	4 500
交易性金融资产	1 200	短期借款	54 000
应收账款	5 000	一年内到期的非流动负债	20 000
应收票据	5 000	长期借款	160 000
原材料	75 000	实收资本	480 000
固定资产	822 000	盈余公积和未分配利润	238 800
资产合计	975 300	负债和所有者权益合计	975 300

要求：根据资料1计算下列指标：（1）该企业的流动比率；（2）该企业的速动比率；（3）该企业的现金比率；（4）该企业的资产负债率。

实训题二　练习营运能力比率和获利能力比率的计算

资料2：南方旅游企业2023年主营业务收入为100 000元，主营业务成本为60 000元，净利润为16 000元，存货周转率为5次，期初存货余额为10 000元；期初应收账款余额为12 000元，期末应收账款余额为8 000元，速动比率为1.6，流动比率为2.16，流动资产占资产总额的27%，资产负债率为37.5%，该公司只发行普通股一种股票，流通在外的普通股股数为5 000股，每股市价为25元。

要求：根据资料2计算下列指标：（1）应收账款周转率；（2）资产净利润率；（3）股东权益报酬率；（4）每股利润；（5）市盈率。

综合实训

■ 第一部分　酒店综合实训
■ 第二部分　旅行社综合实训

☆ 实训目的

通过旅游企业会计实训，使学生初步掌握实务中填制和审核各种原始凭证、编制和审核记账凭证、编制科目汇总表的方法，掌握库存现金日记账、银行存款日记账、各种明细账和总账的登记方法，掌握错账的更正方法和试算平衡表、资产负债表、利润表的编制方法等，熟悉会计核算全过程，把所学的理论与实践结合起来，从而更好地掌握旅游企业会计知识，为以后的学习和工作打下良好的基础。

☆ 实训内容

1.根据实训资料填制部分原始凭证；

2.根据原始凭证填制记账凭证；

3.审核会计凭证；

4.登记库存现金日记账和银行存款日记账，登记所有总账的 T 形账；

5.根据总账和明细账的发生额和余额编制试算平衡表；

6.编制资产负债表和利润表；

7.撰写实训报告。

☆ 实训用具及凭证

1.实训用具：计算器、装订机、记账专用笔、胶水、文件夹和资料夹、印章。

2.实训凭证：空白原始凭证和记账凭证、备查账簿、日记账和分类账账页等。

☆ 实训方法

学生根据实训资料自己动手操作；同学间互相审核；教师作具体指导。

☆ 实训考核办法

在实训教学中对学生的考核要求是：态度端正，实训认真，掌握实训方法和基本操作技能，具有一定的分析、处理问题的能力和创新能力。

（一）对学生考核的具体方法

1.日常操作情况占总成绩的20%，由指导教师不定时对学生的操作情况进行检查并评定出成绩。

2.会计凭证、账簿、报表完成情况占总成绩的50%，指导教师检查凭证、账簿、会计报表编制情况并进行成绩评定，检查时应注意这些实训结果的正确性、及时性和规范性等。

3.出勤占总成绩的20%，按学生的实际出勤情况进行成绩评定。

4.实训报告占总成绩的10%，通过批阅学生的实训报告，了解他们分析问题和解决问题的能力并评定出成绩。

（二）成绩等级

实训成绩分5个等级，分别为优秀（90分以上）、良好（80~90分）、中等（70~80分）、及格（60~70分）、不及格（60分以下）。

第一部分　酒店综合实训

（一）酒店基本信息

项　目	内　容
企业名称	东方国际大酒店（假设企业注册所在地为北京，一般纳税人）
企业类型	服务业
法人代表	林跃
财务主管	马秀丽
会计	李晓霞
出纳	林晓云
统一社会信用代码	911101203784182788
地址、电话	北京市朝阳区中山路1-109号 010-88098888
基本存款账户	中国工商银行中山支行 4100 0295 0920 0003 635
工资账户	中国工商银行中山支行 4100 0295 0920 0003 648
预留印鉴	财务专用章+法人章

其他往来企业信息如下：

1.北京建业有限责任公司（一般纳税人）

统一社会信用代码：911101688930069692

地址、电话：北京市海淀区嘉禾路57号 010-83451236

开户行、账号：中国建设银行嘉禾支行 4231098703248876362

2.北京啤酒厂（一般纳税人）

统一社会信用代码：911101688935065634

地址、电话：北京市海淀区海滨路38号 010-83236451

开户行、账号：中国工商银行海滨支行 4100078200467843001

（二）东方国际大酒店会计核算相关说明

1.酒店以人民币为记账本位币（核算中金额计算保留至分位），记账文字为中文。

2.酒店为增值税一般纳税人。

（1）本案例住宿收入、餐饮收入、娱乐收入、洗衣房收入、足疗等居民日常服务收入，按照6%的税率计税；

（2）迷你吧收入按13%的税率计税；

（3）电话费收入作为兼营收入，按照"电信服务"9%的税率计税；

（4）客人支付的物品损坏赔款收入，按住宿、餐饮服务取得的价外费用，适用6%的税率。

酒店当期取得的增值税专用发票，按照现行增值税制度规定当期准予抵扣，均已认证且于当期一次性扣除，且该酒店符合增值税进项税额加计抵减政策（详见财政部、税务总局公告2023年第1号）。

3.酒店地处北京市区，使用的城市维护建设税税率为7%，教育费附加征收率为3%，不考虑地方教育费附加。

4.酒店按规定代扣代缴个人所得税。

5.酒店企业所得税税率为25%，按季计提和预缴，年终汇算清缴，年终应纳税所得额与会计利润相等。

6.销售合同印花税税率为0.03%。

本案例酒店不享受其他税收优惠政策，不考虑除上述税费以外的其他税费。

7.酒店根据有关规定，每年按当期净利润（扣减以前年度未弥补亏损后）的10%计提法定盈余公积，不计提任意盈余公积。

（三）东方国际大酒店2023年12月1日科目余额

东方国际大酒店2023年12月1日科目余额表　　　　　　单位：元

科目			期初余额	
科目编号	总账科目	明细科目	借方	贷方
1001	库存现金		15 000.00	
100201	银行存款	中国工商银行中山支行	580 000.00	
101201	其他货币资金	微信收款	4 500.00	
101202		支付宝收款	5 000.00	
112201	应收账款	中国银联（信用卡）	58 710.00	
112202		协议挂账单位	28 800.00	
122103	其他应收款	代扣水电	14 700.00	
140301	原材料	食品、调味品等	5 000.00	
140501	库存商品	烟酒等	6 000.00	
141101	周转材料	低值易耗品——办公用品	10 000.00	
141102		低值易耗品——客房棉织品	25 000.00	
141103		低值易耗品——客房一次性用品	45 000.00	
160101	固定资产	房屋建筑物	10 000 000.00	
160102		设备	5 000 000.00	
1602	累计折旧			2 376 000.00
220201	应付账款	建业有限责任公司		10 728.90
220301	预收账款	会员卡或押金		90 000.00

科目			期初余额	
科目编号	总账科目	明细科目	借方	贷方
221101	应付职工薪酬	工资		370 000.00
221102		福利费		51 800.00
221103		工会经费		7 400.00
221104		职工教育经费		5 550.00
222102	应交税费	未交增值税		102 000.00
222114		应交城建税		7 140.00
222115		应交教育费附加		3 060.00
2501	长期借款			1 000 000.00
4001	股本			10 000 000.00
4103	本年利润			1 125 000.00
410401	利润分配	未分配利润		649 031.10
合计			15 797 710.00	15 797 710.00

注：为简化核算，往来款具体客户和供应商、固定资产、原材料、库存商品和低值易耗品等部分明细科目省略。

另外，为了简化核算，以下业务仅为东方国际大酒店2023年12月份部分业务。

（四）2023年12月份东方国际大酒店发生的经济业务

1.1日，向中国工商银行借入期限为6个月的经营周转借款150 000元，月利率0.72%，利息每月末支付，本金到期偿还。

借款借据（收账通知）

		借款日期	2023 年 12 月 01 日		借据编号 159	
收款单位	名 称	东方国际大酒店		付款单位	名 称	中国工商银行
	开户账号	41000295092000003635			放款户账号	4008619657864257002
	开户银行	中国工商银行中山支行			开户银行	中国工商银行中山支行

借款金额	人民币（大写）壹拾伍万元整	千 百 十 万 千 百 十 元 角 分
		¥ 1 5 0 0 0 0 0 0

借款原因及用途	资金周转	借款期限	2024年05月31日

你单位上列借款，已转入你单位结算户内。

此致
（银行盖章）

（此联退还借款单位）

2.1日，行政人事部经理赵燕暂借差旅费3 000元，以现金支付。

3.1日，拨付给采购部备用金10 000元。

4.1日，委托北京市证券公司发行普通股2万股，每股面值150元，按面值发行。2023年12月1日，酒店收到股票发行款存入银行。

5.1日，从北京建业有限责任公司（简称建业公司）购入厨房大型冰柜一台，进价8 000元，以转账支票支付。进账单为一式三联，第一联为付款人回单，第二联为银行记账，第三联为收款人收账通知单。假设东方国际大酒店与建业公司同城。（自行练习填写原始凭证）

中国工商银行
转账支票存根
30909320
20617230

附加信息

出票日期　年　月　日
收款人：
金　额：
用　途：

单位主管　　会计

中国工商银行　转账支票
30909320
20617230

出票日期（大写）　年　月　日　　付款行名称：
收款人：　　　　　　　　　　　　出票人账号：
人民币
（大写）　　　　　　　　　　　　亿千百十万千百十元角分

用途　　　　　　　　　　　密码
上列款项请从　　　　　　　行号
我账户内支付
出票人签章　　　　　　复核　　记账

付款期限自出票之日起十天

ICBC 中国工商银行　　进账单（回单）2
年　月　日　　　　　　　　　No

	全称					全称												
出票人	账号				收款人	账号												
	开户银行					开户银行												
金额	人民币（大写）						亿	千	百	十	万	千	百	十	元	角	分	
票据种类			票据张数															
票据号码																		
备注																		

复核：　　　记账：　　　　　　　　　开户银行签章

此联是开户银行交给（持）出票人的回单

177*85mm GH066011

4201174130
校验码 2001 33651 25574 65128

北京增值税专用发票　No 30961856
4201174130
30961856

发票联

开票日期：2023年12月01日

购买方	名　称：东方国际大酒店	密码区	<413-3001152-/7142>>8088023 -65745<19458<3840481700**01 5/37503848*7>234504>-00*002 2//5>*8574567-7<8*87309-891
	纳税人识别号：911101203784182788		
	地址、电话：北京市朝阳区中山路1-109号 010-88098888		
	开户行及账号：中国工商银行中山支行 410002950920000 3635		

货物或应税劳务、服务名称	规格型号	单位	数量	单价	金额	税率	税额
*制冷空调设备*冰柜		台	1	7079.65	7079.65	13%	920.35
合　　计					¥7079.65		¥920.35
价税合计（大写）　⊗捌仟元整					（小写）¥8000.00		

销售方	名　称：北京建业有限责任公司	备注	
	纳税人识别号：911101688930069692		
	地址、电话：北京市海淀区嘉禾路57号 010-83451236		
	开户行及账号：中国建设银行嘉禾支行 4231098703248876362		

北京建业有限责任公司
911101688930069692
发票专用章

收款人：　　　复核：　　　开票人：宋丽丽　　　销售方：（章）

第三联：发票联 购买方记账凭证
[2018] 982 专用标准

6.2 日，向北京啤酒厂采购啤酒一批，货款 20 万元，按照合同规定签订合同当天向对方预付货款的 5%，验收货物后补付余款。假设北京啤酒厂与东方国际大酒店同城。

7.3 日，向白鹭猪肉厂购进猪肉 1 500 元（不含税价），货款以银行存款支付，该猪肉验收后直接入厨房。

入 库 单

2023 年 12 月 03 日　　　　　　　　单号 **0028401**

交来单位及部门	白鹭猪肉厂		验收仓库	原料仓		入库日期	2023年12月03日		
编号	名称及规格		单位	数量		实际价格			财务联
				交库	实收	单价	金额		
101	猪肉		千克	75	75	20.00	1500.00		
	合　计			75	75		1500.00		

财务经理：马秀丽　　　仓库主管：李月　　　经办人：王志　　　制单人：林立

中国工商银行
转账支票存根

30909320

20617232

附加信息

出票日期 2023 年 12 月 03 日

收款人：**白鹭猪肉厂**

金　额：**¥1635.00**

用　途：**支付货款**

单位主管 马秀丽　会计 李晓霞

ICBC 🏛 中国工商银行　　　进账单(回　单) **2**

2023 年 12 月 03 日　　　　　No

出票人	全　称	东方国际大酒店	收款人	全　称	白鹭猪肉厂	
	账　号	4100029509200003635		账　号	4500163028907457662	
	开户银行	中国工商银行中山支行		开户银行	兴业银行瑞景支行	

金额	人民币(大写)	壹仟陆佰叁拾伍元整	亿 千 百 十 万 千 百 十 元 角 分
			¥ 1 6 3 5 0 0

票据种类	转账支票	票据张数	壹张
票据号码	20617232		

备注：

复核：　　　记账：　　　　　　　　　　　开户银行签章

17585mm GH066011

此联是开户银行交给持出票人的回单

8.11 月份不含税营业收入为 270 万元，当期可抵扣的增值税进项税额为 6 万元，增值税税率 6%，城建税税率 7%，教育费附加征收率 3%，东方国际大酒店以 1 个月为纳税期限。12 月 5 日纳税申报，并用银行存款缴纳增值税、城建税及教育费附加。

中华人民共和国 税收缴款书

(153)京 税 00025644

登记注册类型	私营企业			填表日期	2023 年 12 月 05 日		税务机关	思明区税务局

纳税人识别号	911101203784182788		纳税人名称	东方国际大酒店
地址	北京市朝阳区中山路1-109号			

税种	品目名称	课税数量	计税金额或销售收入	税率或单位税额	税款所属时期	已缴或扣除额	实缴金额
增值税			2700000.00	6%	20231101-20231130	60000.00	102000.00
城市维护建设税			102000.00	7%	20231101-20231130		7140.00
教育费附加			102000.00	3%	20231101-20231130		3060.00
							112200.00

金额合计	大写 人民币壹拾壹万贰仟贰佰元整

税务机关 (盖章) 税收业务专用章	代征单位 (盖章) 财务专用章	填表人	备注	中国工商银行中山支行 转讫章

妥 善 保 管

第一联（收据）文纳税人作完税凭证

9.10 日，出纳员签发现金支票一张，向银行提取现金 50 000 元备用。（自行练习填写原始凭证）

中国工商银行 现金支票

中国工商银行 现金支票 30909320 23097141

中国工商银行 现金支票存根 30909320 23097141

附加信息

出票日期 年 月 日

收款人：

金额：

用途：

单位主管 会计

出票日期（大写） 年 月 日 付款行名称：

收款人： 出票人账号：

人民币（大写） 亿 千 百 十 万 千 百 十 元 角 分

用途 密码

上列款项请从 行号

我账户内支付

出票人签章 复核 记账

付款期限自出票之日起十天

10.12 月 10 日以银行存款发放 11 月份工资。（自行练习填写原始凭证）

工资结算汇总表

汇报单位：东方国际大酒店　　　　　　2023 年 11 月 30 日　　　　　　单位：元

部门名称	人员类别	职工人数	月标准工资	浮动工资	津贴和补贴		岗位工资	应扣工资		应付工资	代扣工资				合计工资	代扣个人所得税	实发工资
					物价补贴	中夜班津贴		病假	事假		房租	保险	水电	小计			
客房部	员工	20	30 000.00		1 500.00	2 400.00	2 000.00	400.00	1 000.00	34 500.00	—	2 400.00	1 000.00	3 400.00	31 100.00	200.00	30 900.00
	部门主管	1	2 000.00		100.00	150.00	200.00	20.00	30.00	2 400.00	—	120.00	100.00	220.00	2 180.00	20.00	2 160.00
餐饮部	员工	20	30 000.00		1 500.00	1 000.00	2 000.00	400.00	400.00	33 700.00		2 400.00	1 000.00	3 400.00	30 300.00	120.00	30 180.00
	部门主管	1	2 000.00		100.00	75.00	200.00	20.00	20.00	2 335.00		120.00	100.00	220.00	2 115.00	16.75	2 098.25
桑拿部	员工	10	15 000.00		750.00	1 200.00	1 000.00	200.00	250.00	17 500.00		1 200.00	1 000.00	2 200.00	15 300.00	100.00	15 200.00
	部门主管	1	2 000.00		100.00	120.00	200.00	25.00	25.00	2 370.00		120.00	100.00	220.00	2 150.00	7.50	2 142.50
酒吧	员工	10	15 000.00		750.00	1 200.00	750.00	200.00	200.00	17 300.00		1 200.00	1 000.00	2 200.00	15 100.00	110.00	14 990.00
	部门主管	1	2 000.00		100.00	150.00	200.00	20.00	0.00	2 430.00		120.00	100.00	220.00	2 210.00	10.50	2 199.50
商场	员工	25	28 500.00		2 500.00	2 500.00	2 500.00	500.00	500.00	35 000.00		3 000.00	2 500.00	5 500.00	29 500.00	175.00	29 325.00
	部门主管	1	2 000.00		150.00	150.00	200.00	20.00	10.00	2 470.00		120.00	100.00	220.00	2 250.00	12.50	2 237.50
工程部	员工	20	30 000.00		2 000.00	2 000.00	2 000.00	400.00	400.00	35 200.00		2 400.00	1 000.00	3 400.00	31 800.00	100.00	31 700.00
	部门主管	1	2 000.00		120.00	200.00	200.00	20.00	20.00	2 480.00		120.00	100.00	220.00	2 260.00	8.00	2 252.00
保安部	员工	15	15 000.00		1 500.00	3 000.00	1 500.00	0.00	0.00	21 000.00		1 800.00	1 500.00	3 300.00	17 700.00	52.50	17 647.50
	部门主管	1	2 500.00		200.00	350.00	200.00	15.00	20.00	3 215.00		120.00	100.00	220.00	2 995.00	65.50	2 929.50
企业管理人员		20	60 000.00	—	5 000.00	4 000.00	10 000.00	400.00	400.00	78 200.00	—	2 400.00	2 000.00	4 400.00	73 800.00	500.00	73 300.00
营销人员		20	30 000.00	—	1 500.00	2 400.00	2 000.00	400.00	1 000.00	34 500.00	—	2 400.00	1 000.00	3 400.00	31 100.00	125.00	30 975.00
财务部		20	40 000.00	—	2 000.00	1 000.00	3 000.00	200.00	400.00	45 400.00	—	2 400.00	1 000.00	3 400.00	42 000.00	200.00	41 800.00
合计										370 000.00	—	24 840.00	13 700.00	36 140.00	333 860.00	1 823.25	332 036.75

会计主管：马秀丽　　　　　　复核：王丽　　　　　　制表：李晓霞

11.11日，行政人事部赵燕报销8日去厦门招聘差旅费3 300元，各种车票住宿票省略，不足部分以现金付讫。

差 旅 费 报 销 单

报销部门：行政人事部   2023 年   12 月   11 日

姓名		赵燕	职务	人事专员	出差事由		招聘			
出差起止日期自 2023 年 12 月 08 起至 2023 年 12 月 10 日共 3 天							附单据			张
日期		起讫地点	差旅补助			交通费	住宿费	会务费	其他	小计
月	日		天数	标准	金额					
12	08	北京－厦门								
12	10	厦门－北京	3		500.00	2000.00	800.00			3300.00
		合计								3300.00

合计人民币（大写）叁仟叁佰元整

预领金额：3000.00元	交（退）回金额 0.00 元	应补付金额 300.00 元

单位负责人：林跃   会计主管：马秀丽   部门主管：王艳   报销人：赵燕

12.15日，向北京建业有限责任公司支付11月购买酒水款10 728.90元。

中国工商银行
转账支票存根
30909320
20617238

附加信息

出票日期 2023 年 12 月 15 日

收款人 北京建业有限责任公司

金额 ¥10728.90

用途 支付酒水款

单位主管 马秀丽 会计 李晓霞

ICBC 中国工商银行　　　　进账单(回　单) **2**

2023 年 12 月 15 日　　　　　№

	全称	东方国际大酒店		全称	北京建业有限责任公司
出票人	账号	4100029509200003635	收款人	账号	4231098703248876362
	开户银行	中国工商银行中山支行		开户银行	中国建设银行嘉禾支行

金额	人民币(大写)	壹万零柒佰贰拾捌元玖角整	亿	千	百	十	万	千	百	十	元	角	分
							¥	1	0	7	2	8	9	0

票据种类	转账支票	票据张数	壹张
票据号码	20617238		

备注：

复核：　　　　记账：

此联是开户银行交给持出票人的回单

13.15 日，向上海冻品厂采购冻品 13 572 元（不含税价），作为原材料入库，并以银行存款支付。

银行电汇凭证(回单)

签发日期：2023年12月15日　　　　第 01 号

	全称	东方国际大酒店				全称	上海冻品厂					
汇款人	账号或住址	4100029509200003635			收款人	账号或住址	4420166928501737892					
	汇出地点	北京市	汇出行名称	中国工商银行中山支行		汇入地点	上海市	汇入行名称	兴业银行浦东支行			

金额	人名币(大写)壹万肆仟柒佰玖拾叁元肆角捌分	千	百	十	万	千	百	十	元	角	分
				¥	1	3	5	7	9	4	8

汇款用途：支付货款

上列款项已根据委托办理,如需查询,请持此回单来行面洽。

2023 年 12 月 15 日

单位主管：　　　会计：　　　复核：　　　记账：

此联汇出行给汇款人的回单

	上海增值税专用发票	No 00285035	5002100104
5002100104	发票联		00285035

校验码 2001 33651 25574 65128

开票日期：2023年12月15日

购买方	名　　称：东方国际大酒店	密码区	<413-3001152-/7142]>8088023
	纳税人识别号：911101203784182788		-65745<19458<3840481700**01
	地址、电话：北京市朝阳区中山路1-109号 010-88098888		5/37503848*7>234504]-00*002
	开户行及账号：中国工商银行中山支行 410002950920003635		2//5>*8574567-7<8*87309-891

货物成应税劳务、服务名称	规格型号	单位	数量	单价	金额	税率	税额
*海水产品*黄鱼		千克	100	22.32	2232.00	9%	200.88
*肉及肉制品*排骨		千克	150	56.40	8460.00	9%	761.40
*肉及肉制品*鸡翅		千克	80	36.00	2880.00	9%	259.20
合　　计					￥13572.00		￥1221.48

价税合计（大写）　⊗壹万肆仟柒佰玖拾叁元肆角捌分　　　　　　　　（小写）￥14793.48

销售方	名　　称：上海东品厂	备注	
	纳税人识别号：913506789001276899		913506789001276899
	地址、电话：上海市南京路2-117号 021-83650830		发票专用章
	开户行及账号：兴业银行浦东支行 4420166928501737892		

收款人：　　　　复核：　　　　开票人：吴林　　　　销售方：（章）

第三联：发票联 购买方记账凭证

入　库　单

2023 年 12 月 15 日　　　　　　单号 **0028503**

交来单位及部门	上海冻品厂		验收仓库	原料仓		入库日期	2023年12月15日	
编号	名 称 及 规 格		单位	数　量		实际价格		
				交库	实收	单价	金额	
103	黄鱼		千克	100	100	22.32	2232.00	
104	排骨		千克	150	150	56.40	8460.00	
105	鸡翅		千克	80	80	36.00	2880.00	
合　　计				230	230		13572.00	

财务经理：马秀丽　　　仓库主管：李月　　　经办人：王志　　　制单人：林立

14. 15 日，支付电汇手续费及工本费合计40元。

业务收费凭证

2023 年 12 月 15 日

户名：东方国际大酒店　　　　账号：911101203784182788

编号	起止号码	数量	数量				
			工本费	邮电费	手续费	其他	小计
501	33201050	1		20.00	20.00		40.00
合计							40.00

大写金额:(人民币) 肆拾　　　　　　　　　　　　　　　　　　科目(借)：

划款方式 □现金 ☑转账　　　　　　林有茂　　　　　对方科目(贷)：

第三联：回单联

15.15日，缴纳11月份排污罚款。

中国工商银行
转账支票存根
30909320
20617243

附加信息

出票日期2023 年 12 月 15 日

收款人：北京市海淀区环保局

金　额：¥2000.00

用　途：排污罚款

单位主管 马秀丽 会计 李晓霞

ICBC 中国工商银行　　进账单(回单) 2

2023 年 12 月 15 日　　№

出票人	全称	东方国际大酒店	收款人	全称	北京市海淀区环保局
	账号	4100029509200003635		账号	11579
	开户银行	中国工商银行中山支行		开户银行	中国银行泰和支行

金额	人民币(大写) 贰仟元整	亿千百十万千百十元角分 ¥200000

票据种类 转账支票　票据张数 壹张

票据号码 20617243

备注：

复核：　记账：　开户银行签章

中央非税收入统一票据

国财

缴款单位：东方国际大酒店　　№ 27653390　2023 年 12 月 15 日

项目编码	项目名称	单位	数量	标准	金额
39-382	污水排放罚款				2,000.00

金额合计（小写）　2,000.00

金额合计（大写）贰仟元整

备注

收款单位（公章）：　　收款人（盖章）：

16.17 日，向恒通商贸有限公司购入一批食用油，取得的增值税专用发票上注明的价款为10 000元，增值税税额为900元，材料已验收入库，发票等结算凭证已收到，货款已经支付。

中国工商银行
转账支票存根
30909320
23909824

附加信息

出票日期 2023 年 12 月 17 日
收款人：**恒通商贸有限公司**
金　额：**¥10900.00**
用　途：**支付货款**
单位主管 马秀丽　会计 李晓霞

17.17 日，东方国际大酒店客房部领用棉织品 20 000 元，企业棉织品按实际成本核算。（假设作为低值易耗品采用一次摊销法）

领　料　单

领料部门：客房部
用　途：顾客使用　　　　　　　2023 年 12 月 17 日　　　　　第　　　012 号

材料			单位	数量		单价	成本							
编号	名称	规格		请领	实发		百	十万	千	百	十元	角	分	
020	枕头		件	200	200	32.50		6	5	0	0	0	0	
018	浴巾		个	380	380	12.00		4	5	6	0	0	0	
041	床单		个	400	400	22.35		8	9	4	0	0	0	
合计							¥	2	0	0	0	0	0	

部门经理：　　　　　　会计：　　　　　　仓库：黄珊珊　　　　　　经办人：

18.12 月份存货购进明细表。（假设销售方均为一般纳税人，增值税税率均为 13%，增值税专用发票、入库单略。下表均为不含税金额，增值税进项税额合计为 112 637.64 元，货款尚未支付）

12 月份部分存货购进明细表
2023 年 12 月 31 日

金额单位：元

品名	规格	单位	单价	购进数量	不含税金额
青岛啤酒	355ml	听	3.33	5 280	17 582.40
麦之初	450ml	听	5.50	3 000	16 500.00
95 张裕干红	750ml	瓶	128.00	500	64 000.00
沙丹妮	750ml	瓶	65.00	300	19 500.00
芝华士 12 年	750ml	瓶	195.00	250	48 750.00

续表

品名	规格	单位	单价	购进数量	不含税金额
人头马	450ml	瓶	238.00	300	71 400.00
果粒橙	355ml	瓶	3.50	672	2 352.00
可乐	350ml	听	1.80	1 600	2 880.00
雪碧	350ml	听	1.80	600	1 080.00
饼干		包	1.50	960	1 440.00
牛肉干		包	3.50	1 200	4 200.00
德芙巧克力		包	4.80	1 000	4 800.00
开心果		包	10.50	700	7 350.00
卤鸡爪		碟	3.20	480	1 536.00
萝卜干		碟	0.75	520	390.00
地瓜干		包	1.80	480	864.00
洽洽瓜子		包	2.80	480	1 344.00
旺仔牛奶		听	3.20	600	1 920.00
矿泉水		瓶	0.75	520	390.00
纯牛奶		盒	1.80	480	864.00
王老吉		听	2.80	600	1 680.00
神奇毛巾		个	7.50	150	1 125.00
沐浴液		瓶	3.50	150	525.00
洗发水		瓶	3.50	150	525.00
桶面		桶	3.33	2 400	7 992.00
粉丝		桶	3.33	1 200	3 996.00
纸巾		盒	1.75	1 000	1 750.00
餐厅用酒水					330 978.00
餐厅用饮料					98 730.00
香烟					150 000.00
合计					866 443.40

19.12月份酒吧含税收入。（各种收据、发票、挂账明细省略）

酒吧营业收入日报表

日期：2023年12月31日

单位：元

项目		本日收入	本月累计	结账方式	本日收入	本月累计
包厢费		6 708.00	60 980.00	现金	4 480.00	41636.00
食品		1 575.00	30 986.00	信用卡	21 101.00	192 634.00
酒水		20 672.00	192 038.00	微信	15 000.00	210 600.00
饮料		10 787.00	146 608.00			
杂项	低耗品赔偿	200.00	7 356.00			
	其他收入	155.00	6 902.00			
合计		40 581.00	444 870.00	—	40 581.00	444 870.00

批准：马秀丽　　　审核：李晓霞　　　制表：林兴兴

20.12月份，客房部含税收入。

客房部营业收入日报表

日期：2023年12月31日

单位：元

项目		本日收入	本月累计	结账方式	本日收入	本月累计
房租费		42 454.00	1 015 274.00	现金	6 480.00	132 000.00
加床		575.00	150 198.00	信用卡	12 985.00	392 634.00
电话费		672.00	58 560.00	会员卡	1 172.00	43 758.00
洗衣费		787.00	61 608.00	招待	938.00	14 736.00
迷你吧		671.00	91 602.00	协议单位挂账	9 451.00	205 734.00
杂项	布草赔偿	135.00	15 282.00	转客账	1 972.00	147 402.00
	低耗品赔偿	150.00	2 074.00	微信	13 000.00	460 236.00
	其他收入	80.00	1 902.00			
合计		45 998.00	1 396 500.00	—	45 998.00	1 396 500.00

批准：马秀丽　　　审核：李晓霞　　　制表：林兴兴

说明：为简化核算，结算方式中会员卡、协议单位挂账、转客账具体明细省略。（以下同）

21.12 月份酒店餐饮部含税收入。（东方国际大酒店招待费均为总经理招待客户）

餐饮部营业收入日报表

日期：2023 年 12 月 31 日　　　　　　　　　　　　　　单位：元

项目		本日收入	本月累计	结账方式	本日收入	本月累计
餐费	海鲜	42 454.00	551 142.00	现金	3 420.00	121 124.00
	食品	575.00	506 198.00	信用卡	12 985.00	392 634.00
酒水		672.00	58 560.00	会员卡	1 172.00	43 758.00
饮料		787.00	61 608.00	招待	938.00	14 736.00
杂项	布草赔偿	30.00	2 282.00	转客账	10 752.00	147 402.00
	低耗品赔偿	245.00	7 074.00	支付宝	16 060.00	471 112.00
	其他收入	100.00	3 902.00			
合计		45 327.00	1 190 766.00	—	45 327.00	1 190 766.00

批准：马秀丽　　　审核：李晓霞　　　制表：林兴兴

22.12 月份桑拿部含税收入。

桑拿部营业收入日报表

日期：2023 年 12 月 31 日　　　　　　　　　　　　　　单位：元

项目		本日收入	本月累计	结账方式	本日收入	本月累计
包间费		6 708.00	60 980.00	现金	6 020.00	22 106.00
食品		1 575.00	30 986.00	信用卡	21 101.00	192 634.00
推拿		20 672.00	226 038.00	微信	13 460.00	230 130.00
洗脚		10 787.00	121 608.00			
杂项	低耗品赔偿	130.00	2 356.00			
	其他收入	80.00	2 902.00			
合计		40 581.00	444 870.00	—	40 581.00	444 870.00

批准：马秀丽　　　审核：李晓霞　　　制表：林兴兴

23.结转12月份酒吧、客房部、餐饮部、桑拿部酒水饮料销售成本。(领料单省略)

12月份酒吧酒水饮料销售表

日期：2023 年 12 月 31 日 　　　　　　　　　　　　　　　　单位：元

类别	品名	规格	单位	单价	上月库存		本月领用/购进		本月销售	
					数量	金额	数量	金额	数量	金额
啤酒	青岛啤酒	355ml	听	3.33	489	1 628.37	5 280	17 582.40	4 671	15 554.43
	麦之初	450ml	听	5.50	873	4 801.50	2 640	14 520.00	1 733	9 531.50
葡萄酒	95张裕干红	750ml	瓶	128.00	37	4 736.00	120	15 360.00	154	19 712.00
	沙丹妮	750ml	瓶	65.00	72	4 680.00	120	7 800.00	167	10 855.00
	芝华士12年	750ml	瓶	195.00	3	585.00	12	2 340.00	13	2 535.00
	人头马	450ml	瓶	238.00	1	238.00	5	1 190.00	5	1 190.00
饮料	王老吉	355ml	听	2.80	49	137.20	672	1 881.60	532	1 489.60
	可乐	350ml	听	1.80	240	432.00	1 344	2 419.20	1 336	2 404.80
	雪碧	350ml	听	1.80	189	340.20	432	777.60	454	817.20
	合计					17 578.27		63 870.80		64 089.53

部门负责人：张美华　　　审核：黄仁英　　　制表：黄 芳

12月份酒吧食品销售表

日期：2023 年 12 月 31 日　　　　　　　　　　　　　　　　单位：元

品名	单位	单价	上月库存		本月领用/购进		本月销售	
			数量	金额	数量	金额	数量	金额
饼干	包	1.50	165	247.50	480	720.00	522	783.00
牛肉干	包	3.50	157	549.50	600	2 100.00	650	2 275.00
德芙巧克力	包	4.80	158	758.40	500	2 400.00	537	2 577.60
开心果	包	10.50	135	1 417.50	300	3 150.00	330	3 465.00
卤鸡爪	碟	3.20	146	467.20	480	1 536.00	485	1 552.00
萝卜干	碟	0.75	278	208.50	520	390.00	670	502.50
地瓜干	包	1.80	240	432.00	480	864.00	590	1 062.00
洽洽瓜子	包	2.80	168	470.40	480	1 344.00	434	1 215.20
合计				4 551.00		12 504.00		13 432.30

部门负责人：张美华　　　审核：黄仁英　　　制表：黄 芳

12 月份客房部消耗品领用和消耗表

日期：2023 年 12 月 31 日   单位：元

品名	单位	单价	上月库存		本月领用		本月消耗		本月库存	
			数量	金额	数量	金额	数量	金额	数量	金额
一次性牙膏	支	0.25	4 890	1 222.50	20 000	5 000.00	21 890	5 472.50	3 000	750.00
一次性牙刷	支	0.25	3 709	927.25	20 000	5 000.00	22 780	5 695.00	929	232.25
一次性拖鞋	双	0.70	3 240	2 268.00	10 000	7 000.00	12 678	8 874.60	562	393.40
洗发水	瓶	0.50	546	273.00	10 000	5 000.00	11 080	5 540.00	−534	−267.00
沐浴露	瓶	0.50	789	394.50	20 000	10 000.00	11 079	5 539.50	9 710	4 855.00
一次性圆珠笔	支	0.45	2 345	1 055.25	10 000	4 500.00	11 023	4 960.35	1 322	594.90
便签纸	本	0.50	50	25.00	1 000	500.00	980	490.00	70	35.00
纸巾	卷	0.80	325	260.00	1 000	800.00	1 289	1 031.20	36	28.80
小计				6 425.50		37 800.00		37 603.15		6 622.35

部门负责人：张美华   审核：黄仁英   制表：黄 芳

12 月份迷你酒吧销售明细表

日期：2023 年 12 月 31 日   单位：元

品名	单位	单价	上月库存		本月领用/购进		本月销售	
			数量	金额	数量	金额	数量	金额
饼干	包	1.50	165	247.50	480	720.00	522	783.00
牛肉干	包	3.50	157	549.50	600	2 100.00	650	2 275.00
德芙巧克力	包	4.80	158	758.40	500	2 400.00	537	2 577.60
开心果	包	10.50	135	1 417.50	300	3 150.00	330	3 465.00
旺仔牛奶	听	3.20	146	467.20	480	1 536.00	485	1 552.00
矿泉水	听	0.75	278	208.50	520	390.00	670	502.50
纯牛奶	听	1.80	240	432.00	480	864.00	590	1 062.00
王老吉	听	2.80	168	470.40	480	1 344.00	434	1 215.20
神奇毛巾	条	7.50	45	337.50	150	1 125.00	117	877.50
沐浴液	瓶	3.50	78	273.00	150	525.00	172	602.00
洗发水	瓶	3.50	65	227.50	150	525.00	170	595.00
合计				5 389.00		14 679.00		15 506.80

部门负责人：张美华   审核：黄仁英   制表：黄 芳

12 月份餐饮部销售明细表

日期：2023 年 12 月 31 日 　　　　　　　　　　　　　　　单位：元

品名	单位	上月库存 金额	本月领用/购进 金额	本月销售 金额	本月库存 金额
海鲜	—	7 906.00	158 970.00	131 098.00	35 778.00
食品	—	23 098.00	100 879.00	114 098.00	9 879.00
酒水	—	23 907.00	330 978.00	334 098.00	20 787.00
饮料	—	9 087.00	98 730.00	98 076.00	9 741.00
其他	—	893.00	10 923.00	9 067.00	2 749.00
合计		64 891.00	700 480.00	686 437.00	78 934.00

部门负责人：张美华　　　　审核：黄仁英　　　　制表：黄　芳

12 月份桑拿部销售明细表

日期：2023 年 12 月 31 日 　　　　　　　　　　　　　　　单位：元

品名	单位	单价	上月库存 数量	上月库存 金额	本月领用/购进 数量	本月领用/购进 金额	本月销售 数量	本月销售 金额
桶面	桶	3.33	489	1 628.37	2 400	7 992.00	2 871	9 560.43
粉丝	桶	3.33	873	2 907.09	1 200	3 996.00	1 733	5 770.89
旺仔牛奶	听	3.20	37	118.40	120	384.00	154	492.80
可乐	听	1.80	72	129.60	120	216.00	167	300.60
雪碧	听	1.80	12	21.60	108	194.40	88	158.40
纸巾	盒	1.75	1	1.75	5	8.75	5	8.75
合计				4 806.81		12 791.15		16 291.87

部门负责人：张美华　　　　审核：黄仁英　　　　制表：黄　芳

24.营业收入收到的现金存入银行。

ICBC 中国工商银行											现金存款凭条									
		2023 年 12 月 31 日																		

存款人：全称 东方国际大酒店
账号 4100029509200003635
开户行 中国工商银行中山支行
款项来源：营业款
交款人：林小云

			千	百	十	万	千	百	十	元	角	分
金额（大写） 人民币叁拾万元整			¥	3	0	0	0	0	0	0	0	0

票面	张数	十	万	千	百	十	元	角	分	票面	张数	千	百	十	元	角	分	备注
壹佰元	3000	3	0	0	0	0	0	0	0	伍角								
伍拾元										贰角								
贰拾元										壹角								
拾元										伍分								
伍元										贰分								
贰元										壹分								
壹元										其他								

工行中山支行现金收讫章

第一联 银行核对联

25.收回协议单位欠款。

ICBC 中国工商银行											进账单(收账通知) 3
	2023 年 12 月 31 日										No

出票人：全称 携程旅行社
账号 4505062615478898002
开户银行 中国银行湖滨支行

收款人：全称 东方国际大酒店
账号 4100029509200003635
开户银行 中国工商银行中山支行

金额 人民币（大写） 贰拾壹万捌仟玖佰元整	亿	千	百	十	万	千	百	十	元	角	分
			¥	2	1	8	9	0	0	0	0

票据种类	转账支票	票据张数	壹张
票据号码	20617895		

备注：

复核： 记账：

中国工商银行中山支行 转讫章
收款人开户银行签章

此联是收款人开户银行交给收款人的收账通知

26.接到银行通知，收到银联转账 1 197 000 元（本酒店和银联签订的合同规定银联的手续费是 0.25%，即该笔款应收账款为 1 200 000 元，财务费用为 3 000 元）。

ICBC 中国工商银行											进账单(收账通知) 3
	2023 年 12 月 31 日										No

出票人：全称 中国银联
账号 12247
开户银行 中行思明支行

收款人：全称 东方国际大酒店
账号 4100029509200003635
开户银行 中国工商银行中山支行

金额 人民币（大写） 壹佰壹拾玖万柒仟元整	亿	千	百	十	万	千	百	十	元	角	分
			¥	1	1	9	7	0	0	0	0

票据种类		票据张数	
票据号码			

备注：

复核： 记账：

中国工商银行中山支行 转讫章
收款人开户银行签章

此联是收款人开户银行交给收款人的收账通知

业务收费凭证

2023 年 12 月 31 日

户名：东方国际大酒店　　　　　账号：4100029509200003635

编号	起止号码	数量	数量				
			工本费	邮电费	手续费	其他	小计
	银联手续费				3,000.00		3,000.00
	合计						3,000.00

大写金额(人民币)：叁仟元整

划款方式：□现金　☑转账

科目(借)：

对方科目(贷)：

第三联：回单联

林有茂

27.12月份各部门从总仓领用办公用品汇总表。（领料单以行政人事部为例，其余部门省略）

12 月份各部门办公用品领用明细表

日期：2023 年 12 月 31 日　　　　　　　　　　　　　单位：元

部门	名称	金额
客房部	办公用品	150.00
餐饮部	办公用品	180.00
桑拿部	办公用品	80.00
酒吧	办公用品	120.00
商场部	办公用品	130.00
销售部	办公用品	100.00
行政人事部	办公用品	150.00
财务部	办公用品	230.00
工程部	办公用品	110.00
保安部	办公用品	50.00
合计		1 300.00

部门负责人：张美华　　　　审核：黄仁英　　　　制表：黄　芳

领　料　单

领料部门：行政人事部

用　途：消耗　　　　　　　2023 年 12 月 31 日　　　　　第　　002 号

材料			单位	数量		成本	总价								会
编号	名称	规格		请领	实发	单价	百	十	万	千	百	十	元	角	分	计
0015	水性笔		支	100	100	1.00					1	0	0	0	0	联
0023	铅笔		支	50	50	0.50						2	5	0	0	
0041	笔记本		本	25	25	1.00						2	5	0	0	
合计										¥	1	5	0	0	0	

部门经理：王洪　　　　会计：　　　　仓库：林涛　　　　经办人：

28.31日，支付12月份应分摊的借款利息。（短期借款150 000元，月利率0.72%）

银行利息凭证

户名：东方国际大酒店　　　　　2023 年 12 月 31 日　　　　　账号：410002950920000 3635

起息日	结息日	天数	积数	利率	利息
			千百十万千百十元角分		千百十万千百十元角分
2023年12月01日	2023年12月31日	31	1 5 0 0 0 0 0 0	0.72%	1 0 8 0 0 0
本　金	人民币壹拾伍万元整			利息合计	￥1 0 8 0 0 0
本息合计	人民币壹拾伍万壹仟零捌拾元整				

（银行盖章）

第三联 回单联

29.收到银行存款利息。

中国工商银行　业务回单（收款）

日期：2023 年 12 月 31 日　　回单编号：1534900002

付款人户名：中国工商银行中山支行　　　付款人开户行：工行中山支行
付款人账号（卡号）：400861965784257002
收款人户名：东方国际大酒店　　　　　收款人开户行：工行中山支行
收款人账号（卡号）：410002950920000 3635
金额：人民币玖佰伍拾元整　　　　　小写：950.00 元
业务（产品）种类：　　　　凭证种类：　　凭证号码：0000000000000000
摘要：第四季度结息　　　用途：结息　　币种：人民币
交易机构：0410000292　记账柜员：03741　交易代码：02108　渠道：柜面
起息日期：20231001　止息日期：20231231　利率：　　利息：

计息账户账号：410002950920000 3635

本回单为第一次打印，注意重复　　打印日期：2023 年 12 月 31 日　打印柜员：9　验证码：0A87640EF006

30.12月份员工餐费，以现金支付（发票略）。

12月份员工餐费分摊表

日期：2023 年 12 月 31 日　　　　　　　　　　　金额单位：元

部门	员工数（人）	占总数比重	食品	调料	燃料	合计	各部门应分摊费用
客房部	78	23%					2 494.10
餐饮部	95	28%					3 036.29
桑拿部	65	19%					2 060.34
酒吧	23	7%					759.07
商场	16	5%	8 341.90	1 782.00	720.00	10 843.90	542.19
销售部	15	4%					433.76
行政人事部	10	3%					325.32
财务部	9	3%					325.32
工程部	8	2%					216.88
保安部	20	6%					650.63
合计	339	100%	8 341.90	1 782.00	720.00	10 843.90	10 843.90

部门负责人：黄　颖　　审批：绞　杨　　制表：童　新

31.计提12月份工资。

工资结算汇总表

汇报单位：东方国际大酒店　　　　　2023 年 11 月 31 日　　　　　金额单位:元

部门名称	人员类别	职工人数	月标准工资	浮动工资	物价补贴	中夜班津贴	岗位工资	病假	事假	应付工资	房租	保险	水电	小计	合计工资	代扣个人所得税	实发工资
客房部	员工	20	30 000.00		1 500.00	2 400.00	2 000.00	400.00	1 000.00	34 500.00	—	2 400.00	1 000.00	3 400.00	31 100.00	200.00	30 900.00
	部门主管	1	2 000.00		100.00	150.00	200.00	20.00	30.00	2 400.00	—	120.00	100.00	220.00	2 180.00	20.00	2 160.00
餐饮部	员工	20	30 000.00		1 500.00	1 000.00	2 000.00	400.00	400.00	33 700.00	—	2 400.00	1 000.00	3 400.00	30 300.00	120.00	30 180.00
	部门主管	1	2 000.00		100.00	75.00	200.00	20.00	20.00	2 335.00	—	120.00	100.00	220.00	2 115.00	16.75	2 098.25
桑拿部	员工	10	15 000.00		750.00	1 200.00	1 000.00	200.00	250.00	17 500.00	—	1 200.00	1 000.00	2 200.00	15 300.00	100.00	15 200.00
	部门主管	1	2 000.00		100.00	120.00	200.00	25.00	25.00	2 370.00	—	120.00	100.00	220.00	2 150.00	7.50	2 142.50
酒吧	员工	10	15 000.00		750.00	1 200.00	750.00	200.00	200.00	17 300.00	—	1 200.00	1 000.00	2 200.00	15 100.00	110.00	14 990.00
	部门主管	1	2 000.00		100.00	150.00	200.00	20.00	0.00	2 430.00	—	120.00	100.00	220.00	2 210.00	10.50	2 199.50
商场	员工	25	37 500.00		2 500.00	2 500.00	2 500.00	500.00	500.00	44 000.00	—	3 000.00	2 500.00	5 500.00	38 500.00	175.00	38 325.00
	部门主管	1	2 000.00		150.00	150.00	200.00	20.00	10.00	2 470.00	—	120.00	100.00	220.00	2 250.00	12.50	2 237.50
工程部	员工	20	30 000.00		2 000.00	2 000.00	2 000.00	400.00	400.00	35 200.00	—	2 400.00	1 000.00	3 400.00	31 800.00	100.00	31 700.00
	部门主管	1	2 000.00		120.00	200.00	200.00	20.00	20.00	2 480.00	—	120.00	100.00	220.00	2 260.00	8.00	2 252.00
保安部	员工	15	15 000.00		1 500.00	3 000.00	1 500.00	0.00	0.00	21 000.00	—	1 800.00	1 500.00	3 300.00	17 700.00	52.50	17 647.50
	部门主管	1	2 500.00		200.00	350.00	200.00	15.00	20.00	3 215.00	—	120.00	100.00	220.00	2 995.00	65.50	2 929.50
企业管理人员		20	60 000.00	—	5 000.00	4 000.00	10 000.00	400.00	400.00	78 200.00	—	2 400.00	2 000.00	4 400.00	73 800.00	500.00	73 300.00
营销人员		20	30 000.00	—	1 500.00	2 400.00	2 000.00	400.00	1 000.00	34 500.00	—	2 400.00	1 000.00	3 400.00	31 100.00	125.00	30 975.00
财务部		20	40 000.00	—	2 000.00	1 000.00	3 000.00	200.00	400.00	45 400.00	—	2 400.00	1 000.00	3 400.00	42 000.00	189.00	41 811.00
合　计										279 000.00	—	22 440.00	13 700.00	36 140.00	342 860.00	1 812.25	341 047.75

会计主管：马秀丽　　　　　复核：王丽　　　　　制表：李晓霞

32. 按应发工资的 14% 计提职工福利费、2% 计提工会经费、8% 计提教育经费。（原始凭证同"工资结算汇点表"）

33. 支付 12 月份房屋设备折旧费 216 000 元。

12 月份折旧费摊销表

日期：2023 年 12 月 31 日　　　　　　　　　　　　　　　　单位：元

部门	房屋建筑物	设备	办公设备	运输工具	合计
客房部	30 120.00	9 240.00	9 600.00		48 960.00
餐饮部	24 000.00	8 700.00	5 420.00		38 120.00
桑拿部	21 960.00	5 600.00	4 500.00		32 060.00
酒吧	18 000.00	5 450.00	4 780.00		28 230.00
商场	20 800.00	4 720.00	3 560.00		29 080.00
行政人事部	12 000.00	3 500.00	2 700.00	2 470.00	20 670.00
财务部	7 730.00	2 400.00	1 400.00		11 530.00
保安部	5 000.00	1 500.00	850.00		7 350.00
合计	139 610.00	41 110.00	32 810.00	2 470.00	216 000.00

财务主管：马秀丽　　　　　　　　制单：李晓霞

34. 12 月份电费含税金额为 15 000.41 元（假设每度电 1 元），增值税税率为 13%，不含税金额为 13 274.70 元，增值税进项税额为 1 725.71 元，各部门按比例分配。（增值税专用发票略）

各部门用电分配表（1）

日期：2023 年 12 月 31 日

使用部门	分配率	耗用量（度）	不含税金额（元）
客房部	15%		1 991.20
餐饮部	20%		2 654.93
桑拿部	15%	15 000.41	1 991.20
酒吧	15%		1 991.20
商场	10%		1 327.47
合计			9 956.00

财务主管：马秀丽　　　　　　　　制单：李晓霞

各部门用电分配表（2）

日期：2023 年 12 月 31 日   单位：元

使用部门	分配率	耗用量（度）	不含税金额（元）
销售部	5%		663.74
行政人事部	5%		663.74
财务部	5%	15 000.41	663.74
工程部	5%		663.74
保安部	5%		663.74
合计			3 318.70

财务主管：马秀丽   制单：李晓霞

ICBC 中国工商银行　　进账单(回　单) 2

2023 年 12 月 31 日　　No

出票人	全　称	东方国际大酒店	收款人	全　称	北京市供电局
	账　号	4100029509200003635		账　号	6200085661765277589
	开户银行	中国工商银行中山支行		开户银行	中国银行朝阳支行

金额 人民币(大写) 壹万伍仟零肆拾壹分

亿	千	百	十	万	千	百	十	元	角	分
			¥	1	5	0	0	0	4	1

票据种类 转账支票　票据张数 壹张

票据号码 23909827

备注：

复核：　　记账：　　　　　　　　开户银行签章

此联是开户银行交给持出票人的回单

175×85mm GH066011

中国工商银行
转账支票存根
30909320
23909827

附加信息

出票日期 2023 年 12 月 31 日

收款人：北京市供电局

金　额：¥15000.41

用　途：支付电费

单位主管 马秀丽　会计 李晓霞

35.各部门分摊12月份的水费，含税金额为1 078.54元，增值税税率为9%，增值税进项税额为89.05元，不含税金额为989.49元。（行政部门省略，增值税专用发票省略）

各部门用水分配表

2023 年 12 月 31 日

使用部门	分配率	耗用量（立方米）	不含税金额（元）
客房部	20%		197.90
餐饮部	30%		296.85
桑拿部	30%		296.85
酒吧	20%		197.90
合计			￥989.49

财务主管：马秀丽　　　　　　　　　　制单：李晓霞

36.31 日，东方国际大酒店与虹泰食品有限公司签订购销合同一份，总金额 2 000 000 元，按印花税税率 0.03% 购贴印花税 600 元，以现金支付。

印花税纳税申报（报告）表

税款所属期：自 2023 年 12 月 31 日起 2023 年 12 月 31 日

填表日期：2023 年 12 月 31 日

金额单位：元至角分

纳税人信息	名称	东方国际大酒店			所属行业		服务业		☑ 单位　□ 个人	
	登记注册类型	有限责任公司			身份证件号码		350600199301210022			
	身份证件类型	居民身份证								
	联系方式	010-88098888								

应税凭证名称	计税金额(件数)	核定征收		适用税率	本期应纳税额	本期已缴税额	本期减免税额		本期应补（退）税额
		核定依据	核定比例				减免性质代码	减免额	
	1	2	3	4	5=1*4+2*3*4	6	7	8	9=5-6-8
购销合同	2,000,000.00			0.3‰	600.00				600.00
加工承揽合同				0.5‰					
建设工程勘察设计合同				0.5‰					
建筑安装工程承包合同				0.3‰					
财产租赁合同				1‰					
货物运输合同				0.5‰					
仓储保管合同				1‰					
借款合同				0.05‰					
财产保险合同				1‰					
技术合同				0.3‰					
产权转移书据				0.5‰					
营业账簿（记载资金的账簿）	…	…		0.5‰					
营业账簿（其他账簿）	…	…	…	5					
权利、许可证照	…	…	…	5					
合计				…					

以下由纳税人填写：

纳税人声明	此纳税申报表是根据国家印花税法律法规和国家有关税收规定填报的，是真实的、可靠的、完整的。		
纳税人签章		代理人签章	
纳税人签章		代理人签章	2023 年 12 月 31 日

以下由税务机关填写：

受理人		受理日期		代理人身份证号	
				受理税务机关签章	

本表一式两份，一份纳税人留存，一份税务机关留存。
减免性质代码、减免税额栏次由享受减免税的纳税人填写，未享受减免税的纳税人不需填写，具体减免性质代码按照最新版本的减免性质及分类与代码表中的最细项减免性质代码填写。

37.31 日，计算本月增值税并结转本月末交增值税，计提城建税和教育费附加。（四舍五入，保留两位小数）

12 月份增值税、城建税及教育费附加计算表　　　　　　金额单位:元

项目		含税收入	不含税收入	增值税税率	增值税销项税额合计	增值税进项税额合计	增值税加计抵减10%	应缴纳增值税	城建税	教育费附加
		①	②	③=①×②	合计④	⑤=④*10%	⑥=③-④-⑤	⑦=⑥×7%	⑧=⑥×3%
酒吧收入		444 870	419 688.68	6%	25 181.32	—	—	—	—	—
客房收入	电话费	58 560	53 724.77	9%	4 835.23	—	—	—	—	—
	迷你吧	91 602	81 063.72	13%	10 538.28	—	—	—	—	—
	其他	1 246 338	1 175 790.57	6%	70 547.43	—	—	—	—	—
餐饮收入		1 190 766	1 123 364.15	6%	67 401.85	—	—	—	—	—
桑拿收入		444 870	419 688.68	6%	25 181.32	—	—	—	—	—
合计					203 685.44	117 629.23	11 762.92	74 293.28	5 200.53	2 228.80

注：该酒店符合增值税加计抵减政策。

38.结转损益。

39.计算 12 月份利润总额，汇算 2023 年度企业所得税，按汇算结果计提企业所得税。假设 2023 年 1—11 月份实现利润 150 万元，已计提和预缴企业所得税 37.50 万元，应纳税所得额和利润总额相等。

第二部分　旅行社综合实训

（一）旅行社基本信息

项　　目	内　　容
企业名称	北京市奇瑞旅行社(假设企业注册所在地为北京市,一般纳税人)
企业类型	服务业
法人代表	黄思贤
财务主管	李达芬
会计	杨舒华
出纳	李莉
统一社会信用代码	9111 0101 0890 2890 27
开户行名称	中国银行海滨支行
开户行账号	4100056352456675668
地址、电话	北京市鼓楼南街 17 号　010-80135768

（二）北京市奇瑞旅行社会计核算相关说明

1.旅行社以人民币为记账本位币（核算中金额计算保留至分位），记账文字为中文。

2.旅行社为增值税一般纳税人。

本实训为简化核算，业务并不全面，每个旅游团的收支不够完整，故应纳增值税的计

算直接采用销项税额减去进项税额的方法。与本书第三章旅行社增值税差额征税的计算方法（应纳增值税=差额销售额/(1+6%)×6%-可抵扣的进项税）稍有不同。

本实训中旅行社各项收入均按照6%的税率计税。

旅行社当期取得的增值税专用发票，按照现行增值税制度规定当期准予抵扣，均已认证且于当期一次性扣除。

3.旅行社地处北京市区，使用的城市维护建设税税率为7%，教育费附加征收率为3%，不考虑地方教育费附加。

4.旅行社按规定代扣代缴个人所得税。

5.旅行社符合小微企业条件，企业所得税税率为20%，按季计提和预缴，年终汇算清缴，年终应纳税所得额与会计利润相等。

小型微利企业年应纳税所得额不超过300万元的，减按25%计算应纳税所得额，按20%的税率缴纳企业所得税的政策，延续执行至2027年12月31日。（详见财政部、税务总局公告2023年第19号）

6.租赁合同印花税税率为0.1%。

本实训中，旅行社不享受其他税收优惠政策，不考虑除上述税费以外的其他税费。

（三）北京市奇瑞旅行社2023年12月1日科目余额

北京市奇瑞旅行社

2023年12月1日科目余额表 单位：元

科目编号和名称			期初余额	
科目编号	总账科目	明细科目	借方	贷方
1001	库存现金		10 000.00	
100201	银行存款	中国银行海滨支行	187 070.00	
122101	其他应收款	质保金	200 000.00	
16010101		房屋建筑物——办公楼	1 000 000.00	
16010201	固定资产	通用设备——办公设备	50 000.00	
16010301		交通工具——大巴	1 500 000.00	
16010302		交通工具——小汽车	300 000.00	
1602	累计折旧			1 159 075.00
2001	短期借款			100 000.00
220201	应付账款	苏州旅行社		70 000.00
221101	应付职工薪酬	工资		88 000.00
222102		未交增值税		1 000.00
222114	应交税费	应交城市维护建设税		70.00
222115		应交教育费附加		30.00
4001	实收资本			1 000 000.00
4101	盈余公积			39 321.67
4103	本年利润			475 000.00
410415	利润分配	未分配利润		314 573.33
合计			3 247 070.00	3 247 070.00

（四）2023年12月奇瑞旅行社发生的经济业务

1.1日，计调部张燕借差旅费3 000元，奇瑞旅行社以现金支付。

借 款 单

2023年 12月 01日

借款部门	计调部	姓名	张燕		事由	出差		
借款金额（大写）		零万 叁仟 零佰 零拾 零元 零角 零分					￥ 3,000.00	
领导审批	同意. 黄思贤	财务审批	同意. 李达芬		部门审批	同意. 王艳	出纳付款	同意. 李莉
借款人		张 燕			备注			

2.1日，拨付给导游部备用金10 000元。

借 款 单

2023年 12月 01日

借款部门	导游部	姓名	唐宁		事由	备用金		
借款金额（大写）		壹万 零仟 零佰 零拾 零元 零角 零分					￥ 10,000.00	
领导审批	同意. 黄思贤	财务审批	同意. 李达芬		部门审批	同意. 马旭	出纳付款	同意. 李莉
借款人		唐 宁			备注			

3.1日，收到红星公司（美国A0013团）预付款40 000元。

中国银行 进账单 (收账通知) 3

2023年 12月 01日

出票人	全 称	红星公司	收款人	全 称	北京市奇瑞旅行社	此联是收款人开户银行交给收款人的收账通知
	账 号	4100056589456003872		账 号	4100056352456675668	
	开户银行	中国银行朝阳支行		开户银行	中国银行海滨支行	

金额	人民币（大写）	肆万元整	亿 千 百 十 万 千 百 十 元 角 分
			￥ 4 0 0 0 0 0 0

票据种类	转账支票	票据张数	壹张
票据号码	20617232		

备注：

复核：　　　　　记账：　　　　　　　　　　　转讫章　　开户银行签章

4.2日，接待零星散客一日游，收到现金5 000元，发票略。

旅游费用结算通知单

计划号	786	国别	中国	旅行社名称	奇瑞旅行社	人数	10
旅行团名		C0018		旅行团名称		自由人	
旅行等级				全陪姓名		黄英	
旅客到离时间			2023年12月02日08时—2023年12月02日18时				

项目		拨款结算				
			单价	计价单位	计价数量	金额	合计金额

项目			单价	计价单位	计价数量	金额	合计金额
旅行团综合服务费		综合服务费	人	元	10	200.00	2 000.00
		住宿费	人	元			
		午餐费	人	元			
		晚餐费	人	元			
		派出全程陪同劳务	人	元	10	50.00	500.00
	计划内拨款	游江费	人	元			
		风味费	人	元			
		特殊门票费	人	元			
		托运费	人	元	10		1 000.00
		文娱费	人	元			
	合计						3 500.00
旅游者交通费	交通费		人	元	10	150.00	1 500.00
总计							5 000.00

批准：林霞　　　审核：黄金金　　　制表：王凌

收款收据

NO. 6013557

2023年12月02日

今收到 一日游团队交来旅游费用。

金额（大写） 零拾 零万 伍仟 零佰 零拾 零元 零角 零分

￥5 000.00　☑现金　□支票　□信用卡　□其他

核准　　会计 杨舒华　　记账　　出纳 李莉　　经手人

5.3日，收到向上海国际旅行社提供当地导游翻译人员的费用3 000元。

6.12月3日，代京苑公司（B0014团）购买去美国旅游的机票，收取手续费5 980元。

7.4日，收到国内组团外联（C0019团）预付款30 000元，以现金收取。

8.4日，红星公司（美国A0013团）到上海游玩要求增加旅游日程表里没有的当地风味小吃，增加旅游景点一个，需增加旅游费5 000元，款项以现金收取。

收 款 收 据   NO. 6013559

2023 年 12 月 04 日

今 收 到 ___红星公司（美国A0013团）交来地游及加项服务费.___

金额（大写）　零拾　零万　伍仟　零佰　零拾　零元　零角　零分

¥ 5,000.00　☑现金　□支票　□信用卡　□其他

核准　　会计 杨舒华　记账　　出纳 李莉　　经手人

收款单位（盖章）

财务专用章

第一联存根联

9.7 日，总经理去上海参加一个关于旅游的年会回来，报销差旅费 1 589 元。

差旅费报销单

报销部门: 行政管理部　　　2023 年　12 月　08 日

姓名	林立南	职务	行政专员	出差事由	参加旅游年会				
出差起止日期自 2023 年 12 月 05 日起至 2023 年 12 月 07 日共 3 天 附单据 张									

日期		起讫地点	差旅补助			交通费	住宿费	会务费	其他	小计
月	日		天数	标准	金额					
12	05	北京—上海				651.00	438.00		500.00	1589.00
		合计								1589.00

合计人民币（大写）壹仟伍佰捌拾玖元整

预领金额: 0.00 元　　交（退）回金额: 0.00 元　应补付金额 ¥1589.0 元

现金付讫

单位负责人: 黄思贤　　会计主管: 杨舒华　　部门主管: 李达芬　　报销人: 林立南

10.7 日，美国 A0013 团离境后，红星公司转来组团外联收入余款 60 000 元。

中国银行 进账单 (收账通知) **3**

2023 年　12 月　07 日

出票人	全称	红星公司		收款人	全称	北京市奇瑞旅行社										
	账号	4100056589456003872			账号	4100056352456675668										
	开户银行	中国银行朝阳支行			开户银行	中国银行海滨支行	亿	千	百	十	万	千	百	十	元	角	分
金额	人民币（大写）陆万元整									¥	6	0	0	0	0	0	0
票据种类	转账支票		票据张数	壹张												
票据号码	30548802															
备注:																
复核:		记账:					开户银行签章									

转讫章

此联是收款人开户银行交给收款人的收账通知

旅游费用结算通知单

计划号	785	国别	美国	旅行社名称	奇瑞旅行社	人数	25
旅行团名	A0013		旅行团名称		加州阳光		
旅行等级			全陪姓名				
旅客到离时间	2023 年 12 月 1 日 11 时到用午餐—2023 年 12 月 6 日 14 时用完午餐						

项目		拨款结算				
		单价	计价单位	计价数量	金额	合计金额
旅行团综合服务费	综合服务费	人	元			
	住宿费	人	元	25	1 234.40	30 860.00
	午餐费	人	元	25	941.60	23 540.00
	晚餐费	人	元			
	派出全程陪同劳务费	人	元	25	200.00	5 000.00
	计划内拨款 游江费	人	元			
	风味费	人	元			
	特殊门票费	人	元			
	附加费	人	元			
	文娱费	人	元	25	624.00	15 600.00
	合计					75 000.00
旅游者交通费	交通费	人	元	25	1 000.00	25 000.00
总计						100 000.00

批准：林霞　　　　审核：黄金金　　　　制表：王凌

北京增值税专用发票　No 30961861

1100062650

校验码 86542 56959 46200 15436

此联不作报销 扣税凭证使用

开票日期：2023年12月07日

密码区：<413-3001152-/7142>>8088023-65745<19458<3840481700**015/37503848*7>234504>-00*0022//5>*8574567-7<8*87309-891

购买方	名称：红星公司 纳税人识别号：911101010656778899 地址、电话：北京市鼓楼北街129号 010-80107263 开户行及账号：中国银行朝阳支行 4100056589456003872

货物或应税劳务、服务名称	规格型号	单位	数量	单价	金额	税率	税额
*现代服务*综合服务费					70754.72	6%	4245.28
*旅游服务*旅游交通费					23584.91	6%	1415.09
合计					¥94339.63		¥5660.37

价税合计（大写）　⊗壹拾万元整　（小写）¥100000.00

销售方	名称：北京市奇瑞旅行社 纳税人识别号：911101010890289027 地址、电话：北京市鼓楼南街17号 010-80135768 开户行及账号：中国银行海滨支行 4100056352456675668	备注

收款人：　　　复核：　　　开票人：梁丽　　　销售方：（奇瑞旅行社发票专用章 911101010890289027）

第一联：记账联 销售方记账凭证

11.8 日，确认组团外联收入（C0019 团）60 000 元，已预收 30 000 元，其余款项尚未收取。

北京增值税专用发票 No 30961862

校验码 86542 56959 46200 15437
此联不作报销扣税凭证使用
开票日期：2023年12月08日

购买方
名 称：红星公司
纳税人识别号：911010106567788899
地址、电话：北京市鼓楼北街129号 010-80107263
开户行及账号：中国银行朝阳支行 4100056589456003872

密码区
<413-3001152-/7142>>8088023
-65745<19458<3840481700**01
5/37503848*7>234504>-00*002
2//5>*8574567-7<8*87309-891

货物成税税劳务、服务名称	规格型号	单位	数量	单价	金 额	税率	税 额
*旅游服务*组团外联费					56603.77	6%	3396.23
合 计					¥56603.77		¥3396.23

价税合计（大写）⊗陆万元整 （小写）¥60000.00

销售方
名 称：北京市奇瑞旅行社
纳税人识别号：911101010890289027
地址、电话：北京市鼓楼南街17号 010-80135768
开户行及账号：中国银行海滨支行 4100056352456675668
备注 911101010890289027

收款人： 复核： 开票人：梁丽 销售方：

第一联：记账联 销售方记账凭证

12.8 日，确认应付苏州旅行社综合服务费 40 000 元，款项尚未支付。

江苏增值税专用发票 No 32961856

校验码 86542 58959 46200 15402
发 票 联
开票日期：2023年12月08日

购买方
名 称：北京市奇瑞旅行社
纳税人识别号：911101010890289027
地址、电话：北京市鼓楼南街17号 010-80135768
开户行及账号：中国银行海滨支行 4100056352456675668

密码区
<413-3001152-/7142>>8088023
-65745<19458<3840481700**01
5/37503848*7>234504>-00*002
2//5>*8574567-7<8*87309-891

货物成税税劳务、服务名称	规格型号	单位	数量	单价	金 额	税率	税 额
*现代服务*综合服务费					37735.85	6%	2264.15
合 计					¥37735.85		¥2264.15

价税合计（大写）⊗肆万元整 （小写）¥40000.00

销售方
名 称：苏州旅行社
纳税人识别号：913320500830078354
地址、电话：苏州市吴中区东环南路189号 0512-65976590
开户行及账号：中国银行苏北支行 451074904167527089
备注 913320500830078354

收款人： 复核： 开票人：王志 销售方：

第三联：发票联 购买方记账凭证

13.10 日，出纳员到银行提取现金 88 000 元，用于发放 11 月份工资。（自行练习支票的填写）

工资结算汇总表

汇报单位：北京市奇瑞旅行社　　　2023 年 11 月 30 日　　　　　　　　金额单位:元

部门名称	职工人数	工资	加班	其他	应付工资	代扣工资	合计工资	代扣个人所得税	实发工资
销售部	3	9 000		1 500	10 500		10 500		10 500
计调部	5	15 000		2 500	17 500		17 500		17 500
导游部	10	10 000		20 000	30 000		30 000		30 000
行政管理部(含财务、人力资源、办公室、高层管理等)	10	30 000		0	30 000		30 000		30 000
合计	28	64 000	0	24 000	88 000	0	88 000	0	88 000

财务主管：李达芬　　　　　　　　制表：杨舒华

14.支付11月份增值税、城建税及教育费附加共计1 100元，从银行直接扣款。

增 值 税 及 附 加 税 费 申 报 表

（一般纳税人适用）

根据国家税收法律法规及增值税相关规定制定本表。纳税人不论有无销售额，均应按税务机关核定的纳税期限填写本表，并向当地税务机关申报。

税款所属时间：自 2023 年 11 月 01 日至 2023 年 11 月 30 日　　　　填表日期：2023 年 12 月 10 日　　　　金额单位：元（列至角分）

纳税人识别号(统一社会信用代码)：　　　　　　　　　　　　　　　　　　　　　　　　所属行业：

纳税人名称：		法定代表人姓名：		注册地址：	生产经营地址：	
开户银行及账号		登记注册类型：			电话号码：	

	项　目	栏次	一般项目		即征即退项目	
			本月数	本年累计	本月数	本年累计
销售额	（一）按适用税率计税销售额	1				
	其中：应税货物销售额	2				
	应税劳务销售额	3	16666.67			
	纳税检查调整的销售额	4				
	（二）按简易办法计税销售额	5				
	其中：纳税检查调整的销售额	6				
	（三）免、抵、退办法出口销售额	7		——		——
	（四）免税销售额	8				——
	其中：免税货物销售额	9				——
	免税劳务销售额	10				——
税款计算	销项税额	11	1000.00			
	进项税额	12				
	上期留抵税额	13				——
	进项税额转出	14				
	免、抵、退应退税额	15				——
	按适用税率计算的纳税检查应补缴税额	16				——
	应抵扣税额合计	17=12+13-14-15+16	——			——
	实际抵扣税额	18（如17<11，则）				——
	应纳税额	19=11-18	1000.00			
	期末留抵税额	20=17-18				——
	简易计税办法计算的应纳税额	21				
	按简易计税办法计算的纳税检查应补缴税额	22				——
	应纳税额减征额	23				
	应纳税额合计	24=19+21-23	1000.00			
税款缴纳	期初未缴税额（多缴为负数）	25				
	实收出口开具专用缴款书退税额	26				——
	本期已缴税额	27=28+29+30+31				
	①分次预缴税额	28		——		——
	②出口开具专用缴款书预缴税额	29		——		——
	③本期缴纳上期应纳税额	30				
	④本期缴纳欠缴税额	31				
	期末未缴税额（多缴为负数）	32=24+25+26-27	1000.00			
	其中：欠缴税额（≥0）	33=25+26-27	——			——
	本期应补（退）税额	34=24-28-29	1000.00			
	即征即退实际退税额	35				——
	期初未缴查补税额	36				——
	本期入库查补税额	37				——
	期末未缴查补税额	38=16+22+36-37				——
附加税费	城市维护建设税本期应补（退）税额	39	70.00			
	教育费附加本期应补（退）费额	40	30.00			
	地方教育附加本期应补（退）费额	41				——

声明：此表是根据国家税收法律法规及相关规定填写的，本人（单位）对填报内容（及附带资料）的真实性、可靠性、完整性负责。

纳税人（签章）：　　　　　年　月　日

经办人：	受理人：
经办人身份证号：	
代理机构签章：	受理税务机关（章）：
代理机构统一社会信用代码：	受理日期：　　年　月　日

15.11 日，计调部张燕报销 8 日去厦门差旅费 3 300 元（各种车票、住宿票省略），未取得增值税专用发票，不足部分以现金付讫。

差旅费报销单

2023 年 1 月 1日   单据及附件共　张

所属部门		计调部		姓名	张燕		出差事由	线路考察		
出发		到达		起止地点		交通费	住宿费	伙食费	其他	
月	日	月	日							
12	08	12	10	北京—厦门		2,000.00	800.00		500.00	

合计	大写金额：人民币叁仟叁佰元整	￥3,300.00	预支旅费	3,000.00	退回金额	0.00
					补付金额	300.00

总经理：　　财务经理：　　会计：杨舒华　　出纳：李莉　　部门经理：李达芬　　报销人：张燕

16.15 日，为扩大经营项目，提高企业知名度，委托闪念广告有限公司在电视台做一期企业文化报道，花费 3 000 元，闪念广告有限公司为一般纳税人。

北京增值税专用发票　No 30961863

1100062650　　　　　　　　　　　　　　1100062650
　　　　　　　　　　　　　　　　　　　　30961863

校验码 86542 56959 46200 15987　　开票日期：2023年12月15日

| 购买方 | 名　称：北京市奇瑞旅行社
纳税人识别号：911101010890289027
地址、电话：北京市鼓楼南街17号 010-80135766
开户行及账号：中国银行海滨支行 4100056352456675668 | 密码区 | <413-3001152-/7142>>8088023
-65745<19458<3840481700**01
5/37503848*7>234504>-00*002
2//5>*8574567-7<8*87309-891 |

货物或应税劳务、服务名称	规格型号	单位	数量	单价	金额	税率	税额
*广告服务*广告投放					2830.19	6%	169.81
合　计					￥2830.19		￥169.81

价税合计（大写）　⊗叁仟元整　　　　　　　　　　　（小写）￥3000.00

| 销售方 | 名　称：闪念广告有限公司
纳税人识别号：911101688920869698
地址、电话：北京市中山路2-128号 010-80485980
开户行及账号：中国银行海滨支行 4100486689456423990 | 备注 | |

收款人：　　复核：　　开票人：冯暖暖　　销售方：（章）

第三联：发票联 购买方记账凭证

中国银行 进账单（收账通知）3

2023 年 12 月 15 日

出票人	全　称	北京市奇瑞旅行社	收款人	全　称	闪念广告有限公司											
	账　号	4100056352456675668		账　号	4100486689456423990											
	开户银行	中国银行海滨支行		开户银行	中国银行海滨支行	亿	千	百	十	万	千	百	十	元	角	分
金额	人民币（大写）	叁仟元整								￥	3	0	0	0	0	0
票据种类	转账支票		票据张数	壹张												
票据号码	23097156															

复核：　　记账：　　　　　　　　　　　　　　开户银行签章

此联是由开户银行交给持票人的回单

17.12月份购买印花税票530元，以现金支付。

报 销 单

填报日期：2023 年 12 月 20 日　　　　　　　单据及附件共　　张

姓名	冯云	所属部门	行政管理部	报销形式	现金		
				支票号码			
报销项目		摘 要			金 额	备注	
税票报销		印花税票			530.00		
合 计					￥530.00	现金付讫	

金额大写：零拾 零万 零仟 伍佰 叁拾 零元 零角 零分　　原借款：　0.00元　应退(补)款：530.00元

总经理：李达芬　财务经理：　部门经理：　会计：杨舒华　出纳：李莉　报销人：冯云

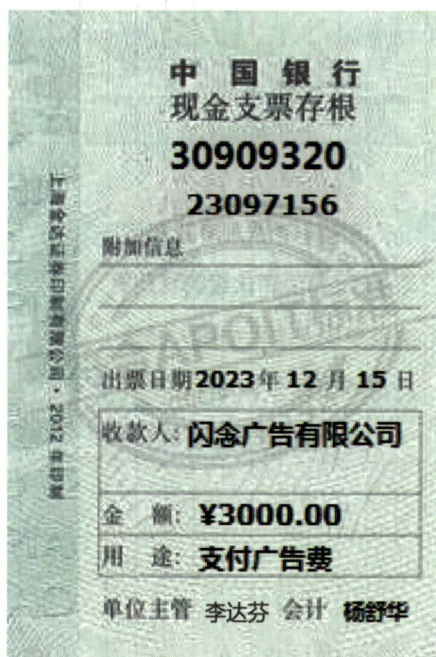

中 国 银 行
现金支票存根
30909320
23097156

附加信息　＿＿＿＿＿＿＿＿

出票日期 **2023** 年 **12** 月 **15** 日

收款人：	**闪念广告有限公司**
金 额：	**￥3000.00**
用 途：	**支付广告费**

单位主管 **李达芬** 会计 **杨舒华**

税款所属期限：自 2023 年 11 月 01 日至 2023 年 12 月 30 日　　　　　　　　　　　　　　　　　　金额单位：元至角分

印花税纳税申报（报告）表

填表日期：2023 年 12 月 15 日

纳税人识别号：

纳税人信息	名称	北京市峡篇旅游社		行业	旅游行业	
	登记注册类型					□单位　□个人
	身份证件类型			身份证件号码		
	联系方式					

应税凭证名称	计税金额或件数 1	核定征收 核定收入 2	核定比例 3	适用税率 4	本期应纳税额 5=1*4+2*3*4	本期已缴税额 6	本期减免税额 减免性质代码 7	减免额 8	本期应补（退）税额 9=5-6-8
购销合同				0.3‰					
加工承揽合同				0.5‰					
建设工程勘察设计合同				0.5‰					
建筑安装工程承包合同				0.3‰					
财产租赁合同	530,000.00			1‰	530.00	530.00			0.00
货物运输合同				0.5‰					
仓储保管合同				1‰					
借款合同				0.05‰					
财产保险合同				1‰					
技术合同				0.3‰					
产权转移书据				0.5‰					
营业账簿（记载资金的账簿）			……	0.5‰					
营业账簿（其他账簿）			……	5					
权利、许可证照			……	5					
合计	……								

以下由纳税人填写：

纳税人声明	此纳税申报表是根据《中华人民共和国印花税暂行条例》和国家有关税收规定填报的，是真实的、可靠的、完整的。	
纳税人签章		代理人签章
纳税人盖章		代理人身份证号
受理人		税务机关盖章
受理日期	年　月　日	

主要：（一份）一份纳税人留存，一份税务机关留存。
减免性质代码：一律按照《国家税务总局发布的最新减免税政策代码表》中最新的减免性质代码填报。

18.12月31日，支付长江客运站12月份的订票费2 300元。

中国银行
转账支票存根
30909320
23097153

附加信息

出票日期 **2023** 年 **12** 月 **31** 日
收款人： **长江客运站**
金　额： **¥2300.00**
用　途： **订票费**
单位主管 李达芬 会计 杨舒华

中国银行 进账单 (收账通知) 3

2023 年 12 月 31 日

出票人	全称	北京市奇瑞旅行社		收款人	全称	长江客运站
	账号	4100056352456675668			账号	4702558014192693309
	开户银行	中国银行海滨支行			开户银行	招商银行长江支行

金额	人民币(大写) 贰仟叁佰元整	亿千百十万千百十元角分 ¥ 2 3 0 0 0 0

| 票据种类 | 转账支票 | 票据张数 | 壹张 |
| 票据号码 | 23097153 | | |

复核：　　　　记账：

转讫章　开户银行签章

1100062650

北京增值税专用发票　№ 30961864

1100062650
30961864

校验码 86542 56959 46200 15436

开票日期：2023年12月31日

| 购买方 | 名称：北京市奇瑞旅行社 |
| 纳税人识别号：911101010890289027 |
| 地址、电话：北京市鼓楼南街17号 010-80135768 |
| 开户行及账号：中国银行海滨支行 4100056352456675668 |

密码区 <413-3001152-/7142>8088023-65745<19458<3840481700**015/37503848*7>234504>-00*0022//5>*8574567-7<8*87309-891

货物或应税劳务、服务名称	规格型号	单位	数量	单价	金额	税率	税额
*运输服务*客运费					2110.09	9%	189.91
合　计					¥2110.09		¥189.91

价税合计(大写) ⊗贰仟叁佰元整　　(小写)¥2300.00

| 销售方 | 名称：长江客运站 |
| 纳税人识别号：911101010900679034 |
| 地址、电话：北京市鼓楼南街98号 010-80435724 |
| 开户行及账号：招商银行长江支行 4702558014192693309 |

备注

收款人：　　　复核：　　　开票人：林丽　　　销售方：(章)

19. 31 日，计算出 12 月份苏州旅行社代垫的签证费 10 987 元，款项尚未支付。

20. 导游员王超报销 12 月份为旅客支付的人身保险费 1 345 元，以现金支付。

报 销 单

填报日期：2023 年 12 月 31 日

单据及附件共 1 张

姓名	王超	所属部门	综合服务部	报销形式	现金
				支票号码	11023672

报销项目	摘 要	金 额	备注：
人身保险费	人身保险费	1345.00	
合 计			现金付讫

金额大写 零 拾 零 万 壹 仟 叁 佰 肆 拾 伍 元 零 角 零 分　　原借款：0.00元　　应退（补）款：1345.00元

总经理：黄恩贤　　财务经理：李达芬　　部门经理：郭子英　　会计：杨舒华　　出纳：季莉　　报销人：王超

21.31日，收到12月份电费账单，共计250元，经与电表度数核对无误后，以银行存款支付。

1100062650
北京增值税专用发票　№ 30961865

1100062650
30961865

校验码 86542 56959 46200 10123

发票联

开票日期：2023年12月31日

购买方	名　　称：北京市奇瑞旅行社 纳税人识别号：9111010108902289027 地址、电话：北京市鼓楼南街17号 010-80135768 开户行及账号：中国银行海滨支行 4100056352456675668	密码区	<413-3001152-/7142>>8088023 -65745<19458<3840481700**01 5/37503848*7>234504>-00*002 2//5>*8574567-7<8*87309-891

货物或应税劳务、服务名称	规格型号	单位	数量	单价	金额	税率	税额
*供电*电费		度	250	0.88	221.24	13%	28.76
合　　计					￥221.24		￥28.76

价税合计（大写）　⊗贰佰伍拾元整　　　（小写）￥250.00

销售方	名　　称：北京市供电局 纳税人识别号：9111011608306698459 地址、电话：北京市中关村东大街98号 010-88326459 开户行及账号：中国银行朝阳支行 6200085661765277589	备注	911101160830698456 发票专用章

收款人：　　　复核：　　　开票人：张海　　　销售方：

中国银行 进账单 (回 单) 1

2023 年 12 月 31 日

出票人	全 称	北京市奇瑞旅行社	收款人	全 称	北京市供电局										
	账 号	4100056352456675668		账 号	6200085661765277589									
	开户银行	中国银行海滨支行		开户银行	中国银行朝阳支行	亿	千	百	十	万	千	百	十	元	角	分
金额	人民币 (大写)	贰佰伍拾元整									￥	2	5	0	0	0
票据种类	转账支票		票据张数	壹张											
票据号码	23097155					转讫章									

复核：　　　记账：　　　　　　　　　　　　开户银行签章

此联是由开户银行交给持票人的回单

中　国　银　行
转账支票存根
30909320
23097155
附加信息

出票日期 2023 年 12 月 31 日
收款人：北京市供电局

金　额：¥250.00
用　途：支付电费
单位主管 李达芬　会计 杨舒华

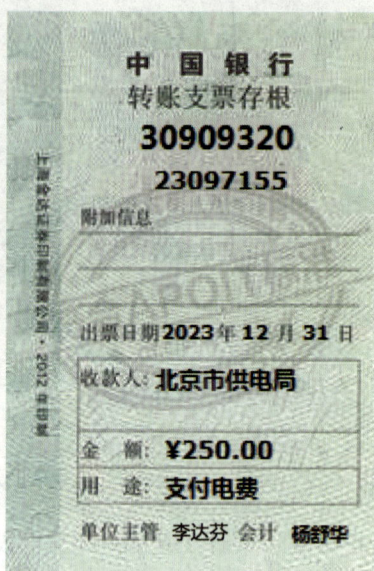

22.计提12月份固定资产折旧。

固定资产折旧计提表

2023 年 12 月 31 日　　　　　　　　　　　　　　　　　金额单位：元

部门	固定资产名称	原值	折旧年限	残值	月折旧率	月折旧额
营业部门	大巴	1 500 000	10	2%	0.82%	12 250.00
	办公设备	20 000	5	1%	1.65%	330.00
	房屋（办公楼）	1 000 000	50	3%	0.16%	1 616.67
行政管理部门	办公设备	30 000	5	1%	1.65%	495.00
	小汽车	300 000	15	2%	0.54%	1 633.33
合计		2 850 000				16 325.00

财务主管：李达芬　　　　　　　　　　制表：杨舒华

23.计算12月份工资。

工资结算汇总表

汇报单位：奇瑞旅行社　　　　2023 年 12 月 31 日　　　　　　金额单位：元

部门名称	职工人数	工资	加班	其他	应付工资	代扣工资	合计工资	代扣个人所得税	实发工资
销售部	3	9 000		1 500	10 500		10 500		10 500
计调部	5	15 000		2 500	17 500		17 500		17 500
导游部	10	10 000		18 000	28 000		28 000		28 000
行政管理部门（含财务、人力资源、办公室、高层管理等）	10	30 000		5 000	35 000		35 000		35 000
合计	28	64 000	0	27 000	91 000	0	91 000	0	91 000

财务主管：李达芬　　　　　　　　　　制表：杨舒华

24.12月份购买办公用品257元，收到优级文具批发部寄来的账单和发票，款项尚未支付。

销售明细表

单位：北京市奇瑞旅行社　　　　　　　　　2023-12-31

商品	规格	数量	金额	应收款
文件夹	324×375　78k	50	120.00	120.00
笔记本	400×350　30k	100	100.00	100.00
水笔	0.5mm	37	37.00	37.00
合计			￥257.00	￥257.00

主管：王林丽　　　　　　　　　制表：侯敏敏

25.计算12月份应纳增值税、城建税和教育费附加（保留两位小数）。

12月份应纳增值税、城建税和教育费附加计算表　　　　金额单位：元

项目	金额	增值税税率	税额
收入及增值税销项税额合计①	168 849.08		10 130.92
其中：组团外联收入	56 603.77	6%	3 396.23
综合服务收入	94 339.63	6%	5 660.37
劳务收入	2 830.10	6%	169.81
地游及加项收入	4 717.09	6%	283.00
票务收入	5 641.51	6%	338.49
零星服务收入	4 716.98	6%	283.02
直接成本(替游客支付给外单位的不含税成本费用)及增值税进项税额合计②	50 211.03		3 075.97
其中：综合服务费	37 735.85	6%	2 264.15
订票费	2 110.09	9%	189.91
签证费	10 365.09	6%	621.91
差额销售额的增值税③=①-②			7 054.95
其他可抵扣进项税额合计④(含电费、广告费、办公用品、差旅费等增值税专用发票)			318.08
12月份应纳增值税税额⑤=③-④			6 736.87
12月份应纳城建税税额⑥=⑤×7%			471.58
12月份应纳教育费附加⑦=⑤×3%			202.11

注：第三章旅行社增值税的计算方法为：应纳增值税税额=差额销售额/（1+6%）×6%-可抵扣的进项税额。而本综合实训因业务不全，每个旅游团的收支没那么明确，故应纳增值税的计算直接采用销项税额减去进项税额的方法。

26. 31 日支付银行借款第四季度利息。

银行利息凭证

户名：北京市奇瑞旅行社　　2023 年 12 月 31 日　　账号：4100056352456675668

起息日	结息日	天 数	积 数									利率	利 息								
			千	百	十	万	千	百	十	元	角	分		千	百	十	万	千	百	十	元	角	分
20231001	20231231	92											6%			¥	1	5	0	0	0	0
本 金													利息合计			¥	1	5	0	0	0	0
本息合计																						

（银行盖章）

第三联　回单联

27. 31 日，收到开户银行转来的第四季度银行存款利息入账通知单，收到存款利息收入 2 500 元。

中国银行　　业务回单（收款）

日期：2023 年 12 月 31 日　　回单编号：1534900002

付款人户名：中国银行　　付款人开户行：中行海滨支行
付款人帐号（卡号）：4008510648265296334
收款人户名：北京市奇瑞旅行社　　收款人开户行：中行海滨支行
收款人帐号（卡号）：4100056352456675668
金额：人民币贰仟伍佰元整　　小写：2500.00 元
业务（产品）种类：结息　　凭证种类：　　凭证号码：0000000000000000
摘要：第四季度结息　　用途：结息　　币种：人民币
交易机构：0410000292　　记账柜员：03741　　交易代码：02108　　渠道：柜面
起息日期：20231001　　止息日期：20231231　　利率：2.89%　　利息：2500.00
计息账户账号：

本回单为第一次打印，注意重复　　打印日期：2023 年 12 月 31 日　　打印柜员：9　　验证码：0A87640EF006

28. 结转损益。

29. 计算 12 月份利润总额，汇算 2023 年度企业所得税，按汇算结果计提企业所得税。假设 2023 年 1—11 月份实现利润 50 万元，已计提和预缴企业所得税 2.5 万元，应纳税所得额和利润总额相等。

30. 年度终了，将本年实现的净利润转入未分配利润。

要求：将空白原始凭证填写完整；根据原始凭证编制记账凭证；登记账簿；编制试算平衡表；编制会计报表。

主要参考文献及资料

［1］中华人民共和国财政部．企业会计准则（合订本）［M］．北京：经济科学出版社，2020.

［2］中华人民共和国财政部．关于修订印发2018年度一般企业财务报表格式的通知（财会〔2018〕15号），2018.

［3］财政部，国家税务总局．关于明确增值税小规模纳税人减免增值税等政策的公告（财政部 税务总局公告2023年第1号），2023.

［4］郭黎，喻辉．会计基础［M］．4版．大连：东北财经大学出版社，2022.

［5］陈玉菁，李艳．酒店会计实务直达车［M］．上海：立信会计出版社，2009.

［6］喻小明，万玉兰．旅游公司（旅行社）会计实务［M］．南昌：江西人民出版社，2010.

［7］沈清文．财务会计基础［M］．大连：东北财经大学出版社，2022.

［8］蔡凤乔．酒店会计实务［M］．2版．上海：立信会计出版社，2013.

［9］厦门网中网特殊行业会计实训资料（旅游与酒店会计），http：//113.18.32.183：8080.